ORGANIZATIONAL BEHAVIOR

제 3 판

실무지식을 위한

조직행동의 이해

고종식

정독
DEEP READING

실무지식을 위한

조직행동의 이해

제3판 머리말

지역소재 기업 대표자들과의 모임에서 평소 알고 지내는 분에게 회사의 사정이 어떤지 인사를 건냈다. 원재료 및 인건비 등의 상승으로 많이 어렵다고 한다. 사전적 의미로 직업이란 생계를 위해 하는 일이다. 자신이 선택한 일이기 때문에 회사의 상황이 어려우면 좀 더 노력하여야 할 것이다. 그러나 이러한 요인들이 중요하지만 근본적으로 어려운 것은 회사를 운영하는 과정에서 발생하는 인간관계가 아닐까 생각한다.

현대인들은 급변하는 환경에 적응하는 과정에서 어려움을 인식한다. 특히 자신의 능력과 업적에 따라 처우가 이루어지는 경쟁적 환경에서 신뢰와 협력을 바탕으로 이들의 욕구를 충족시켜야 한다. 또한 MZ라고 불리는 새로운 세대의 가치관을 이해하고 조화하여야 하는 문제도 있다.

기업이 발전하기 위해서는 유능한 인재를 확보하고 활용하여야 한다. 따라서 유능한 인재가 신뢰와 협력을 바탕으로 자신의 능력을 충분히 발휘할 수 있도록 하는 것이 중요하다. 자신의 조직이나 일에 만족하고 있는 사람이 성과를 향상시키고 가정과 사회생활에 적극적이다. 이를 위해 조직과 인간은 원만한 상호작용을 통해 균형적 성장과 발전을 도모하여야 한다. 따라서 이 책은 조직에서의 인간의 행동을 이해하고 바람직한 방향으로 변화시켜 개인의 건강과 조직의 발전을 확보하는 것을 목적으로 하고 있다.

인생이란 자신이 기억하고 있는 시간이라고 한다. 그동안 많은 시간을 학교에서 보냈기 때문에 저자의 대부분의 기억은 학교에 있다. 따라서 가정이나 사회생활에 소홀한 부분이 있지만 그럼에도 불구하고 아직까지는 교수로서 인정받기를 원한다. 이 책은 조직에서의 바람직한 인간행동이라는 본연의 가치에 충실하였다. 따라서 조직행동을 공부하는 학부 및 대학원생, 실무적으로 일을 하는 사람들에게서 유용한 책이라고 평가되기를 기대한다. 이러한 노력에도 내용이 부족하거나 시대적 변화를 반영하지 못한 부분에 대해서는 지속적으로 보완하고자 한다.

끝으로 이 책을 출판하는데 많은 도움을 주신 도서출판 정독의 직원분들과 김중용 사장님께 감사의 말씀을 드린다. 또한 변치 않는 사랑과 용기를 주고 있는 인석(예인), 정빈, 산권에게도 고마움을 전하며, 모두의 건강과 도서출판 정독의 무궁한 발전을 기원한다. 지금 밖에서는 장맛비에 우산을 받쳐 든 학생들이 지나가고 있다.

2024년 7월 19일

고종식

차례

PART 1

조직행동론의 기초

Chapter 1 조직의 이해와 조직행동론

제 1 절 조직과 인간 ······ 3

1. 조직의 개념 3
2. 조직과 인간의 목표 4
3. 조직과 인간의 관계 5

제 2 절 조직행동론의 역사적 배경 ······ 6

1. 경영학의 탄생 이전 6
2. 고전적 경영이론 7
3. 인간관계론과 행동과학 10
4. 시스템이론과 상황이론 15

제 3 절 조직행동론의 기초 ······ 19

1. 조직행동론의 개념 19
2. 조직행동의 학문적 배경과 특성 19
3. 조직행동론의 전망과 중요성 22

PART 2

개인행동수준

Chapter 2 성격과 가치관

제 1 절 성격과 인간행동 ······ 27

1. 성격의 개념과 결정요인 27
2. 성격이론 28

제 2 절 성격이 조직행동에 미치는 영향 ······ 34

1. 생리적 요인 34
2. 인지적 요인 35

제 3 절 성격과 직업의 조화 ······ 37

1. 유인-퇴출이론 37
2. 성격과 직업의 조화 38

제 4 절 가치관의 개념과 유형 ······ 39

1. 가치관의 개념 39
2. 가치관의 유형 39

제 5 절 가치 관련 행동 ······ 41

1. 가치 관련 행동모형 41
2. 가치관 갈등 41
3. 가치관과 조직경영 42

Chapter 3 직무태도와 역량

제 1 절 태 도 ······ 45

1. 태도의 개념 45
2. 태도의 구성요소와 기능 46
3. 태도형성의 영향요인 47

제 2 절 직무만족 ······ 48

1. 직무만족의 개념과 중요성 48
2. 직무만족의 영향 요인 50
3. 직무만족과 조직성과 51
4. 직무만족도 제고 방안 53

제 3 절 조직몰입 ······ 53

1. 조직몰입의 개념과 유형 54
2. 조직몰입의 효과와 활용 55

제 4 절 조직시민행동 ······ 55

1. 조직시민행동의 개념과 구성요인 55
2. 조직시민행동의 효과 56

제 5 절 조직의 태도변화 ······ 56

1. 태도의 변화 57
2. 태도변화에 대한 저항 57
3. 조직의 태도변화 방법 58

제 6 절 역 량 ······ 60

1. 역량의 의의 60
2. 역량-성과의 구성 61
3. 역량모델의 개발 62
4. 역량모델의 활용 62

Chapter 4 학 습

제 1 절 학습이론 ······ 65

1. 학습의 개념 65
2. 행동론적 학습이론 66
3. 인지적 학습이론 69
4. 사회학습이론 70
5. 학습곡선 72

제 2 절 행동변화의 전략 ········ 73
1. 강화이론의 유형 73
2. 강화계획 76

제 3 절 조직행위 수정이론 ········ 77
1. 조직행위 수정이론의 개념 77
2. 행위수정 과정 78

제 4 절 벌의 관리 ········ 80
1. 벌의 성질 80
2. 벌의 효과적 관리 80
3. 벌의 대안 82

Chapter 5 모티베이션

제 1 절 모티베이션의 본질 ········ 83
1. 모티베이션의 개념 83
2. 모티베이션의 과정 84

제 2 절 모티베이션 내용이론 ········ 85
1. 욕구단계이론 85
2. ERG이론 85
3. 이요인이론 86
4. 미성숙-성숙이론 87
5. 성취동기이론 88

제 3 절 모티베이션 과정이론 ········ 89
1. 기대이론 89
2. 공정성이론 91
3. 인지적 평가이론 93

제 4 절 임파워먼트 ········ 94
1. 임파워먼트의 개념 94
2. 임파워먼트의 구성요인 95
3. 임파워먼트의 실행 95
4. 임파워먼트의 효과 96

제 5 절 모티베이션의 제고 방안 ········ 97
1. 공헌에 대한 보상 97
2. 인간존중의 경영 97
3. 직무설계 97

Chapter 6 감정, 스트레스와 직무소진

제 1 절 감 정 ········ 99
1. 감정과 정서의 개념 99
2. 조직에서의 감정과 정서 101
3. 감정관리의 조직행동에의 적용 104

제 2 절 스트레스 ········ 105
1. 스트레스의 개념과 기능 105
2. 스트레스의 원천 106

3. 스트레스의 결과 111
4. 스트레스의 관리방안 112

제 3 절 직무소진 114

1. 직무소진의 개념 114
2. 소진의 원인 115
3. 직무소진의 단계와 속성 115
4. 직무소진의 대처방안 116

PART 3

집단행동수준

Chapter 7 집단과 집단역학

제 1 절 집단의 개념 121

1. 집단의 개념 121
2. 집단의 형성 122

제 2 절 집단의 분류와 형성과정 123

1. 집단의 분류 123
2. 집단형성의 활성화 124
3. 집단의 발전단계 124

제 3 절 집단구조의 요소 125

1. 역 할 125
2. 규 범 126
3. 집단응집력 127
4. 지 위 130

제 4 절 집단역학 131

1. 소시오메트리 131
2. 상호작용 분석 131
3. 장의 이론 132
4. 사회적 촉진과 억제 133
5. 사회적 태만 134

제 5 절 집단생산성 증대 방안 135

Chapter 8 협동과 경쟁, 갈등관리

제 1 절 협동과 경쟁 137

1. 협 동 137
2. 경 쟁 139
3. 경쟁에서 혼란으로 140
4. 협동과 경쟁의 효과 141

제 2 절 집단간 갈등 ······ 141
1. 집단간 갈등의 개념과 갈등관 141
2. 집단간 갈등의 기능과 원천 142
3. 집단간 갈등의 결과 145

제 3 절 집단간 협력 증진과 갈등관리 ······ 147
1. 갈등관리의 목적 147
2. 갈등관리 기법 148

Chapter 9 지각과 커뮤니케이션

제 1 절 지 각 ······ 152
1. 지각의 개념 152
2. 지각의 영향요인 154
3. 지각 메커니즘 156
4. 타인지각의 원리 159
5. 대인지각의 오류 162
6. 지각오류의 감소방안 164

제 2 절 커뮤니케이션 ······ 165
1. 커뮤니케이션의 개념 165
2. 커뮤니케이션의 과정 166
3. 대인간 커뮤니케이션 방법 167

제 3 절 커뮤니케이션의 유형 ······ 168
1. 커뮤니케이션 네트워크 168
2. 커뮤니케이션의 유형 170

제 4 절 커뮤니케이션 장애요인 ······ 171
1. 송신자와 관련된 요인 171
2. 수신자와 관련된 요인 173
3. 송신자와 수신자 관련 요인 173
4. 상황과 관련된 요인 174

제 5 절 설득적 커뮤니케이션 ······ 174
1. 설득커뮤니케이션의 방법 174
2. 설득에 대한 저항 176
3. 설득커뮤니케이션의 유의사항 177

Chapter 10 집단의사결정

제 1 절 의사결정의 개념과 유형 ······ 179
1. 의사결정의 개념 179
2. 의사결정의 유형 180

제 2 절 집단의사결정의 특성 ······ 183
1. 집단의사결정의 특성 183
2. 집단사고 184
3. 동조현상과 집단극화 185
4. 집단사고의 최소화 187

제 3 절 의사결정의 행동모형 ······ 187
1. 합리적 모형 187
2. 만족화 모형 188

3. 카네기 모형 189
4. 점진적 모형 189
5. 혼합주사모형 190
6. 최적모형 190
7. 쓰레기통 모형 191

제 4 절 집단의사결정 방법 ······ 192
1. 지명반론자법 192
2. 델파이법 193

제 5 절 창의적 의사결정 ······ 193
1. 창의력의 개념 193
2. 창의적 의사결정의 접근법 194
3. 창의적 의사결정 방법 196

Chapter 11 리더십

제 1 절 리더십의 본질 ······ 200
1. 리더십의 개념 200
2. 리더십의 관점과 기능 201

제 2 절 리더십 이론의 접근방법 ······ 202
1. 리더십 특성이론 202
2. 리더십 행위이론 203
3. 리더십 상황이론 206

제 3 절 리더십 연구의 이슈 ······ 216
1. 리더십의 전범위 모형 216
2. 섬김의 리더십 218
3. 리더-구성원 교환이론 219
4. 글로벌 리더십 221

Chapter 12 권력과 조직정치

제 1 절 권력의 개념과 유형 ······ 223
1. 권력의 개념 223
2. 권력의 유형 224

제 2 절 권력의 수용과 권력특성 ······ 225
1. 권력의 수용과정 225
2. 계층에 따른 권력특성 228

제 3 절 조직 내 정치행위 ······ 232
1. 조직 내 정치행위의 개념 232
2. 정치행위의 유형 232
3. 정치행위의 본질 236
4. 정치행위의 활용 238
5. 조직정치에 대한 대처 239

PART 4

조직행동수준

Chapter 13 조직구조와 직무설계

제 1 절 조직구조의 개념 243

1. 복잡성 243
2. 공식화 245
3. 집권화 245

제 2 절 조직구조의 결정요인 246

1. 조직규모 246
2. 기 술 246
3. 환 경 248
4. 전 략 249

제 3 절 조직구조의 유형 250

1. 전형적 조직구조 250
2. 유기적 조직구조 252
3. 진취적 조직구조 257
4. 새로운 형태의 조직구조 259

제 4 절 조직구조의 설계 261

1. 조직구조의 재설계 261
2. 조직구조의 설계방향 262

제 5 절 직무설계 264

1. 전통적 접근 264
2. 동기부여적 접근 265
3. 팀형 직무설계 267

Chapter 14 조직문화

제 1 절 조직문화의 의의 269

1. 조직문화의 개념 269
2. 조직문화의 중요성 269

제 2 절 조직문화의 발전과정 270

1. 조직문화의 형성 270
2. 조직문화의 유지 271
3. 조직문화의 사회화과정 272
4. 조직문화의 변화 273

제 3 절 조직문화의 구성요소와 영향 275

1. 조직문화의 구성요소 275
2. 조직문화의 유형 278
3. 조직문화의 영향요인 281
4. 조직문화의 역할 281

제 4 절 조직문화의 개발 282
1. 조직문화의 개발전략 *282*
2. 조직문화의 개발방법 *284*

Chapter 15 조직변화와 조직개발

제 1 절 조직변화 287
1. 조직변화의 필요성 *287*
2. 조직변화의 영향요인 *288*
3. 조직변화의 과정 *289*
4. 조직변화 전략의 수립 *291*
5. 조직변화에 대한 저항과 관리 *292*
6. 조직변화의 실천 *293*

제 2 절 조직개발 296
1. 조직개발의 개념 *296*
2. 조직개발 과정 *296*
3. 변화대상별 조직개발 *298*

찾아보기 307

P / A / R / T

01

조직행동론의 기초

Chapter 01 조직의 이해와 조직행동론

Chapter 01

조직의 이해와 조직행동론

제 1 절 조직과 인간

1. 조직의 개념

현대사회는 다양한 형태의 조직으로 구성되어 있다. 그러나 언제나 모든 조직이 원만하게 기능을 발휘하는 것은 아니다. 기능을 발휘하기 위해서는 구성원들의 협동과 외부환경의 조화를 필요로 한다.

조직이란 공동의 목표를 달성하기 위해 일을 체계적으로 분담하여 노력하고 있는 사람들의 모임이다. 조직에는 공동의 목표가 있고 분업이 되어 있으며 권한체계에 의한 지위가 존재한다. 여러 사람들의 노력에 의한 상승효과(synergy effect) 때문에 조직을 구성한다. 그러나 사람들이 특정 목적을 위해 모여 있다 해도 모두 조직이라고 하지는

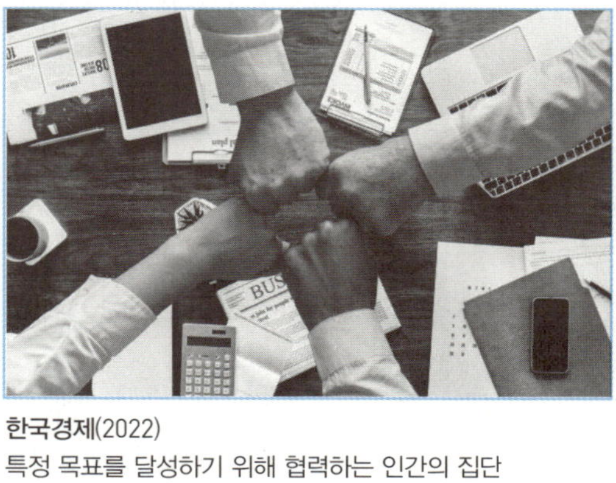

한국경제(2022)
특정 목표를 달성하기 위해 협력하는 인간의 집단

않는다. 야구경기나 영화를 보기 위해 모인 사람들을 조직이라고 하지는 않는다. 조직은 다음과 같은 특징을 가져야 한다.

첫째, 구성원이 공동으로 추구하는 목표가 있다. 기업의 목표는 이윤창출이고, 비영리조직은 사회공헌이며, 친목단체는 친목도모이다. 따라서 공감해서 함께 활동할 수 있는 복수의 사람과 목표가 있어야 한다.

둘째, 분업을 통해 개인의 한계를 초월한다. 인간은 자신의 목적을 동료들과 분업을 통해 협동적으로 달성하고자 한다. 따라서 조직은 분업이 조합을 이루고 있어야 한다.

셋째, 직위에 따른 권한체계가 존재한다. 조직은 효율적으로 목표를 달성하기 위하여 직위에 따른 지시·감독·보고의 권한체계를 갖추어야 한다.

넷째, 상승효과가 있다. 모든 조직구성원이 협동한 결과가 개인으로 노력한 결과의 합보다 높아야 한다.

2. 조직과 인간의 목표

현대인들은 다양한 욕구를 추구하고 이를 효율적으로 달성하기 위하여 조직을 조성한다. 이러한 다양한 조직 가운데 대표적인 것은 기업이다. 기업은 사회에 유용하고 가치 있는 재화나 서비스를 제공한다. 또한 조직은 인간이 생활할 수 있는 환경을 제공하며 인간은 조직이 만든 환경 속에서 살아간다. 따라서 조직은 특정한 목적을 달성하기 위하여 집단을 이루는 것으로서, 인간이 조직을 만들고 참여하는 이유는 다음과 같다.

첫째는 욕구충족의 기대이다. 인간은 조직을 통하여 의식주를 해결하고, 동료들과 일할 수 있고, 타인으로부터 존경과 일에 대한 성취감을 느낄 수 있다. 자신의 욕구충족을 위하여 많은 시간과 노력을 조직에 투입한다.

둘째는 목표달성에 대한 기대이다. 조직은 인간의 한계를 극복하기 위하여 고안된 것이다. 개인적으로는 달성할 수 없는 목표를 조직에서 협동함으로써 가능하다.

셋째는 사회적 관계의 기대이다. 인간은 조직 속에서 경쟁과 협동도 하고 갈등과 만족도 한다. 이러한 상호작용을 통해 인간은 생활의 안정과 삶의 보람을 달성하려고 한다.

또한 조직이 발전하기 위해서는 개인의 목표와 조직의 목표가 일치하여야 한다. 이를 통해 개인과 조직 사이에 상호작용이 이루어지면서 다음과 같은 결과를 기대할 수 있다. 첫째, 조직성과의 향상이다. 조직을 생산적이고 효율적으로 만드는 동시에 일터와 일 자체를 만족스럽고 유쾌하게 만들어 조직의 효율성을 높인다. 둘째, 개인과 조직의 균형적 성장과 발전을 도모한다. 조직성과의 향상으로 구성원은 보상·승진·작업조건 등의 개선, 성장과 발전·만족감·성취감·자아실현 등의 내재적 목표를 달성한다. 따라서 조직이 구성원에게 요구하는 행위는 다음과 같다.

첫째는 조직에 매력을 느끼고 오래 체류하기를 바란다. 둘째는 부여한 과제나 역할을 잘 수행하기를 바란다. 셋째는 창조적이고 자발적인 행동을 요구한다. 이러한 행동은 자발적 협동과 자기계발, 건설적인 아이디어 창출, 조직이나 동료에 대한 호의적인 태도 등이다.

3. 조직과 인간의 관계

행동모델이란 인간의 가치관과 행동규범을 의미한다. 조직론에서는 다음과 같은 모델에 의해 조직 내 인간의 행동을 설명하고 있다.

첫째, 경제인 모델이다. 인간은 금전적 욕구를 충족시키기 위하여 행동한다. 조직과 인간은 교환관계로서 조직으로부터의 높은 보상은 구성원들로부터 높은 성과를 기대할 수 있다. 둘째, 사회인 모델이다. 인간은 사회적 동물이기 때문에 원만한 인간관계를 추구한다. 셋째, 의사결정인 모델이다. 인간은 다양한 정보를 수집, 분석하고 이를 기초로 행동한다. 이 가운데 어떤 모델을 선택하는가에 따라 조직과 인간의 관계를 분석하는 접근방법은 상이하다. 모델들의 전제조건이 상이하고 행동모델에 대한 유효성도 상이하기 때문이다.

그러나 조직과 인간의 관계를 경제인 모델과 같이 보상과 교환이라는 계약관계, 사회인 모델과 같이 조직 내 인간관계로만 접근할 수는 없다. 인간과 조직은 독립된 존재이지만 조직이 없이는 자신의 사고나 경력을 발휘하거나 사회적 관계를 구축할 수 없다. 따라서 조직과 인간의 관계를 다양한 정보를 기초로 자신의 행동을 자율적으로 판단한다고 하는 의사결정인으로서 접근한다. 또한 조직으로부터의 역할기대에 최선을 다한다는 의미에서 책임과 의무를 가지고 있는 개인으로도 접근한다. 따라서 조직으로부터의 자율과 조직에 대한 책임과의 균형을 유지하는 것이 이상적인 조직과 인간의 관계라고 할 수 있다.

제 2 절 조직행동론의 역사적 배경

1. 경영학의 탄생 이전

산업혁명 이전에는 가내수공업 수준의 자급자족에 의한 경제행위를 하였다. 그러나 18세기 중엽에 시작된 산업혁명은 생산기술의 혁신에 의해 산업사회로의 변화를 촉진시켰다. 산업혁명은 소비재의 대량생산과 더불어 다양한 조직을 탄생시켰다. 농민이 공장노동자로 변신하였으며 노동력에 의한 생산행위가 기계중심으로 전환하였다.

당시의 노동자들은 무지하였으며 경영자도 전문적 지식 없이 상식에 의존하여 공장을 운영했다. 따라서 노동자에 대한 처우는 열악했다. 그러나 일부 경영자는 노동자를 위한 근로조건의 개선에 노력하였다. 오웬(Owen)은 인적 자원도 자본이나 물적 자원과 같이 생산성 향상을 위해 중요하다고 하면서, 근로시간 및 휴게시간, 교육 및 복지시설 등의 복리후생에 공헌하였다. 그러나 정치인이나 경영자들의 저항에 의해 좌절감을 느낀 그는 1824년 미국으로 이주하여 자신의 꿈을 실현시키고자 하였다.

같은 시기에 미국에서도 인도주의적 경영을 시도한 경영자가 있다. 로웰(Lowell)은 1813년 보스턴제조회사를 설립하여 온정주의적 인사관리로써 조직이 노동자의 도덕심과 지적 수준, 사회적·경제적 수준의 향상에 노력하면 업적 달성에 효과적이라는 것을 입증하려고 하였다.

바베지(Babbage)는 수학의 원리를 경영에 적용할 수 있는 기초를 마련하였다. 그는 생산시설과 원료를 효율적으로 관리하는 데에 수학이 어떻게 이용될 수 있는지를 설명하였다. 또한 이윤배분과 상여금제도가 노사문제의 해결에 도움을 준다고 하였다.

C. Babbage
(1792 – 1871)

19세기 말에 이르러 시장은 포화상태에 이르고 기업 간 경쟁이 격화되면서 생산원가나 노동력을 효율적으로 이용하는 기업만이 생존하게 되었다. 이때 원가절감과 경영의 효율화를 과제로 근대경영학이 출현한다. 테일러(Taylor), 페욜(Fayol), 베버(Weber)를 중심으로 한 고전적 경영학이다.

2. 고전적 경영이론

초창기 경영학의 흐름은 두 가지로 분류한다. 하나는 테일러를 중심으로 생산현장에서의 능률향상을 위한 과학적 관리론이며, 다른 하나는 조직을 어떻게 구성하여 생산성을 향상시킬 것인가에 대한 고전적 조직론(관리론)으로서 페욜과 베버가 대표적이다.

(1) 과학적 관리론

미국의 남북전쟁 이후인 19세기 후반은 축적된 자본과 기술로 기업이 대규모화되고 서부개척으로 인한 광활한 시장이 확보되었다. 그러나 이러한 급격한 경제적 부흥에도 불구하고 기업경영은 상식과 경험에 의존하였다. 따라서 낮은 노동생산성을 어떻게 향상시킬 것인가 하는 것이 최대의 문제였다.

1) 테일러(Taylor)

테일러는 작업현장의 비능률적 요소를 제거하기 위해서 과학적인 관리원칙이 있어야 한다고 하였다. 그는 작업자의 능률을 향상시키기 위해 경험적·공학적·기계적인 측면을 중시하였으며 다음과 같이 주장하였다.

F.W. Taylor
(1856 – 1915)

① 과학적인 과업관리: 테일러는 생산성이 향상되지 않는 것은 비능률적으로 일을 하며, 자신들의 능력을 의식적으로 최대한 발휘하지 않기 때문이라고 하였다. 주먹구구식(rule of thumb) 또는 표류적 관리(drifting management)로서 하루에 할 수 있는 합리적인 작업할당이 이루어지지 않았다는 것이다. 그는 과학적 관리에 의해 생산성을 향상시키고 사용자나 노동자 모두에게 이익이 되도록 하였다.

그는 근로자가 하루에 달성해야 할 작업량을 과학적으로 결정하기 위해 작업과정을 기본동작들로 분류하고 각 동작에서 소요되는 가장 빠른 시간단위를 계산하였다. 이와 같은 관리기법을 과업관리(task management)라고 하였으나, 이후 과학적 관리(scientific management)라고 하였다.

② 성과급제도: 테일러는 과업관리를 위하여 차별적 성과급제도(differential piece-work system)를 적용하였다. 시간연구에 의해 1일 작업량을 결정하고, 이를 전 근로자에게 부과하였으며, 이를 완수한 근로자에게는 고임률을 그렇지 못한 근로자에게는 저임률을 적용하였다. 이것은 유능한 근로자에게는 높은 보상을, 그렇지 못한 근로자에게는 불이익을 주는 것으로서 현재의 인센티브 시스템이다.

③ 과학적인 선발: 테일러는 근로자에 대한 작업훈련은 한계가 있다고 하였다. 따라서 과업을 달성하는 데 적합한 사람을 과학적으로 선발해야 한다고 하면서 과학적인 근로자 선발과 교육훈련 방법을 고안하였다.

④ 기능식 직장제도: 테일러는 공장조직을 직계식 조직(line organization)에서 기능식 조직(functional organization)으로 전환하고 직능식 직장제도(functional foreman-ship)를 도입하여 노동자와 관리자는 자신의 직분에 따라 일하도록 하였다.

2) 길브레스 부부(Gilbreth & Gilbreth)

F.B. Gilbreth
(1868 – 1924)

길브레스 부부는 1911년 동작연구(motion study)를 통해 비능률적인 동작으로 인한 낭비를 제거하여 생산량을 최대화하도록 하였다. 테일러는 인간적 측면보다 작업방법의 개선에 역점을 두었으나, 이들은 인간의 생리적 면과 심리적인 면에 중점을 두고 작업여건, 작업대 배치, 작업환경 등을 개선함으로써 작업능률이 제고되도록 하였다. 편안하고 수월하며 신속한 작업방법에 의해 작업능률과 피로를 예방하고

자 한 것이다. 이를 위해 작업수행을 위한 18가지 동작(찾다, 발견하다, 쥐다, 나르다 등)에서 불필요한 동작을 제거하거나 몇 가지의 동작을 하나로 결합하여 5가지 동작으로 줄인 결과 작업능률은 3배 정도 증가하였다.

3) 간트(Gantt)

간트는 할당받은 하루의 작업량을 초과 달성하면 상여금을 지급하는 제도를 고안하고 감독자에게 부하에 대한 훈련의 책임을 부여하였다. 또한 계획과 실제 작업수행 과정을 비교할 수 있는 작업흐름도(Gantt chart)를 고안하였다. 경영자는 노동자에게 교육훈련을 시켜야 하며, 이윤보다는 서비스를 강조하는 등 기업의 사회적 책임에 대한 중요성을 강조하였다.

H.L. Gantt
(1861 – 1919)

(2) 경영관리론

1) 베버(Weber)

20세기 초 베버는 독일의 많은 조직들이 비능률적이라고 보고 능률적으로 운영하기 위한 조직원리로서 관료제(bureaucracy)를 고안하였다. 관료적 조직은 전문적 기능을 중심으로 부문을 구성하고, 각각의 부문은 규정된 기술적 자격을 가진 전문가에 의해서 운영되며 이 과정에서 권한의 배분을 문서로 정하는 것이다. 이러한 조직형태는 능률지상주의를 추구한다.

M.C.E. Weber
(1864 – 1920)

업무의 분업화, 엄격한 위계질서, 철저한 규칙과 공·사 구분에 의한 업무처리가 원칙이다. 장점으로는 조직구조에 낭비가 없고, 생산성을 높일 수 있으나, 단점으로는 환경변화에 대응하기 어렵고 형식을 중요시한다. 최근에는 비능률적으로 운영되거나 절차 및 규칙만을 강조하는 조직을 의미한다.

2) 페욜(Fayol)

H. Fayol
(1841 – 1925)

20세기 초에 페욜은 경영의 기본적 활동을 계획, 조직화, 지휘, 조정, 통제의 기능으로 분류하였다. 계획은 조직의 목표달성을 위한 활동과 순서를, 조직화는 조직이 소유하고 있는 인적·물적 자원이 역할을 다할 수 있도록 하는 기능이다. 지휘는 구성원들에게 나아갈 방향을 제시하고 이끌며, 조정은 구성원의 활동이나 자원의 이용이 전체적으로 조화가 이루어지도록 하는 기능이다. 통제는 계획대로 모든 활동이 진행되도록 확인하고 수정하는 기능이다.

3. 인간관계론과 행동과학

제1차 세계대전에 즈음하여 테일러 시스템이나 포드 시스템이 보급되어 대량생산을 가능하게 하였다. 그러나 이것은 생산성 향상에 획기적 기여를 하였지만 인간성 파괴라는 비판과 더불어 1930년 이후 메이요(Mayo)와 뢰스리스버거(Roethlisberger)를 중심으로 한 인간관계론(human relations)과 바나드(Barnard)와 사이몬(Simon)을 중심으로 한 조직이론이 등장하였다.

(1) 호손(Hawthorne) 실험과 인간관계론

E. Mayo
(1880 – 1949)

하버드 대학의 메이요는 어떤 요인들이 자발적으로 일하게 하고 만족을 주는가를 연구하기 위해 호손시 서부전기회사에서 실험을 하였다. 1924년 조명과 같은 작업환경의 개선이 생산성을 향상시킬 것이라고 생각하였으나 실험결과는 다르게 나타났다. 작업장의 조명을 높이게 되면 기대와 같이 생산량이 증가하였으나 조명을 낮추어도 생산량이 현저히 증가한 것이다. 놀라운 것은 작업장의 불빛을 달빛 정도로 어둡게 하여도 생산량이 증가한 것이다.

이들은 실험결과에 흥미를 갖고 1927년부터 새로운 실험을 하였다. 휴식시간을 자율적으로 정하고 급여를 조정하면서 생산량을 관찰하였다. 실험결과 작업환경이나 금전적 요인은 생산량에 큰 영향을 미치지 않는다는 것을 발견하였다. 생산량은 심리적 요인, 일에 대한 자부심이나 동료와의 감정적 교류 등의 요인에 의해 영향을 받는다는 것이다. 조명을 달빛 수준으로 낮추어도 생산량이 향상되었던 것은 관리자들의 관심이 작업자로 하여금 열심히 일하도록 한 것이다. 이는 인간을 하나의 생산수단으로 간주하던 지배적인 사고방식에 인간관계의 중요성을 부각시키는 계기가 되었다. 인간관계론은 인간중심적 조직이론의 토대를 형성하고 경영사상에도 지대한 영향을 미치고 있으며 다음과 같은 시사점을 제공한다.

① 기업에는 경제·기술적 체계로서 공식적 조직규범과는 상이한 사회·심리적 체계로서의 규범이 존재할 수 있다.

② 인간은 경제적 유인뿐만 아니라 사회·심리적 요인에 의해서도 동기부여된다.

③ 비공식 집단 내 인간관계가 작업자들의 태도와 성과를 결정하는 중요한 역할을 한다.

④ 전제적인 리더십보다 민주적인 리더십을 강조한다.

⑤ 작업자의 만족을 생산성과 연결시키며, 만족의 증가가 효율성을 향상시킨다.

⑥ 조직계층의 다양한 정보가 상호교환될 수 있는 커뮤니케이션 경로를 개발하여야 한다.

⑦ 경영에는 기술적인 수단뿐만 아니라 사회적인 수단도 필요하다.

(2) 근대조직이론

과학적 관리론은 인간을 기계시하고 공식조직을 강조하였으나, 인간관계론은 심리적이며 감정적인 면과 비공식조직을 강조하였다. 그러나 조직에서는 인적 요소와 물적 요소, 공식조직과 비공식조직이 모두 중요시되어야 한다. 바나드와 사이몬은 공식조직과 비공식조직을 균형 있게 보고 근대조직이론(modern organization theory)을 전개하였다.

1) 바나드

C.L. Barnard
(1886 – 1961)

바나드는 인간이란 한계가 있지만 선택과 결정능력, 자유의사를 가지고 있는 활동체라고 하였다. 이러한 전제 하에 조직이란 개인이 지닌 생물학적 능력의 한계를 극복하고 목적을 달성하기 위한 수단으로서 인간의 협동시스템(cooperative system)이라고 하였다.

이러한 개념을 전제로 조직의 구성요소와 존속의 조건 등을 제시함으로써 모든 협동시스템에 적용할 수 있는 조직이론과, 조직의 존속을 위한 경영자의 역할과 직능을 제시하였다. 따라서 조직의 문제를 개인·협동시스템·조직·경영자의 직능이라는 논리로 접근하고 있다.

그는 조직의 구성요소를 공통의 목적, 의사소통, 공헌의욕이라고 하였으며, 조직은 이들 요소를 외부상황에 적합하도록 결합하여야 한다고 하였다. 또한 조직이 개인의 노력을 확보한다는 것은 조직목표의 달성을 위해 노력하려는 개인의 공헌의욕을 환기하는 것이다. 따라서 조직은 이를 환기할 수 있는 유인을 제공하여야 한다. 이때 개인은 조직으로부터의 유인과 자신의 노력의 정도를 비교하여 조직에 대한 공헌 여부를 선택하게 된다. 그러므로 공헌과 유인의 균형을 유지하여 조직의 존속을 도모하는 것이 경영자의 본질적 직능이다.

2) 사이몬

H.A. Simon
(1916 – 2001)

사이몬은 조직을 의사결정 시스템으로 보고 이를 분석·기술하기 위한 개념과 체계를 정비하였다. 관리의 일반이론에는 의사결정을 위한 조직의 원리가 제시되어야 하는데, 종래의 경영학은 행동의 선택과정(의사결정)이 무시되었다. 또한 의사결정을 경영자의 정책결정과 관련된 것만으로 보지 않고 조직 내 어디서나 구성원에 의해 이루어지는 중요한 현상이라고 하였다. 따라서 조직의 모든 인간행동을 의사결정의 관점에서 설명하고 있다.

의사결정의 객관적 합리성이란 있을 수 없으며, 있다면 제한된 합리성에 지나지 않는다. 왜냐하면 의사결정을 위한 모든 대체적 행동을 제시하고 분석할 수 없기 때문이다. 또한 대체적 행동의 결과를 추정할 수 있는 지식도 완전하지 못하고, 비록 완전한 지식이 있다 하더라도 결과는 미래와 관련된 것으로 그것을 현재시점에서 정확히 평가할 수 없기 때문이다. 따라서 극대만족을 전제로 의사결정을 하는 경제인(economic man) 모델 대신에 어느 수준에서 만족하게 되는 관리인(administrative man) 모델을 제시하고 있다.

그는 인간의 의사결정에 대한 합리성의 수준을 높일 수 있는 방법을 제시하였다. 의사결정이란 주어진 환경 하에서 이루어지는 것이다. 이러한 환경에서 경험을 통해 학습하고 기억하고 반복함으로써 행동은 습관화되어 의사결정에 일관성을 유지할 수 있고 객관적 합리성도 높일 수 있다. 따라서 인간의 합리적 반응을 위한 자극, 즉 정보를 의식적으로 선택하여 의사결정을 위한 심리적 환경을 정비하고, 나아가 목적과 수단을 선택하는 합리적인 의사결정 시스템을 체계화해야 한다.

(3) 행동과학

1) 행동과학의 개념

어쩌다 행동과학 연구소(2018)
인간행동을 체계적으로 연구하여 이에 대한 법칙성을 정립하는 것

기술의 발전이 고도화되면서 조직도 성장하고 복잡해지고 있다. 이러한 상황에서 개인과 집단의 행동도 복잡해지면서 이를 규명하기 위한 연구방법이 체계화되고 있다. 조직을 비롯한 개인과 집단의 행동에 대한 학제적이고 종합적이며 과학적인 연구의 필요성이 제기되는 것이다. 이러한 필요성에 따라 등장한 행동과학(behavioral science)은 인간행동에 대한 일반적인 법칙을 종합과학적으로 접근하고자 하는 학문이다. 따라서 심리학, 사회학, 인류학 등의 학문적 연계에 의해 연구가 이루어지며 컴퓨터 등의 과학적 기법도 활용한다.

행동과학은 1951년 포드재단의 원조에 의해 진행된 행동과학 프로그램에서 등장하였다. 이 프로그램은 인간행동에 대한 종합과학으로서 행동과학의 체계적 연구와 더불어 인적자원관리에도 영향을 미쳤다.

1950년대 후반 행동과학은 호손 실험에 의한 인간관계론의 한계점을 보완하고 새로운 인간관계론의 발전에 기여하였다. 초기 인간관계론은 과학적 타당성이 결여되어 이론적 근거를 명확히 제시하지 못하였다. 또한 사회심리학자들의 이론은 독립적 학문영역의 제약으로 인간중심의 조직이론을 체계화시키기에는 부족한 부분이 있었다. 이러한 한계점을 극복하기 위하여 종합과학적으로 문제에 접근하려는 시도가 이루어진 것이다.

따라서 행동과학은 인간행동에 대한 일반이론의 수립을 목표로 다양한 학문분야에서 이루어진 행동연구를 하나의 통일적인 이론체계로 종합하려는 학문적 성격을 갖는다. 또한 인간문제의 해결이라는 목적을 가지고 출발하였기 때문에 순수한 이론의 구축과 문제해결을 위해 활용하기 위한 실천적 응용분야로서 발전하였다.

2) 행동과학의 학문적 배경

인간관계론에서 주장하는 근로자의 만족이나 모럴, 생산성에 대한 관련성은 과학적 타당성을 인정받지 못하였다. 이후 행동과학에 의해 동기부여, 리더십, 의사결정 시스템 등에 대한 관심이 높아지게 되었다. 이와 같이 행동과학은 인간관계론 이후에 전개된 관리론의 모든 것을 포함하는 것으로 인간의 행동을 욕구충족으로 이해한다. 행동과학이 구비하여야 할 기본적 요건은 다음과 같다.

첫째, 인간의 행동법칙을 과학적으로 규명하려는 것으로서 연구대상이 인간의 행동이다.

둘째, 개인의 주관이 개입되지 않는 객관적 방법으로 수집된 실증적 증거에 의거하여 인간행동에 대한 일반화를 시도하기 때문에 과학적 접근법을 적용하고 있다.

셋째, 심리학, 사회학, 인류학 등을 중심으로 경제학, 정치학, 법학 등의 학문적 영역에서 학제적 연구가 이루어진다. 인간의 행동은 다양한 속성으로 구성되어 하나의 학문적 영역으로 접근하는 것은 불가능하기 때문이다.

4. 시스템이론과 상황이론

조직행동론은 현대조직이론인 시스템이론과 상황이론의 영향을 받아 인간행동에 대한 기본적 사고의 변화와 영역의 확장을 통한 새로운 계기를 마련하였다.

(1) 시스템이론

L. von Bertalanffy (1901 – 1972)　K.E. Boulding (1910 – 1993)

시스템이론(systems theory)은 제2차 세계대전 이후 생물학자 베르탈란피(Bertalanffy)가 다양한 학문분야를 통합할 수 있는 공통적 사고와 연구의 틀을 위해 제시한 이론이다. 이후 이에 대한 관심은 1950년대에 확산되었으며, 보울딩(Boulding)은 시스템의 목적과 기본적 체계를 제시하며 일반시스템이론을 정립하였다.

1) 시스템의 개념

시스템이란 서로 연관된 부분들이 모여서 만들어진 개체를 뜻한다. 시스템은 구성요소로서 개체(unitary whole), 이를 구성하고 있는 부분(parts), 이들 부분들 사이 및 개체와 부분들 간의 상호관련성(inter-relationship)이 강조되고 있다. 따라서 시스템은 목적 달성을 위하여 여러 독립된 구성요인이 유기적으로 연결되어 상호작용하는 결합체라고 할 수 있다. 경영시스템은 조직을 하나의 전체시스템(total system)으로 보고, 그것이 어떻게 분석 가능한 여러 개의 하위시스템으로 구성되는가를 강조한다.

2) 시스템의 속성

시스템의 속성에 대한 내용은 다음과 같다.

① 목표: 조직목표는 전체시스템의 목표이며, 동시에 하위시스템의 목표이기 때문에 상호 관련되어 있다.

② 전체성: 한 부분에서의 결정은 상호의존적이고 상호작용하는 다른 부분에 대

한 영향을 고려하여야 하며 또한 전체수준에서 검토되어야 한다. 부분과 부분 간의 대립적 요소를 전체수준에서 통합·조정함으로써 조직의 유효성이 증대된다.

③ 개방성: 환경과의 상호작용은 개방시스템의 본질이다. 조직의 발전을 위해서는 조직 외적인 여건과 상호작용하면서 동태적인 균형을 유지해야 한다.

④ 상호관련성: 시스템과 환경의 상호작용과 더불어 시스템 내 여러 부분 간의 상호작용과 의존성에 관한 것이다. 한 하위시스템의 산출은 다른 하위시스템의 투입이 되는 등의 관계가 존재한다.

⑤ 통제메커니즘: 시스템이 유지되기 위해서는 피드백을 통한 자기통제적 수단을 지녀야 한다. 환경이나 시스템 내부의 변화에 대응하여 안정을 유지하고, 적응을 통하여 성장하기 위해서는 투입과 산출을 분석하고 조정하는 피드백이 지속되어야 한다.

그러나 기업의 외부환경은 예측 불가능하며 급변하고 있다. 따라서 외부환경의 변화에 유연하게 대처하는 것이 조직을 유지하기 위한 가장 중요한 문제이다.

(2) 상황이론

상황이론(contingency theory)은 다양한 외부환경이 조직에 영향을 미치고, 조직시스템은 조직 내 하위시스템에 영향을 미친다는 전제 하에 출발한다. 이것은 상황이 달라지면 효율적인 관리기법도 달라진다는 것으로, 환경의 중요성을 강조하며 다음과 같은 특징이 있다.

① 상황이론은 조직유효성을 중시하며, 상황과 조직특성 간의 적합관계를 규명한다.

② 상황이론은 조직·환경·기술과의 관계를 중요시한다. 환경과 기술 등의 상황요인과 조직특성의 적합이 조직성과를 결정하므로, 조직특성을 상황요인에 적응시켜야 한다.

③ 상황이론은 행동주체로서 조직을 분석단위로 한다. 조직형태, 부문간 권력관계, 관리체계 등의 구조적 특성과 조직에 대한 기능 및 역기능에 초점을 맞추고 있다. 따라서 개인이나 집단의 행동보다는 조직의 구조적 특성과 기능에 주목한다.

대표적인 상황변수들은 조직규모, 기술수준, 외부환경의 불확실성, 경영자의 특성이다. 조직마다 환경과 경영자의 특성은 차이가 있으므로 문제해결 방법도 상이할 것이다. 상황이론은 경영자가 자신이 처한 상황적 차이를 분석하고 가장 적합한 해결방안을 발견할 수 있도록 한다.

그러나 최근의 조직이론들은 환경변화에 적응하거나 변화해 가는 능력을 키우는 것을 특징으로 한다. 여기에는 지속적인 환경변화에 적응을 강조하는 학습조직이론, 조직의 생존을 강조하는 조직군생태이론, 생존을 위한 자원을 강조하는 자원-의존모형 등이 있다. 이들 이론은 불확실한 환경에 적응하기 위한 조직의 선택을 강조한다.

1) 학습조직이론

생게(Senge)는 지식 창출과 지식 생산능력이 경쟁력의 핵심요인으로, 성장을 위해 조직은 끊임없이 배우고 새로운 것을 창출할 수 있는 학습조직이 되어야 한다고 하였다. 학습조직은 구성원이 학습할 수 있도록 모든 기회와 자원을 제공하며 학습결과에 따라 지속적인 변화를 추구하는 조직으로 다음과 같이 구성되어 있다.

P.M. Senge
(1947-)

① 시스템적 사고: 조직 내·외의 현상을 전체적인 학습시스템으로 보고, 학습조직은 전체에 포함된 부분들의 순환적이고 동태적인 인과관계를 이해하는 문제해결 수단이다.

② 개인적 숙련: 학습조직은 개인의 숙련을 강조한다. 개인이 현재의 능력을 심화시키기 위해서는 자기효능감과 임파워먼트가 필요하며, 일상 업무경험에 의해 축적된 지식을 바탕으로 새로운 지식을 창조하도록 동기부여한다.

③ 사고의 모형: 자기성찰을 통해 새로운 사고로 전환하는 것이다. 인간이 경험하는 현상들을 이해할 수 있게 하는 체계나 준거틀(표준이나 기준이 되는 틀)을 강조한다.

④ 공유 비전: 조직이 추구하는 방향과 중요성에 대해 구성원들이 공감대를 형성하도록 한다.

⑤ 팀 학습: 바람직한 결과를 위하여 의도적이고 체계적이며 지속적인 팀 학습을 중요시한다.

급변하는 환경변화에 적응하고 생존하기 위해서 구성원들이 학습할 수 있는 기회와 자원을 제공하고, 인간·기술·조직을 유기적으로 통합하여 생산성을 극대화하며, 지식의 경제적 가치를 효과적으로 관리하는 데 역점을 두어야 하기 때문에 학습조직의 필요성은 중요시되고 있다.

2) 조직군생태이론

조직은 환경과의 적응능력에 따라 생존하거나 도태되며, 생존한 조직은 새로운 환경에서 다시 제도화되어 보전되고, 새로운 환경과의 적합도에 따라 생존이 결정되는 과정을 계속한다. 조직생태군이론은 조직의 생존 여부는 외부환경과의 적합에 따라 결정되는 것이다. 생물학에서의 자연도태설과 적자생존이론을 조직현상에 적용한 것이다. 이 이론은 개별 조직단위가 아니라 조직의 구조나 성격이 유사한 유형으로 그룹화한 조직군(populations of organizations)에 두고, 급변하는 환경에서 어떤 분야의 조직들이 생존·발전하고, 어떤 분야의 조직들이 집단적으로 쇠퇴·소멸하는지를 밝히려 한다.

3) 자원의존이론

어떤 조직도 외부환경에서 모든 자원을 획득할 수 없으므로 생존에 필요한 희소자원 확보가 매우 중요하다. 따라서 불확실한 환경을 극복하기 위해서 필요한 자원을 확보해야 한다는 이론이다. 조직생태군이론과 다른 것은 수동적이 아닌 적극적으로 조직환경에 대처하는 과정에서의 자원획득에 초점을 둔다는 것이다.

제 3 절 조직행동론의 기초

1. 조직행동론의 개념

조직행동론(organizational behavior)은 조직 내 인간의 행동을 대상으로 하는 학문으로서, 인간에 대한 조직의 효과와 조직에 대한 인간의 효과를 규명하는 것이다. 따라서 조직행동은 과거 인간의 행동에 대한 원인을 이해하기 위한 지식을 제공하는 역할을 한다. 또한 과거의 행동을 이해함으로써 미래, 환경 및 조건이 상이한 경우에 인간이 어떻게 행동할 것인지를 예측하도록 한다. 더불어 인간의 행동을 바람직하게 변화시켜 통제 가능하도록 한다.

이와 같이 조직행동은 조직에 있어서 인간의 행동을 이해하고, 예측하고, 변화시키는 것을 목적으로 한다. 그러나 인간의 행동을 이해하거나 예측하는 것은 비교적 간단하지만 변화(통제)시키는 것은 간단하지 않다. 조직 내 인간에게서 일어나는 변화는 지식, 태도, 개인행동, 집단행동의 단계를 거친다. 지식과 태도를 변화시키는 것은 비교적 용이하지만, 개인행동 및 조직행동의 변화는 오랜 시간을 필요로 하기 때문이다. 따라서 조직행동론은 조직 내 인간의 욕구충족과 조직목표의 달성을 위한 목적을 가지고 있다.

2. 조직행동의 학문적 배경과 특성

(1) 조직행동의 학문적 배경

조직행동론은 행동과학을 기초로 하지만 다음과 같은 측면에서 차이가 있다.

① 행동과학은 영역에 제한이 없지만, 조직행동론은 조직 내 인간의 행위만을 대상으로 한다.

② 행동과학은 인간의 욕구충족을 위한 행동이지만, 조직행동론은 조직목표를 위한 행동이다.

표 1-1 조직행동론에 기여한 학문분야

기초학문	분석수준	조직행동 분야	종합학문
심리학	개인	성격, 가치관, 지각, 태도, 모티베이션, 의사결정, 행동변화, 감정	조직행동론
	집단	리더십, 커뮤니케이션	
	조직	변화, 분위기	
사회학	집단	집단역학, 규범, 권력, 역할, 갈등, 사회화, 의사결정, 경쟁	
	조직	관료화, 통제, 조직구조, 권위, 환경, 조직변화	
인류학	개인, 집단	비교문화	
	집단, 조직	조직문화	
정치학	조직	갈등과 협상, 조직정치, 조직전략	

자료 : S.P. Robbins, *Organizational Behavior*, 6th ed., Englewood Cliffs, 1993, p. 18 수정인용.

③ 조직행동론은 시스템이론과 상황이론을 채택하지만 행동과학보다 관심 영역이 더욱 확대되고 있다.

따라서 조직행동론의 발전에 심리학, 사회학, 사회심리학, 인류학, 정치학 등과 같은 기초학문들이 크게 공헌해 왔다. 심리학은 개인수준, 즉 미시적 조직행동에 영향을 주었으며, 사회학·사회심리학·인류학·정치학 등은 집단이나 조직 차원인 거시적 조직행동에 영향을 주었다(〈표 1-1〉 참고).

(2) 조직행동의 학문적 특성

조직이란 인간의 집합체이며 조직을 운영하는 것은 인간행동이므로 조직행동론은 다음과 같은 학문적 특징을 가지고 있다(다음 〈표 1-2〉 참고).

첫째, 종합적 응용학문(interdisciplinary applied science)이다. 조직행동의 연구대상은 인간이기 때문에 심리학, 사회학, 인류학 등의 순수사회과학 분야와 경영이론, 인간관계론, 행동과학, 시스템이론, 상황이론 등과 같은 학문영역이 종합적으로 기초를 이루고 있다.

둘째, 성과지향적 실천학문이다. 조직행동에 대한 연구결과를 적용하여 구성원의 행동을 변화시켜 성과가 실제로 나타나도록 한다.

표 1-2 조직행동의 학문적 특성

특 징	학문적 특성
분석수준	개인, 집단, 조직 전체
종합적 학문	행동과학(심리학, 사회학, 문화인류학 등)의 지식 활용
인본주의 지향	지각, 태도, 직무만족, 모티베이션, 리더십 등
성과 지향	성과의 개선 방안을 지속적으로 연구
외부환경의 인식	외부환경의 변화에 대한 관심
과학적 연구방법	실증적·실험적 연구방법을 이용
실험 지향	문제해결 지향적 접근

셋째, 인본주의적이고 규범적 학문이다. 조직행동은 성과도 중시하지만 구성원에 대한 영향도 중요시한다. 인본주의적 입장을 취하는 이유는 ① 인간은 조직에 의존하여 살고 있기 때문에 조직성과 향상을 통하여 자신의 목표를 달성하려고 한다. ② 조직 내 인간관계의 개선을 통하여 만족한 조직생활을 도모한다. ③ 욕구를 충족시키면서 자아실현, 노동생활의 질 향상을 목표로 한다. ④ 자아실현을 추구하는 자율적 인간이라는 전제 하에 인간행동을 연구하기 때문이다.

넷째, 상황접근적인 학문이다. 조직행동에 영향을 미치는 다양한 요인들의 상호관계를 중요시 한다.

조직행동론의 연구대상은 조직 내 개인, 집단 및 조직행동으로 인간의 능력, 욕구와 같은 인적 자원과 조직목표, 과업 및 기술과 같은 물적 자원을 통

표 1-3 조직행동론의 연구과제 요약

구 분	수 준	주요 연구과제
미시적 조직행동론	개인행동 수준	행동의 평가와 지각, 행동의 변화와 학습, 행동의 예측과 태도 변화, 퍼스낼리티, 의사결정행위, 창의성, 모티베이션, 직무만족, 심리적 스트레스
	집단행동 수준	집단구조, 규범·역할·지위·응집성·소시오매트릭스, 개인간 행동, 권력·영향력, 커뮤니케이션, 집단의사결정, 집단간 갈등, 리더십
거시적 조직행동론	조직행동 수준	조직분위기, 조직과 환경의 상호작용, 조직유효성, 조직의 구조적 변수, 조직변화의 모형과 저항, 조직개발과 구조적 변화

합·조정함으로써 조직유효성을 제고시킨다. 따라서 조직행동론은 개인행동, 집단행동, 조직행동을 연구대상으로 한다(〈표 1-3〉 참고).

3. 조직행동론의 전망과 중요성

조직의 효율적 관리를 위해 조직행동론의 중요성이 강조되고 있는 이유는 다음과 같다.

① 서비스 산업의 증가이다. 제조업에서 상품의 생산은 일정하지만 서비스의 제공은 인간의 감정이나 동기에 의해 변화한다. 정서상태에 따라 근무태도와 행동이 상이하다는 것은 예상할 수 있다.

② 전문화의 증가이다. 기술의 발전에 따라 업무내용이 복잡해지고 전문화되고 있다. 이에 따라 조직은 프로페셔널 및 스페셜리스트를 요구하고 있다. 이들은 조직에 소속되는 것보다 자율적으로 행동하고자 하기 때문에 조직과 인간은 독립된 관계로 변화하고 있다.

③ 인재의 다양화이다. 그동안 조직은 개인 및 사회적 차이, 개성의 차이를 인정하지 않았다. 그러나 최근 여성, 고령자, 외국인 등의 노동력이 다양화하고 있다.

이러한 사회적 변화로 인해 그동안 조직행동론에서 다루어졌던 것과는 다른 형태의 인간에 관한 지식이 요구되고 있다. 이러한 변화가 조직행동론의 중요성을 강조하고 있다. 조직에서 인간에 대한 관리가 효율적으로 이루어지지 않으면 조직의 발전은 기대할 수 없기 때문이다.

연구과제

1. 조직행동론의 발달과정을 역사적 관점에서 설명하시오.
2. 과학적 관리 시대에서 인간에 대한 관심을 갖게 한 이유에 대하여 설명하시오.
3. 테일러의 과학적 관리의 기본사상에 대하여 설명하시오.
4. 개방시스템과 폐쇄시스템이 지니는 근본적인 차이점에 대하여 설명하시오.
5. 시스템이론과 상황이론의 특징을 비교 설명하시오.
6. 조직군생태이론과 자원의존이론을 설명하시오.
7. 조직행동론과 관련 있는 학문분야에 대하여 설명하시오.

P/A/R/T

02 개인행동수준

Chapter 02 성격과 가치관
Chapter 03 직무태도와 역량
Chapter 04 학 습
Chapter 05 모티베이션
Chapter 06 감정, 스트레스와 직무소진

Chapter 02

성격과 가치관

제 1 절 성격과 인간행동

1. 성격의 개념과 결정요인

조커(2019)
한 개인을 특징지을 수 있는 독특한 성향

한 개인을 분류하기 위해 사용하는 심리적 특성으로 각 개인이 지닌 특유한 성질이나 품성을 의미하며 다음과 같은 내용을 포함하고 있다. ① 고유하고 독특한 성질을 의미하고 있어 개인의 사고과정이나 감정은 개인차가 있다. ② 개인의 독특성이 안정적이어서 상황이 바뀌거나 시간이 지나도 변하지 않는다. 따라서 성격은 안정적인 개인적 특성으로 자신이 처한 환경에 독특하게 적응할 수 있도록 하는 동태적인 심리 및 생리적 시스템이다. 성격이 선천적인지 후천적 학습환경에 의해 형성되는지에 대한 근거는 없으나 양자의 복합적 영향에 의해 형성된다는 것이 일반적이다. 성격을 결정하는 대표적인 요인은 다음과 같다.

① 유전적 요인: 신장, 얼굴, 피부, 체력 및 체격, 오감 기능에 의한 감각적 특성 등은 부모에 의해 영향을 받는다. 그러나 성격이 유전에 의해서 결정된다면 많은 경험에 의해 변화할 수 없다는 것으로서 타당성이 없다.

② 문화적 요인: 문화적 환경이 성격에 미치는 영향은 확신할 수 없다. 동일한 문화권이라 하더라도 많은 하위문화로 구성되어 있어 사회·경제적 계층, 연령, 지역에 따라 가치관의 차이가 있기 때문이다.

③ 사회적 요인: 가족관계로서 부모는 초기의 성격에서 중요한 역할을 한다. 그러나 부모보다는 가정환경이 중요한 영향을 미치기도 한다.

④ 상황적 요인: 성격은 안정적이고 지속적이나 상황에 따라 변한다. 성취와 노력에 대한 욕구가 높으면 관료적 상황에서 좌절감으로 공격적이 될 수도 있다.

2. 성격이론

성격이론의 범위는 광범위하며 다양한 시각에서 전개되고 있다. 조직행동과 관련된 성격이론은 다음과 같다.

(1) 특성이론(trait approach)

R.B. Cattell
(1905 – 1998)

개인의 지속적인 행동특징이나 반응경향성을 특성이라 한다. 인간은 다양한 심리적 특성을 지니고 있으며, 이에 대해 카텔(Cattell)은 16가지의 기본적인 성격특성을 제시하고 있다. 이러한 성격특성은 고정적이고 항구적인 행동의 원천이 되고 있으며, 특정 상황에서 개인행동의 예측을 가능하게 한다. 최근 조직행동에서 직무태도와 행동을 이해하는 데 Big 5 성격모델이 효용성을 인정받고 있다.

① 성실성(conscientiousness): 목표를 위해 꾸준히 노력하는 성향이다. 심사숙고, 규범이나 규칙의 준수, 계획 설정, 조직화, 과제의 준비 등에서 차별성을 보인다.

② 외향성(extraversion): 사교적이며 자극과 활력을 추구하는 성향이다. 사회적 상호작용을 요구하는 영업이나 관리직무를 성공적으로 수행한다.

③ 친화성(agreeableness): 협조적 태도를 보이는 성향이다. 사회적응력이 높고, 상사·부하·동료·고객들과 좋은 관계를 유지한다.

④ 경험에 대한 개방성(openness to experience): 상상력, 호기심, 모험심, 예술적 감각 등이 높으며 보수주의에 반대되는 성향이다. 항상 새로운 정보와 경험을 추구한다.

⑤ 정서적 안정성(emotional stability): 분노, 우울, 불안감 등의 부정적 정서에 대처하는 성향이다. 불안정한 환경에서도 높은 만족과 생산성을 유지한다.

(2) 유형이론(type approach)

대표적으로 융(Jung)의 내향성 – 외향성이론과 쉘돈(Sheldon)의 체질유형이 있다.

1) 융의 심리학적 유형이론

C.G. Jung
(1875 – 1961)

융은 인간의 행동은 예측할 수 없는 것처럼 보이지만 질서정연하고 일관성이 있으며 몇 가지의 특징적인 경향으로 나뉘어져 있다고 하였다. 그는 심리적 에너지가 인간의 내부나 외부, 어디에서 시작되는가에 따라서 내향성과 외향성으로 분류하였다. 외부로부터 정보를 수집하고(인식기능), 수집한 정보에 근거해 행동을 결정하는데(판단기능) 개인마다 선호하는 방법이 다르다. 내향적인 사람은 주관적이며 내면적인 세계를 좋아하고, 사회적인 접촉이나 교제를 피하고, 혼자만의 시간을 즐기고자 한다. 반대로 외향적인 사람은 외부세계 지향적이고 다정다감하며 인간관계에 호의적이다. 또한 공격적이고 자기의 감각이나 사고를 적극적으로 표현한다.

이러한 선호성은 선천적인 것으로 보았다. 그러나 대부분의 사람은 외향적이고 내향적인 면을 공유하고 있으며 어느 한쪽의 극단에 치우치는 경우는 드물다. 따라서 외향 – 내향성은 주어진 상황에 대한 반응에 있어서 개인의 에너지가 외

K.C. Briggs
(1875 – 1968)

I.B. Myers
(1897 – 1980)

부와 내부의 어느 쪽을 더 지향하는지를 의미한다.

MBTI(Myers-Briggs Type Indicator)는 융의 성격 유형 이론에 바탕을 두고 브릭스(Briggs)와 마이어스(Myers)가 개발한 심리측정 질문지이다. 인간의 행동에 영향을 미치는 성격요인으로서 정신적 에너지의 방향성은 외향(E) 대 내향(I)으로, 정보수집 방법은 감각(S; 현실적) 대 직관(N; 상상적)으로, 의사결정 방법은 사고(T; 객관적) 대 감정(F; 감성적)으로, 생활 태도는 판단(J; 기계적) 대 인식(P; 유연적)으로 구분하고, 이 지표를 조합하여 16가지의 성격 유형으로 구분하였다. 이들의 성격유형 지표는 자신과 타인에 대한 이해, 대인간 상호작용 개선 등에 활용되고 있다.

2) 쉘돈의 신체생리학적 유형

W.H. Sheldon
(1898 – 1977)

쉘돈은 체형(body type)과 개인특성의 관계를 알아보기 위하여 인간의 체형을 뚱보형(내배엽형), 표준형(중배엽형), 날씬형(외배엽형)으로 구분하고 다음과 같이 설명하였다.

① 뚱보형(endomorph): 다정다감하며 사교적이고 친구를 좋아한다. 반응이 느리며 잘 먹는다.

② 표준형(mesomorph): 육체미와 운동을 즐기며 경쟁적·공격적이고 모험을 좋아한다.

③ 날씬형(ectomorph): 비사교적이며 신경질적이고 반응이 빠르며 예민하다.

체형과 성격의 상관관계에 대한 명확한 결과는 없지만 외모가 이미지에 영향을 미치고 이것이 성격발달에 영향을 미치는 것은 사실이다.

(3) 성격발달이론

대표적으로 프로이트(Freud)의 성격발달이론(stage theory)과 레빈슨(Levinson)의 성인생애단계이론(adult life stage theory)이 있다.

1) 성격발달이론

프로이트는 생후 5~6년 동안의 단계적 경험이 성격형성에 중요한 영향을 미친다고 하는 심리성적 발달을 주장하였다. 유아는 생물학적으로 발달을 할 때에 성적 본능의 원천이 신체의 특정 부위에 집중된다고 본다. 이러한 성본능의 에너지를 리비도(libido)라고 하며, 리비도는 신체의 여러 감각기관에 집중되는데 이를 성감대(erogenous zone)라 한다. 유아는 흥분의 원천과 에너지가 특정 성감대에 집중되면 이 부위를 통해 흥분을 감소시키려 한다. 이 과정이 적절하고 안정적으로 이루어지는가에 따라 성격발달에 영향을 미친다. 심리성적 단계와 성격발달의 관계는 다음과 같다.

S.S. Freud
(1856 – 1939)

① 구강기(oral stage): 출생에서 18개월에는 감각적 쾌락을 입, 입술, 혀에서 지각한다. 이들은 빨고 삼킴으로써 성적 긴장(sexual tension)을 해소하는데 이것이 거부되면 좌절을 지각한다. 과도한 구강만족은 낙천적이며 타인의존적 성격이 되지만 구강만족의 부족은 비관적, 부정적, 적대적, 자신감 결여, 열등의식의 성격을 갖게 한다.

② 항문기(anal state): 18개월에서 3세 반에는 성적 쾌락의 원천은 항문이다. 배설물을 보유하고 배설하는 과정에서 쾌락을 느끼며, 배변훈련의 시작과 더불어 쾌락을 조절하는 것을 학습한다. 배변훈련이 엄격하면 분노발작을 하며 불결하거나 파괴적이 된다. 또한 배설물을 오래 보유하면 완고하고, 인색하며, 정확하고, 질서정연한 성격을 갖게 된다.

③ 남근기(phallic stage): 4세경에 성기를 만지고 기쁨을 느끼며 이성의 신체적 차이에 관심을 갖는다. 남아는 이성부모에 대한 연정으로 오이디푸스 콤플렉스(oedipus complex)를 경험한다. 이것은 어머니에 대한 소유욕과 아버지에 대한 적대감을 갖는 것을 말한다. 이 시기에 형성되는 성격적 특성은 자기주장이 강하고 성공과 야심이 높지만, 이 문제를 해결하지 못하면

J.A.D. Ingres(1780 – 1867)
스핑크스의 수수께끼를 푸는 오이디푸스

F. Leighton(1830 – 1896)
아가멤논 무덤 옆의 일렉트라

자기과장적이며 경솔한 성격이 된다.

여아는 음경상실증으로 인한 엘렉트라 콤플렉스(electra complex)를 경험한다. 음경상실의 원인은 어머니에 있다고 보아 증오하며 아버지에 대한 사랑은 커진다. 그러나 이러한 사실이 영구적이라는 것을 알면서 어머니와 동일시하게 된다. 이러한 음경상실을 반영하는 방식들로 권력과 탐색, 남성역할의 선망, 불완전한 신체구조로 인한 자존심 저하 등의 행동을 한다.

④ 잠복기(latency stage): 5~6세에서 12~13세까지 성적 정지기로서 성적인 것들이 억제된다. 이성에 대한 관심은 거의 없으며 동성끼리 어울리고 이성에 대한 관심은 놀리거나 괴롭힘의 형태를 취한다. 특히 소년들은 애정 표현을 원치 않으며 폭풍 전의 고요함이다.

⑤ 생식기(genital stage): 이후 사춘기를 알리는 생화학적 호르몬 변화들은 심리성욕 발달의 최종단계인 생식기에 반영된다. 공격적이고 성적 본능들이 활발해지며 이성이 관심의 대상이 된다. 성적 흥미와 흥분이 고조됨과 동시에 플라토닉한 사랑이 나타난다. 그러나 점차로 이성관계, 구애, 결혼, 가족형성 등에 대한 관심으로 옮겨간다.

2) 성인생애단계이론

D.J. Levinson
(1920 – 1994)

레빈슨은 생애구조는 성인의 전 생애에 걸쳐 질서정연한 연속과정으로 진화한다고 하면서 결혼, 자녀출산, 은퇴 등과 같은 사건중심적이고 연령에 근거한 이론을 제시하였다. 따라서 각 단계에서 경험해야 할 사건들을 원만하게 진행하였는지의 여부에 따라 성격적 차이가 나타나고 이러한 단계 사이에는 과도기(transitional periods)가 존재한다고 하였다.

① 성인세계의 진입단계(22~28세): 30대 초 과도기(28~33세)

② 정착단계(33~40세): 중년의 과도기(40~45세)

③ 중년기단계(45~50세): 50대 초 과도기(50~55세)

④ 중년기의 최고정점(55~60세): 후기 성인 과도기(60~65세)

그림 2-1 경력단계모형

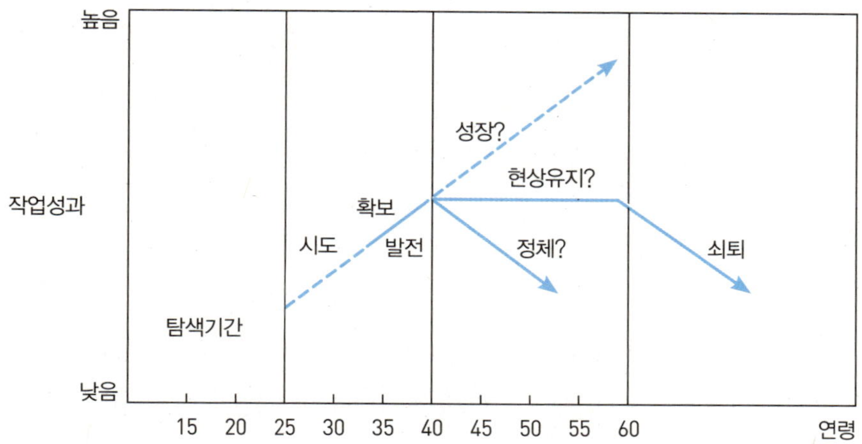

이 이론은 대중적인 호소력을 지니고 있으며 개인의 경력계획 및 발달에 유용하게 활용된다. 그러나 개인마다 각 단계의 차이가 매우 큰 것으로 나타났다.

홀(Hall)은 경력단계를 [그림 2-1]과 같은 통합모델로 제시하였다.

① 탐색단계: 25세 미만으로 자신을 인식하고 교류와 경험을 통하여 적합한 직업을 선정하려 한다.

② 확립단계: 25~40세로 노력을 통해 선택한 직업에 정착한다. 성과를 올리고 승진하면서 경력개발을 달성한다.

③ 유지단계: 40~60세로 자신을 반성하고 경력진로의 재조정을 고려하며 경우에 따라 심리적 충격을 받기도 한다. 이것은 신체적 노화와 능력상의 도태로 인한 것이다. 이 단계를 원만히 극복하고 성장하기도 하지만, 심리적 충격으로 정체되기도 한다. 그러나 대부분은 과거에 축적한 경력을 유지한다.

④ 쇠퇴단계: 60세 이후로 퇴직과 더불어 자신의 경력에 대하여 만족하고 새로운 생활로 접어든다.

이상의 경력단계를 거치는 동안 수직적인 승진과 갈등, 수평적 직무순환, 중심적 또는 주변적인 역할을 수행해 나간다. 이 단계모형은 사람들이 특정 시기에 정체나 쇠퇴를 어떻게 극복해야 하는지가 과제이다.

제 2 절 성격이 조직행동에 미치는 영향

1. 생리적 요인

조직 내 행동을 예측하기 위한 성격속성으로 생리적 요인은 다음과 같다.

1) 뉴로티시즘

뉴로티시즘(neuroticism)은 정서적 불안정, 기분의 가변성, 스트레스, 불안감, 피로감 등의 의미를 포함하는 성격특성이다. 일종의 신경증으로 환자에게서 발견되는 특성으로 볼 수 있으나 누구에게나 발견된다. 따라서 병적이며 바람직하지 못한 것으로 볼 것이 아니라, 정도의 차이를 고려하여 처우나 유인체계를 달리함으로써 만족과 성과를 올리도록 하여야 한다.

2) 외향성과 내향성

융은 외향성이란 주위의 대상과 사물을 향해 에너지를 쏟게 하는 외부로의 지향이며, 내향성이란 자신의 감정·기억·의식 및 내적인 삶에 대한 감수성이라고 하였다. 사회성과 관련하여 외향성은 사교성과 진취성을, 내향성은 부끄러움과 소극적 특성을 보인다. 따라서 반복적이며 감각적 자극을 제공하지 못하는

표 2-1 외향성과 내향성

구 분	외향성	내향성
사 고	• 상식적, 현실적 문제에 관심 • 계획성, 독자적 생각 없음	• 개성적, 이상적 문제에 관심 • 계획적, 신중, 자기반성, 변명
감 정	• 감정의 표출/기복 심함 • 급하고 거칠음	• 감정의 억제/섬세, 부끄러움 • 민감, 냉정, 강한 감정 숨김
행 동	• 강한 실천력, 말보다 행동 • 남의 말에 개의치 않음	• 우유부단, 소심, 침착, 인내력 • 말보다 글, 타인의 평가에 민감
대인관계	• 교제범위 넓고 쉽게 친숙 • 숨김 없고 남의 일에 참견	• 고독, 자기 기분을 표현하지 않음 • 간섭, 농담, 나서기 싫어함
적 성	• 응용분야 • 판매, 영업, 일반관리직	• 이론분야 • 재무, 회계, 기술직

과업은 내향적 사람이, 감각적 자극이 넘치는 과업은 외향적 사람이 성과가 높다. 〈표 2-1〉은 내향성과 외향성에 대한 특징이다.

2. 인지적 요인

조직 내 행동을 예측하기 위한 성격속성으로 인지적 요인은 다음과 같다.

1) 통제의 위치

통제의 위치(locus of control)란 어떤 결과에 대해 자신이 얼마나 영향을 미쳤는지에 대한 것으로 내재론자와 외재론자로 구분한다. 내재론자는 운명은 자신이 결정하는 것으로 자기의 운명과 일상생활에서의 상황을 통제할 수 있다고 믿는다. 외재론자는 자기의 운명과 삶의 결과는 외부의 요인에 의해 결정된다고 믿는다. 내재론자는 직무만족도가 높고 적극적이며 참여적인 행동을 보이고 정서적으로도 안정되어 높은 성과를 나타낸다. 반면에 외재론자는 불안과 스트레스로 인해 통제되고 정형화된 직무를 선호한다. 그러나 양 극단적 성격의 사람은 드물며 양 극단의 어느 선상에 위치하게 된다.

2) 성취지향성

성취지향성(achievement orientation)이란 성취동기가 높은 정도이다. 높은 성취동기의 사람은 도전감 있는 과업에 관심이 있으며 운에 의한 성공기대는 하지 않는다. 현실적인 목표를 추구하며 불가능하거나 성공이 확실한 목표는 피한다. 중간수준의 난이도, 성과에 대한 신속한 피드백, 결과에 대한 통제가 가능한 직무에서 성과가 높다. 그러나 성취동기가 높다고 높은 성과를 내는 것은 아니다. 과업이 그들이 추구하는 도전감, 피드백, 책임 등을 제공해 주는 경우에만 높다는 것이다.

3) 권위주의

권위주의(authoritarianism)는 구성원 사이에 지위와 권력에는 차이가 있다는 믿음이다. 권위주의적인 사람은 타인을 비난하며 지위가 높은 사람에게는 공손하고 낮은 사람에게는 이기적이다. 또한 타인을 믿지 않고 변화에 저항한다. 타인의 감정에 민감하고 숙련도가 요구되는 직무, 복잡하고 변화하는 상황적응적인 직무에는 성과가 낮다.

4) 마키아벨리즘

마키아벨리즘(Machiavellism)은 군주는 권력을 강화하고 유지하기 위해 무자비하게 타인을 이용하는 비도덕적 방법이라도 사용하여야 한다는 것이다. 이러한 사람은 실용적이고 타인과 감정적인 거리를 유지하며 자신의 이익을 위하여 타인을 이용한다. 목적이 수단을 정당화할 수 있다고 믿으며 타인을 설득하려 한다. 이들은 대면적인 만남, 규칙의 수가 비교적 적은 상황, 반드시 해야 한다는 높은 충성심을 갖고 있을 때 성과가 높다. 또한 교섭능력이 필요한 직무나 성공에 대한 실질적인 보상이 주어지는 상황에서 생산적이다.

5) A형·B형 행동 차원

성격특성을 A형과 B형(type A & type B dimension on behavior)으로 구분한다. A형은 ① 참을성이 없고 일을 방해하면 화를 내고 공격적이다. ② 과업속도가 빠르며 불평하거나 지치지 않는다. 동시에 많은 것을 요구하는 과업도 잘 처리한다. ③ 자신을 몰아붙이기 때문에 스트레스로 인한 질병위험이 있다. ④ 경영자에게는 적극적이고 창의적이지만 인내·신중·침착성이 필요하다. B형은 이와 반대의 성격특성을 보인다. A형과 B형은 과업의 특성과 시간적 압력, 독립성과 팀워크, 신속성과 정확성 측면에서 상호 보완적인 조정이 필요하다.

6) 위험부담 성향

위험을 선호하는 사람은 의사결정이 신속하고 정보를 많이 활용하지 않는다. 이들의 의사결정은 위험부담을 회피하는 사람만큼 정확하여 적은 정보를 사용하지만 높은 활용능력을 갖고 있다. 따라서 위험선호에 대한 개인차를 파악하고 직무요구 조건을 일치시켜야 한다. 높은 위험선호도의 사람은 투자업무, 낮은 위험선호도의 사람은 회계업무가 적합하다.

7) 자아개념

자아개념(self-concept)이란 자신에 대한 인식으로 자신에 대하여 가지고 있는 견해를 의미한다. 자아개념은 긍정적 개념과 부정적 개념으로 분류하는데 양 극단에 존재하기보다는 양 극을 연결하는 연속선상에 위치하는 개념이다. 조직에 부적응하거나 성과가 잠재적 능력에 미치지 못하면 부정적 자아개념, 성공적인 조직생활을 하면 긍정적 자아개념으로 본다. 자아개념은 다음과 같이 구성되어 있다.

① 자아존중감(self-esteem): 자신은 가치 있는 소중한 존재이며 성과를 달성할 수 있는 유능한 사람이라는 믿음으로 성공에 대한 기대와 관련되어 있다. 도전적인 업무를 선호하고 높은 성과를 올리며 직무만족이 높고 승진이 빠르다.

② 자기효능감(self-efficacy): 자신은 특정 과업을 수행하기 위한 능력을 가지고 있다는 믿음이다. 도전적인 목표를 설정하며 긍정적이거나 부정적 결과에 대한 피드백에 동기부여한다.

③ 자기관찰성(self-monitoring): 외부환경이나 특정 상황에 처한 자신의 현상을 파악할 수 있는 능력이다. 높은 대처능력으로 자신과 환경 및 상황의 괴리현상을 조정할 수 있다.

제 3 절 성격과 직업의 조화

1. 유인 – 퇴출이론

슈나이더(Schneider)의 유인 – 퇴출이론(attraction-selection-attrition framework)에 의하면 조직의 구성원들과 비슷한 성격의 사람은 그 조직에 매료되어 선발되고 다양한 유인에 의해 장기간 근무한다는 것이다. 반면에 성격이 다른 사람은 선발되기 쉽지 않고 선발되더라도 불만을 느끼고 이탈하거나 퇴출된다. 따라서 조직은 비슷한 성격의 사람들로 구성된다. 그 결과 구성원들의 적합도, 직무만족도와 조직몰입도는 높으며 이직률은 감소한다. 그러나 급변하는 환경에 적응하기 위해서는 구성원의 다양성이 요구되기 때문에 바람직하지 않다.

2. 성격과 직업의 조화

J.L. Holland
(1919 – 2008)

성격과 직업이 조화되면 개인이나 조직에 이상적이다. 이에 대해 홀랜드(Holland)는 여섯 가지 성격유형을 제시하면서, 성격과 직업의 적합도에 따라 이직의도와 만족도가 결정된다고 하였다. [그림 2-2]와 같이 가까운 위치의 성격유형과는 유사성이 있지만, 거리가 먼 유형과는 차이가 많으며, 〈표 2-2〉는 성격특성에 따른 적합한 직무를 제시하고 있다.

그림 2-2 성격 유형 간의 유사성

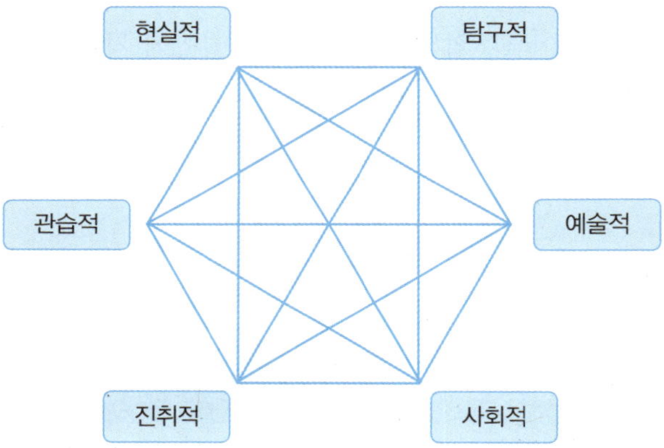

표 2-2 성격에 따른 직무특성

성격유형	선호 경향	성격 특성	적합직무
현실적	기능, 힘 및 조정이 요구되는 육체활동	수줍음, 순진함, 인내심, 안정, 동조적, 현실적	제조업, 농부, 조립, 운전
탐구적	사고, 조직화, 이해를 포함하는 활동	분석적, 호기심, 독창성, 독립심	생물학자, 경제학자, 수학자, 언론기자
사회적	타인을 돕거나 개발하는 활동	사교적, 우호적, 협동적, 이해적	사회사업, 교사, 상담가, 임상심리학자
관습적	규칙과 명령을 잘 따름	동조적, 효율적, 비창의적, 비융통성	회계사, 기업 임원, 은행원, 문서정리
진취적	타인에 영향을 주고 권력을 가지는 활동	자신감, 지배적, 야망, 정력적	법조인, 부동산업자, 소규모 사업가
예술적	창조적인 표현과 애매 모호한 비체계적인 활동	창의적, 무질서, 이상주의, 감정적 , 비현실적	화가, 음악가, 작가, 실내장식가

제 4 절 가치관의 개념과 유형

1. 가치관의 개념

가치관(values)이란 타인보다 우세하게 보일 수 있는 조건이나 바람직한 상태, 인간이 삶이나 특정 대상에 대해 무엇이 옳거나, 좋거나, 바람직한 것인지를 판단하는 개인적 관점이다. 또한 가치체계는 중요성에 따라 개별적인 가치들의 우선순위를 결정하는 것으로서 가치를 배제하고 인간현상을 설명하고 예측할 수 없다. 따라서 가치는 지각에 영향을 미치고 태도와 행동, 동기를 이해하는 데 중요한 의미를 갖는다.

S.P. Jobs
(1955 – 2011)

가치관은 부모, 스승, 친구, 대중매체, 존경하는 인물 등에 의해 영향을 받는다. 또한 가치관은 독특한 문화적 경험, 종교적 신앙, 철학적 판단에 기반을 두고 있다. 이 가운데 어느 것에 더 비중을 두느냐에는 개인차가 있으며, 개인행위의 유형화에 영향을 미친다. 철학적 이성에 가치기준을 둔 사람은 보다 객관적으로 사고하고, 종교적 신앙에 가치기준을 둔 사람은 후원적이며 우호적이고, 경쟁적 조직문화의 사람은 투쟁하는 행위를 나타낼 수 있다. 그러나 개인행위는 환경에 따라 상이하기 때문에 하나의 유형에 고정화시키기보다 복합적인 것으로 이해하여야 한다. 잡스(Jobs)는 핵심에 있는 것은 우리의 가치관이며, 우리가 내리는 결단과 행동은 그 가치관의 거울이라고 하였다.

2. 가치관의 유형

(1) 알포트 등의 분류

알포트(Allport) 등은 가치관을 다음과 같은 유형으로 분류하였다.

G. Allport
(1897 – 1967)

① 이론적(theoretical) 유형: 비판적이고 합리적인 접근을 통해 진실을 밝히는 데 중요성을 부여한다.

② 경제적(economic) 유형: 유용성과 실용성을 강조한다.

③ 심미적(aesthetic) 유형: 아름다움을 추구하는 감정이나 활동에 가치를 부여한다.

④ 사회적(social) 유형: 인간관계와 인간애를 강조한다.

⑤ 종교적(religious) 유형: 초월적이고 신비적인 경험을 중요시 한다.

⑥ 정치적(political) 유형: 권력과 영향력을 강조한다.

그들은 다양한 직업을 제시하고 여기에 여섯 가지 가치유형의 중요성에 대한 순서를 정하여 특정 개인의 가치체계를 파악하였다. 그 결과 직업에 따라 사람들의 가치관의 유형에 대한 중요성은 상이하게 나타났다.

(2) 발전단계별 분류

개인의 가치관과 생활유형(life-styles)의 변화과정이 발전단계구조를 형성한다는 것이다. 이러한 계층적 가치유형은 사람들의 태도와 행동을 설명하는 데 도움을 주고 있다.

① 반응적 단계(reactive level): 자신이나 타인을 의식하지 않고 기본적인 생리적 욕구에 민감하게 반응한다. 어린아이와 같은 행동을 한다.

② 부족적 단계(tribe level): 고도의 의존적 행동을 보인다. 전통과 권위적 인물에 의해 영향을 받는다.

③ 자기중심적 단계(egocentrism level): 개인주의적 성향을 보인다. 공격적이고 이기적이며 권력에 민감하다.

④ 동조성 단계(conformity level): 자신과 다른 가치관의 사람을 수용하지 않으며 타인들이 자신의 가치관을 수용하기를 기대한다.

⑤ 조작적 단계(manipulative level): 타인을 교묘히 이용하여 자신의 목표를 달성하고자 한다. 물질주의적이며 높은 지위와 안정을 추구한다.

⑥ 사회중심적 단계(sociocentric level): 타인에 의해 인정받고 그들과 잘 어울리고자 한다. 물질주의를 배격하고 목적을 위해 타인을 이용하지 않는다.

⑦ 실존적 단계(existential level): 자기와 다른 가치관의 사람도 수용한다. 유연성이 결여된 제도, 고정화된 정책, 권한남용 등에 대하여 솔직하게 말한다.

제 5 절 가치 관련 행동

1. 가치 관련 행동모형

이 모형은 가치관이 행동으로 나타나는 과정과, 이 과정에서 어떤 영향을 받는지를 보여주고 있다([그림 2-3]). 사람마다 가치관이 다르므로 타인과는 다른 의사결정을 하려 할 것이다. 그러나 의도적이며 현실적응적 가치관에 의해 검토되고, 여과와 선택 등의 절충과정을 거쳐 제한된 행동범위가 결정되며, 외부의 강제력, 집단이나 조직, 제도나 규범 등의 압력에 의해 특정 행동을 하게 된다. 따라서 윤리적인 가치관의 사람이라도 그의 실제적인 행동은 정책 및 관행, 상사의 지시 등에 제한을 받아 비윤리적 행동을 할 수 있다. 이 경우 가치관은 쉽게 변하지 않기 때문에 내적 갈등을 경험하게 된다.

그림 2-3 행동에 연관된 이론적 가치모형

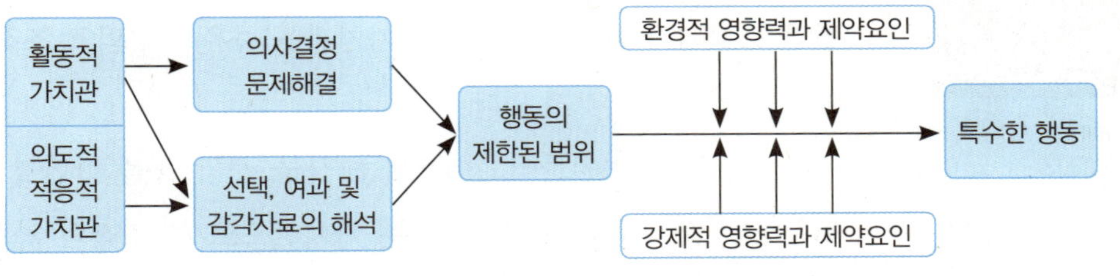

자료: Adapted from G.W. England, "Personal Value Systems of American Managers," *Academy of Management Journal* 10(March 1967), p. 55.

2. 가치관 갈등

1) 내부적 갈등(intrapersonal value conflict)

개인의 가치체계 내에서 발생하는 갈등이다. 이것은 도구적 가치체계뿐만 아니라 최종가치체계 내에서 발생하며, 도구적 가치와 최종가치 사이에서도 발생한다. 최종가치는 가족의 행복이고 성취감이 수단적 가치인 사람이 야근을 해야 하는데 일찍 귀가해야 하는 상황에서 야기된다.

2) 개인간 갈등(interpersonal value conflict)

개인간 가치관의 차이로 인해 발생하는 갈등이다. 가정보다는 회사를 중요시하는 상사와 일도 중요하지만 가정을 더 중요시하는 부하 사이에서 야기된다.

3) 조직과 개인 간 갈등

개인과 조직이 추구하는 가치관이 다를 때 발생하는 갈등이다. 이 경우 갈등해소를 위해서는 첫째, 조직문화에 자신의 가치관을 일치시키며, 둘째, 조직을 떠나는 것이고, 셋째, 조직문화를 변화시키는 것이다.

3. 가치관과 조직경영

E. Schein
(1928 – 2003)

셰인(Schein)은 가치관이 조직문화의 기본전제가 되어가는 과정을 설명하였다. 인간은 조직구성원이 되어가는 사회화의 과정에서 조직의 규범과 의례, 의식 등을 배우게 된다. 또한 이 과정에서 리더나 조직의 전통을 통해 사회화가 가속화되며 조직의 가치를 배우게 된다. 그 결과 조직의 일원으로서 조직의 가치관을 공유하게 되고 조직에 대한 애착과 의무감을 갖게 된다.

가치관이란 구성원들이 상황·행동·사물·사람 등을 판단할 때 사용하는 평가기준이다. 조직문화의 기본요소는 가치관으로서, 조직의 가치관이 얼마나 공유되고 분명히 인식되고 있는가에 따라 조직문화의 강도를 판단한다. 따라서 개인과 조직의 가치관이 일치할 때 조직에 대한 충성과 헌신을 하게 된다. 조직관리에서 가치관의 의미는 다음과 같다.

① 개인과 조직의 가치관이 일치하는지에 따라 반응은 상이하다. 따라서 조직문화에 적응할 수 있는 가치관을 가진 사람을 선발해야 한다.

② 개인의 가치관은 개인과 조직의 특성에 의해 영향을 받는다. 개인의 가치관이 조직문화와 일치하지 않으면 갈등을 지각하지만 점차 동화과정을 거치게 된다. 개인의 가치관은 태도와 행동의 원천이지만 조직의 목표와 정책, 전략 등에 의해 영향을 받는다.

③ 가치관이 변하면 행동이 변한다. 자신의 가치관에 따라 행동하는 것이 옳지 않다는 것을 알게 되면 변화가 시작된다. 따라서 조직규범에 따라 행동하기를 원한다면 조직이 지향하는 가치체계를 수용하고 공유할 수 있도록 해야 한다.

④ 가치관의 변화는 오래 걸리며 성장과정, 교육수준, 사회적 상황과 경험 등에 따라 차이가 있다. 가치관의 차이가 클수록 변화시키기가 쉽지 않다. 무리하게 가치관의 변화를 강요하면 낮은 성과와 불만족 등의 결과가 나타난다. 조직은 교육수준, 전문지식, 경험 등에 따라 조직화되어 있기 때문에 계층화의 원리를 활용하여 가치관의 충돌을 최소화하여야 한다. 조직 내 사회화의 과정에서 개인과 조직이 가치관의 조화를 이루도록 해야 한다.

⑤ 조직문화의 기반이 된다. 문제에 대한 해결방안이 반복적으로 성공하면 이에 대한 지각을 공유하게 되고 집단적 가치관이 형성된다. 이러한 가치관은 변환과정을 거쳐 당연한 것으로 수용되고 조직문화의 가치체계에 포함되어 조직에 영향을 미치게 된다.

⑥ 바람직한 가치관을 장려하기 위해 리더의 역할이 중요하다. 리더는 구성원들에게 바람직한 가치관이 무엇인지를 전달하고, 정확하게 이해할 수 있도록 해야 하며, 가치관의 실천에 솔선수범해야 한다.

연구과제

1. 성격의 의의와 성격결정 요인에 대하여 설명하시오.

2. 개인성격이 조직행동에 미치는 영향에 대하여 설명하시오.

3. 프로이트의 성격형성이론을 설명하시오.

4. 자아개념의 중요성을 설명하시오.

5. 슈나이더의 유인 – 퇴출이론을 설명하시오.

6. 직업과 성격의 조화가 조직에 미치는 영향을 설명하시오.

7. 현대사회에서 가치관의 변화가 조직에 미치는 영향을 설명하시오.

Chapter 03

직무태도와 역량

제 1 절 태 도

1. 태도의 개념

태도(attitude)란 특정 대상이나 사람에 대해 호·불호를 평가하는 개인의 선호경향(predisposition)으로, 어떤 일이나 상황에 직면했을 때 나타내는 입장이나 행동을 의미한다. 따라서 태도를 알게 되면 어떻게 반응(행동)할지를 예측할 수 있다. 태도는 행동의 방향을 결정하는 요인으로 스승, 동료, 성인 모방, 조건화(conditioning) 등을 통해서 유아기로부터 형성된다. 태도의 개념에는 다음과 같은 가정이 포함되어 있다.

인턴(2015)
특정 사건이나 상황에 직면했을 때 나타나는 개인의 입장이나 자세

① 태도는 관찰할 수 없으며 결과로써 외형적 행위만을 볼 수 있다. 인간의 내면에 존재한다는 가정만 할 수 있다.

② 태도는 매우 호의적이거나 매우 비호의적인 면을 지닌 하나의 연속선상에서 파악될 수 있다.

③ 태도는 반응의 준비상태로서 행동과 관련이 있다.

2. 태도의 구성요소와 기능

한 개인의 태도는 서로 연관된 다음과 같은 요소로 구성되어 있다([그림 3-1]).

① 인지적 요소(cognitive component): 특정 대상에 대한 개인의 주관적 지식이나 신념으로 옳다, 그르다와 관련한다.

② 정서적·감정적 요소(affective component): 한 개인의 감정이나 느낌으로 좋다, 나쁘다와 관련한다.

③ 행동적 요소(behavioral component): 특정 대상에 대해 어떤 방식으로 행동한다, 안한다와 관련한다.

그림 3-1 태도의 구성요소

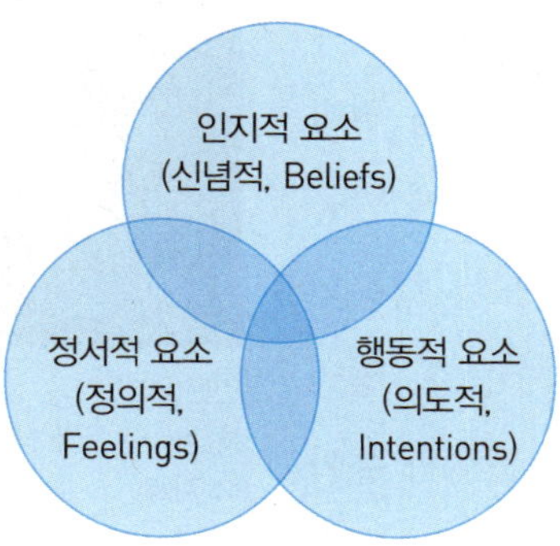

태도는 타인의 행위를 예측할 수 있고 인간이 환경에 적응할 수 있도록 하는 기능을 한다. 일반적으로 태도의 기능은 다음과 같다.

① 적응적 기능: 인간은 특정 태도를 가짐으로써 보상은 극대화하고 처벌은 극소화하려 한다. 상황에 적절하고 자신의 경험을 의미 있게 활용할 수 있는 태도는 유지하지만 상황에 부적절한 태도는 없어지게 된다.

② 자아방어적 기능: 좌절상황에서 이를 극복하지 못하면 자아가 붕괴될 수 있다. 자신이나 외부환경에 의한 부정적 결과로부터 자신을 보호하기 위해 특별한 태도를 갖게 된다. 자신보다 열등한 사람과 비교하여 우월감을 느낌으로써 자아를 강화한다.

③ 가치표현적 기능: 태도는 자신의 핵심적 가치에 대해 긍정적으로 표현하는 기능을 한다. 자신의 중요한 가치나 이미지를 반영하는 태도를 보이고 만족감을 느낀다.

④ 탐구적 기능: 태도는 자신의 경험이나 신념을 조직하고 의미 있게 하는 기능을 한다. 주변의 정보나 사건들을 분석하고 이해하는 역할이다.

3. 태도형성의 영향요인

인간이 성장하면서 학습하는 모든 것이 태도형성에 영향을 미친다. 태도형성에 영향을 미치는 요인은 다음과 같다.

① 문화: 구성원에 의해 공유되는 생활양식으로 관습, 습관, 전통 등을 의미하며 조직에 만연되어 있는 태도와 믿음 등이 포함된다. 따라서 문화적 차이가 태도에 영향을 미치며, 태도에 따라 사상(사실과 현상)에 대한 반응은 상이하다.

② 집단구성원 자격: 구성원으로서의 자격을 위해 집단으로부터 어떤 태도를 학습해야 하는가에 관한 규범과 기준을 제공받는다. 이러한 태도는 그가 속한 사회·경제적 계층에 의해 영향을 받으며, 다른 집단의 태도형성과 갈등의 원인이 된다.

③ 가족: 가족은 한 개인의 문화, 종교 등의 태도형성에 직접적인 영향을 미치는 요인이다.

④ 동료집단: 자신의 견해에 지지를 얻기 위해 집단구성원들에게 의존하게 되며, 특히 가족 이외의 친지나 동료작업자는 태도에 영향을 미친다.

⑤ 사전 작업경험: 새로운 일을 시작하려 할 때 태도가 영향을 미친다. 이 경우 태도는 문화, 집단, 가족과 동료, 이전 작업자 등으로부터 형성된 것이다.

이러한 요인이 개인의 태도에 영향을 미치며, 조직행동에서 바람직한 태도는 다음과 같다.

① 성숙: 어떤 과정을 거쳐 일반적으로 기대되는 정도에 이른 상태로서, 자기중심적이며 이상주의적이 아니라 현실적으로 본다는 것이다. 자신과 타인의 감정을 인식하는 것을 포함한다.

② 낙관주의: 적응력이 높은 사람이 낙관적이다. 낙관주의는 열의에 영향을 미치고 적극적이고 창의적 사고의 기초가 된다.

③ 적극적 태도: 긍정적, 자발적, 진취적으로 최선을 다해 일을 하는 성향이다. 유아기에 형성된 부정적 태도는 타인을 적대시하고 방해한다.

④ 쾌활성: 긍정적인 감정과 태도로서 행복이나 만족감에 영향을 미친다.

⑤ 관용: 상대방을 있는 그대로 수용하며 단점보다 장점을 찾는 태도이다.

⑥ 개방성: 숨김이나 막힘 없이 열려 있는 것으로 타인의 의견도 수용하려는 태도이다.

제 2 절 직무만족

1. 직무만족의 개념과 중요성

직무만족(job satisfaction)이란 직무에 대한 태도로서 직무수행 과정에서 지각하는 유쾌하고 긍정적인 정서상태이다. 따라서 만족은 정서적 반응이며 직무만족은 다차원적 개념으로 내재적(internal) 만족과 외재적(external) 만족으로 구분한다. 내재적 만족은 직무의 난이도, 도전감, 중요성, 다양성, 책임감 등 직무 자체적 가치에 대한 만족감이며, 외재적 만족은 보상, 작업환경, 승진 등 직무수행 결과에 따른 보상가치에 대한 만족감이다.

셋잇업(2018)
직무와 관련된 평가의 결과로 인식하는 개인의 감정상태

직무만족의 중요성은 개인과 조직 측면으로 설명할 수 있다. 개인적 측면에서는 ① 가치판단적 측면이다. 사람들은 대부분의 시간을 직장에서 보내며, 직장은 소득과 더불어 삶의 만족을 제공한다. ② 정신건강적 측면이다. 직장생활에 불만족한 사람은 전이효과로 인하여 가정이나 여가활동, 삶 자체까지 불만족 할 수 있다. ③ 신체건강적 측면이다. 직무불만족으로 인한 스트레스는 신체에 부정적 영향을 미친다. 또한 조직적 측면에서는 ① 성과에 영향을 미친다. ② 호의적인 공중관계(public relation)를 유지한다. 외부에 자신의 조직을 호의적으로 이야기한다. ③ 조직 내·외부에서 원만한 인간관계를 유지한다. ④ 이직률과 결근율은 감소하고 생산성은 증가한다.

그러나 직무불만족이 언제나 부정적 조직행동으로 나타나는 것은 아니며([그림 3-2]), 이로 인한 표현행동은 다음과 같다.

첫째, 건설적인 행동으로 부정적 상황을 극복하고 만족스러운 근무환경을 조성하기 위해 다음과 같은 행동을 하게 된다.

그림 3-2 직무불만족 행동의 모형

① 건의: 직무불만족에 대한 개선방안을 제시하고 문제점에 대해 상사와 토론하며, 공식기구나 노조를 통해 해결을 시도하는 등 자발적이고 긍정적인 행동을 한다.

② 순종: 불만을 표현하지 않는다. 상사는 직무수행에 문제가 없으며 결과에 대해 낙관적이다. 이것은 단기적으로 긍정적이나 장기적으로는 바람직하지 않다.

둘째, 부정적 행동으로 이탈이나 방관 등으로 인해 다음과 같은 행동을 하게 된다.

① 무시: 직무에 관심이 없고 직무수행을 위한 노력을 하지 않는다.

② 이탈: 조직을 떠나려는 행동으로 지각과 결근, 퇴직을 하게 된다.

따라서 고충처리나 건의제도를 통해 의견을 수렴하고 표출되지 않는 직무태도를 측정하여 직무불만족을 건설적인 행동으로 유도하여야 한다.

2. 직무만족의 영향 요인

직무만족에 영향을 미치는 요인은 다양하지만 다음과 같은 요인으로 분류할 수 있다.

(1) 조직 전체 요인

① 보수: 기대에 충족하고 타인과 자신의 노력에 따른 공정한 보상에 만족도는 높아진다.

② 승진: 인사이동에 대한 공정성에 만족도는 높아진다.

③ 회사정책: 지위에 따른 차별이 주어지면 만족도는 낮아진다.

④ 조직구조: 의사결정의 분권화가 높을수록 만족도는 높아진다.

(2) 작업환경 요인

① 리더십 유형: 리더의 배려적 리더십에 만족도는 높아진다.

② 의사결정 참여: 의사결정에 참여 기회가 많을수록 만족도는 높아진다.

③ 작업집단 규모: 작업집단의 규모가 커지면 과업전문화가 진행되고 의사소통

이 감소하여 만족도는 낮아진다.

④ 동료작업자: 유사한 특성, 관심, 신념을 가진 동료에 대해 만족도는 높아진다.

⑤ 작업조건: 청결하고 쾌적한 작업조건에 만족도는 높아진다.

(3) 직무내용 요인

① 직무범위: 직무다양성, 정체성, 중요성, 자율성, 피드백이 높을수록 만족도는 높아진다.

② 역할모호성과 역할갈등: 역할이 모호하거나 역할로 인한 갈등으로 만족도는 낮아진다.

(4) 개인적 요인

① 연령과 근무연수가 높을수록 만족도는 높아진다.

② 성취나 지배욕구가 높을수록 만족도는 높아진다.

3. 직무만족과 조직성과

직무만족과 조직성과의 관계는 다음과 같다.

(1) 직무만족과 이직 및 결근율

직무만족이 높을수록 조직이탈 가능성은 낮아진다. 그러나 이것은 상황에 따라 상이하다. 불만족하더라도 재취업의 가능성이 낮으면 이직하지 않으며, 만족하더라도 더 나은 직장이 있으면 떠나게 된다. 직장에 출근하지 않으려는 것은 잠정적으로 일을 그만두려는 결정이다. 따라서 직무불만족은 이직률과 결근율에 부정적 영향을 준다.

(2) 직무만족과 생산성

직무만족과 생산성의 관계는 상이한 결과를 보이고 있다. 인간관계론에서는 직무만족이 생산성을 높여 준다고 하지만, 행동과학에서는 이들 관계에서 보상

그림 3-3 직무만족과 생산성의 관계

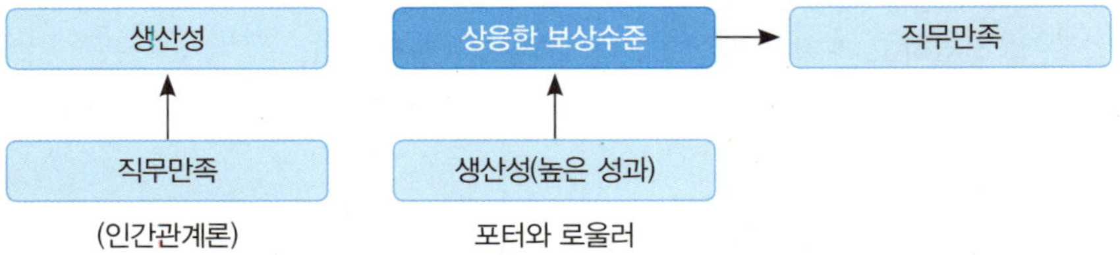

L.W. Porter
(1930-2015)

E.E. Lawler
(1938-)

이 개입한다고 하였다.

포터(Porter)와 로울러(Lawler)는 직무성과에 대한 내재적 및 외재적 보상이 타인과 비교해서 공정하다고 생각하면 만족한다고 하였다([그림 3-3]).

(3) 직무만족과 조직시민행동

조직시민행동이란 의무사항은 아니지만 조직을 위해 자발적으로 하는 행동으로서 동료들에 대한 도움, 화재·도난 등으로부터 작업장 보호, 건설적인 제안, 역량과 기술의 연마, 지역사회에 대한 홍보행동 등이다. 따라서 직무만족은 조직시민행동을 향상시킨다.

(4) 직무만족과 조직몰입

직무만족이 조직몰입을 높여 주고 조직에 몰입하면 직무에 만족한다. 따라서 이들 요인은 상호 근로의욕을 자극하여 직무성과를 높이게 한다.

(5) 직무만족과 모티베이션

직무만족과 모티베이션은 유사한 개념이다. 그러나 직무만족은 직무에 대한 개인적 감정상태이지만 모티베이션은 그 직무로부터 발생하는 행동과 관련된 것이다. 따라서 직무에 대해 만족하면 동기가 부여된다.

(6) 직무만족과 사기

사기는 개인의 욕구충족의 정도와 전체적인 직무상황에서 지각하는 만족수준이다. 따라서 욕구충족이나 직무만족과 관련이 있지만 단결심이나 집단정신 등과 같은 집단에 대한 반응으로 이해하여야 한다.

4. 직무만족도 제고 방안

① 직무설계: 직무확대, 직무순환, 직무충실화, 직무특성이론 등을 활용하여 직무에 대한 단조로움을 줄이고, 도전적이며 의미 있는 직무수행에 대한 인식이 되도록 설계한다.

② 역할의 명확화: 역할갈등이나 역할모호성을 예방하기 위한 명확하고 적절한 역할을 부여하고 역할과소 및 역할과중이 되지 않도록 조정한다.

③ 공정한 보상시스템: 급여제도와 복리후생, 승진제도 등을 예측 가능하고 공정하게 운영한다.

④ 개인-직무적합화: 개인특성과 직무의 적합성을 고려한 선발과 배치가 이루어져야 한다.

⑤ 측정과 피드백: 정기적으로 직무만족도를 측정하여 불만족의 원인을 해결하고 결과는 피드백 한다.

제 3 절 조직몰입

조직몰입은 조직유효성과 관련이 있으며 직무만족이나 다른 직무태도보다 결근 및 이직 등의 행동을 잘 예측할 수 있다.

1. 조직몰입의 개념과 유형

잠깐만 회사 좀 관두고 올게(2017)
자신의 조직에 대해 갖고 있는 애정과 헌신의 정도

조직몰입은 조직에 대한 심리적 애착으로 조직과 자신을 동일시하여 조직의 목표와 가치를 내면화하고 헌신하고자 하는 것이다. 따라서 조직몰입이 높으면 조직에 장기간 근무하려는 욕구, 조직의 발전을 위한 노력, 조직의 목표와 가치에 대한 명확한 신념을 나타낸다. 이에 대해 메이어와 앨런(Meyer & Allen)은 조직몰입의 유형을 다음과 같이 분류하고 있다.

J.P. Meyer
(1950 –)

① 정서적 몰입(affective commitment): 조직에 감정적으로 애착을 느껴 몰입하는 것이다. 조직의 가치를 수용하고 헌신적으로 노력하며 자부심도 높다.

② 유지적 몰입((continuance commitment): 떠나는 것이 손해이기 때문에 조직에 남고자 몰입하는 것이다. 거래적이며 경제적 관점에서의 태도이다.

③ 규범적 몰입(normative commitment): 조직목표, 가치 및 사명을 내면화하는 심리적 상태이다. 이것은 사회화 과정을 통해 조직충성에 대한 의무감이나 심리적 부담으로 몰입하게 된다.

조직몰입에 대한 영향요인으로는 개인적 요인, 직무특성 및 조직특성 요인으로 분류된다. 개인적 요인은 성별, 근속연수 등이며, 직무특성 요인은 직무 다양성과 중요성, 역할 모호성과 갈등 등이고, 조직특성 요인은 분권화, 공식화, 관리의 폭 등이다. 이 외에도 동료작업자, 조직의존도와 기대, 인정감 등이다.

2. 조직몰입의 효과와 활용

조직몰입이 높으면 조직활동에 적극적으로 참여하고 생산성과 직무만족을 향상시키며 이직과 결근율을 낮추고 조직시민행동이 높아진다. 따라서 조직몰입을 높이기 위해서는 구성원 간 상호신뢰와 지원을 바탕으로 개인의 욕구충족을 위한 배치, 자율성이 확보된 직무설계, 복리후생에 대한 관심과 조직목표에 대한 이해가 필요하다. 그러나 높은 조직몰입은 이동이나 경력개발, 승진 및 인재영입을 제한하며, 아이디어와 조직에 대한 비판도 감소하는 부정적 결과도 발생한다.

제 4 절 조직시민행동

1. 조직시민행동의 개념과 구성요인

조직시민행동(organizational citizenship behavior)은 공식적인 역할을 초월하여 조직에 바람직한 행동을 자발적으로 하는 것이다. 이러한 행동은 조직에서 부여받은 역할이 아니기 때문에 개인의 자유선택에 의한 긍정적이고 재량적인 행동이다. 따라서 직무만족과 조직몰입, 조직공정성과 관계가 있어 조직유효성을 증대시킨다. 오건(Organ)은 조직시민행동의 구성요인을 다음과 같이 분류하였다.

보이스 피싱을 검거한 은행원(한국경제, 2024)
보상을 바라지 않는 조직의 발전을 위한 자발적 행동

① 이타적 행동: 조직 내 업무나 문제해결을 위해 타인을 돕는 행동

② 성실한 행동: 조직이 기대하는 것 이상으로 야근을 하거나, 부지런하거나, 시간을 낭비하지 않는 행동

③ 예의적 행동: 타인이 피해를 보지 않도록 미리 배려하고 방해하지 않는 행동

④ 스포츠맨십: 조직 내 갈등이나 문제에 대해 불평이나 비난을 하지 않고 해결하려는 행동

⑤ 시민 덕목: 조직활동에 책임감을 가지고 적극적으로 참여하여 변화를 주도하려는 행동

이러한 조직시민행동은 직무만족과 조직몰입, 조직공정성, 상사와의 우호적 관계, 높은 전염성과 급여수준, 개인적 성격특성 등에 의해 영향을 받는다.

2. 조직시민행동의 효과

조직시민행동의 긍정적 효과는 다음과 같다.

① 동료의 직무를 돕는 행동으로 생산성을 향상시키며 관리·감독에 대한 비용을 줄여 준다.

② 직무로 인한 갈등이 감소하고 변화하는 환경에 대한 적응능력이 향상된다.

③ 유능한 인재의 확보와 유지에 기여하고 이직은 감소한다.

그러나 지나치면 타인의 일에까지 관여하기 때문에 직무과부하로 불공정성을 지각하고, 상사에 대한 불신으로 소진(burn-out)과 이직의도가 증가할 수 있다.

제 5 절 조직의 태도변화

구성원의 태도를 분석하는 것은 직면한 문제를 해결하고 미래에 발생 가능한 문제에 선제적으로 대응하기 위한 것이다. 또한 조직에 긍정적인 태도를 형성시키기 위한 것으로 학습이론에 의한 동기부여를 통하여 이루어져야 한다.

1. 태도의 변화

태도의 변화는 행동과 사고, 상황에 따른 감정 등의 변화를 의미한다.

① 행동의 변화: 부정적인 태도변화를 위한 직접적인 방법은 상과 벌이다. 교육·훈련, 보상 및 승진 등과 더불어 감봉이나 해고, 강등 등의 징계를 이용한다.

② 관념과 신념의 변화: 부정적 태도는 불충분하고 잘못된 정보의 결과이다. 따라서 관념이나 신념 등의 사고를 변화시켜야 한다.

③ 감정변화: 감정과 정서를 처리하기 위한 접근방법으로 경청이 있다. 자유로운 분위기에서 경청하고, 감정상태를 공유하고, 도우려고 노력하는 과정에서 감정을 변화시킬 수 있다.

④ 상황변화: 바람직하지 못한 태도의 원인이 되는 상황을 변화시킨다. 작업환경, 관리·감독, 임금 등의 직무요소에 대한 태도나 의견조사에 의해 확인할 수 있다 ([그림 3-4]).

그림 3-4 태도에 영향을 미치는 직무요소

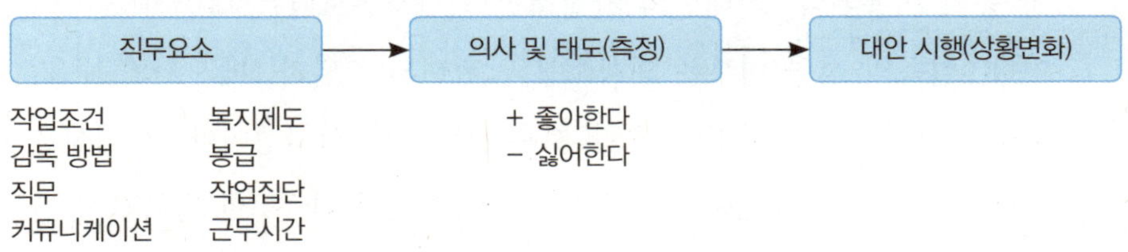

2. 태도변화에 대한 저항

조직은 구성원의 행위를 통제하는 것보다 태도를 변화시키는 것이 바람직하다. 그러나 태도는 쉽게 변하는 것은 아니며 저항하기도 한다. 일관성을 유지하던 태도는 강한 자극을 받으면 불안정해져서 재조직하여야 한다. 이 과정에서 변화에 저항하며 내적 안정성을 유지하기 위한 새로운 태도를 형성하고자 한다. 태도변화에 대한 저항의 형태는 다음과 같다.

① 주장의 반박: 자신의 태도에 상반되면 자신의 의견이 합리적이라는 것을 과시하기 위해 반박한다.

② 정보원의 격하: 태도변화를 유발하는 정보원이 믿을 수 없거나 그의 의견이 근본적인 문제해결이 될 수 없다고 주장한다.

③ 메시지의 왜곡: 상반되는 정보의 내용을 자신의 태도와 일치되는 방향으로 왜곡한다.

④ 합리화: 정서적 불안을 해소하기 위한 방어기제로써 상반되는 정보를 유리하게 해석한다.

⑤ 전면거부: 논리적 근거에 의해 반박하기보다 적극적으로 거부해 버린다.

3. 조직의 태도변화 방법

조직에서 태도를 변화시키는 데 활용되는 일반적인 방법은 다음과 같다.

1) 설득(persuasion)

논리적으로 사실의 확인을 통해 태도를 변화시키는 것으로 언어, 문서, 영상 등이 이용된다. 비대면의 간접적인 의사소통보다는 대면적 설득이 효과적이다. 설득의 성공 여부는 의사소통과 관련된 전달자, 메시지의 내용, 수신자 등이다. 이 가운데 가장 중요한 것은 전달자의 신뢰성이다. 신뢰성을 높이기 위해서는 전달자의 전문적 능력을 인정받아야 한다. 또한 설득을 통한 개인적 이득이 별로 없어야 쉽게 수용하며, 적극적 견해를 피력하여 수신자가 호의적으로 수용하도록 하여야 한다. 설득에 대한 호의적인 면과 비호의적인 면의 양극단을 과장되게 설명하고 보상과 벌을 함께 사용하는 것도 효과적이다.

2) 공포감

공포감을 유발(fear arousal)하는 메시지를 통해 태도를 변화시킬 수 있다. 단체교섭 과정에서 노사가 행사하는 위협 등이 있으며, 다음과 같은 조건이 충족되어야 한다.

① 공포유발은 적당한 수준에서 이루어져야 한다. 약한 공포는 관심을 끌지 못하지만 지나치면 메시지 자체를 거부할 수 있다.

② 수신자가 위험이 현실적이라고 생각할 수 있어야 한다.

③ 위험은 피할 수 있으며 제시된 태도변화가 실제로 효과적이어야 한다.

그러나 공포감축(fear reduction)이 태도변화에 효과적일 수도 있다.

3) 인지부조화

인간은 태도와 행동의 일관성을 유지하고자 하는데 이것이 파괴되면 갈등이나 불안을 느끼게 된다. 이 경우 일관성을 회복하기 위하여 태도나 행동 가운데 하나를 왜곡하거나 변화시키려 하며 일반적으로 행동보다는 태도를 변화시킨다. 이것을 인지부조화(cognitive dissonance)라고 한다. 이러한 인지부조화를 해소시키는 방법은 다음과 같다.

L. Festinger
(1919 – 1989)

① 두 인지요소 중에서 하나의 중요성을 감소시킨다.

② 조화요소를 증가시켜 부조화요소를 상대적으로 감소하도록 한다.

③ 부조화요소 중 하나를 왜곡하거나 변화시켜 균형을 유지한다.

4) 참여제도

태도변화의 대상을 의사결정 과정에 참여시킨다. 자신의 직무와 관련된 결정에 참여할 수 있는 기회를 제공하는 것은 부정적인 태도를 변화시킬 수 있는 효과적인 방법이다.

5) 여론선도자

여론선도자(opinion leader)란 조직에서 지위가 높은 인물이거나 비공식집단의 리더로서 외부의 정보를 해석하고 전달해 주는 역할을 하며 태도변화를 효과적으로 수행할 수 있는 사람이다.

제 6 절 역 량

1. 역량의 의의

미션임파서블(2023)
어떤 일을 해낼 수 있는 힘이나 기량

역량(competency)은 조직의 목표, 비전, 성과창출을 위해 필요한 능력으로서 기능, 지식, 태도 등을 원천으로 하고 있다. 역량에 대한 중요성은 급속한 환경변화로 시장에 대한 예측이 어려워지면서 외부환경에 치중하던 경영전략을 지양하고 내부에서 성공의 원천을 찾으려는 노력을 배경으로 한다. 역량은 개인의 직무역량과 조직의 핵심역량으로 분류된다.

1) 직무역량

직무역량이란 직무를 효과적으로 수행하여 탁월한 성과를 올리는 데 필요한 지식, 기능, 사고방식 등의 내재적 특질이다. 이러한 개념에는 몇 가지 특징이 있다. ① 성공적인 업무수행 및 성과에 기여하는 인적 능력과 관련된다. ② 개인의 행동·지식·기능·태도·가치관·자아의식 등의 행동 및 심리적 요인과 관련된다. ③ 성공적인 사람에게서 안정적이고 일관되게 나타난다. 이러한 직무역량은 학습효과가 크기 때문에 교육훈련 등을 통해 발전시킬 수 있다.

2) 핵심역량

핵심역량은 특정 조직의 고유하고 독자적인 능력으로 노하우(know how)를 포함한 차별적인 경쟁력의 원천이다. 따라서 조직에 존재하는 여러 요소 가운데 경쟁우위를 확보할 수 있는 핵심요소를 명확히 하고 이를 의식적으로 통합 관리하여야 한다. 핵심역량을 발견하고 전사적 차원에서 이용하여야 하며, 기존의 핵심역량에 새로운 기술·제품·서비스 등을 연계시켜 다각화하여 독자적인 기업문화와 경쟁전략을 추구해야 한다.

2. 역량 – 성과의 구성

잠재력을 가지고 있는 인간은 교육과 경험을 통해 역량을 습득할 수 있다. 역량과 성과의 관계는 개인속성, 역량, 성과, 경력상의 경험, 환경적 영향요인으로 구성되어 있다([그림 3-5]).

먼저 그림에 기초하여 조직을 발전시키는 데 필요한 문제해결역량, 사회적 역량, 지식이나 기술 등을 찾아낸다. 여기서 도출된 역량은 구성원의 행동방향을 설정하고 교육자료로 활용할 수 있다. 다음으로 이러한 역량을 가진 사람들의 속성을 규명하는데 인지능력, 동기유발, 성격 등이다. 여기서 도출된 개인적 속성은 선발과 승진 등의 기준으로 활용한다. 구성요소들에 대한 내용은 다음과 같다.

1) 개인의 속성

① 일반적 인지능력: 지각정보, 정보처리 및 사고능력, 창의력, 암기력 등

② 구체적 인지능력: 시간의 경과에 따라 학습되는 지적능력

③ 동기유발: 복잡한 문제를 해결하려는 자발적 능력

④ 성격: 개방성, 호기심 등

그림 3-5 역량과 성과의 흐름도

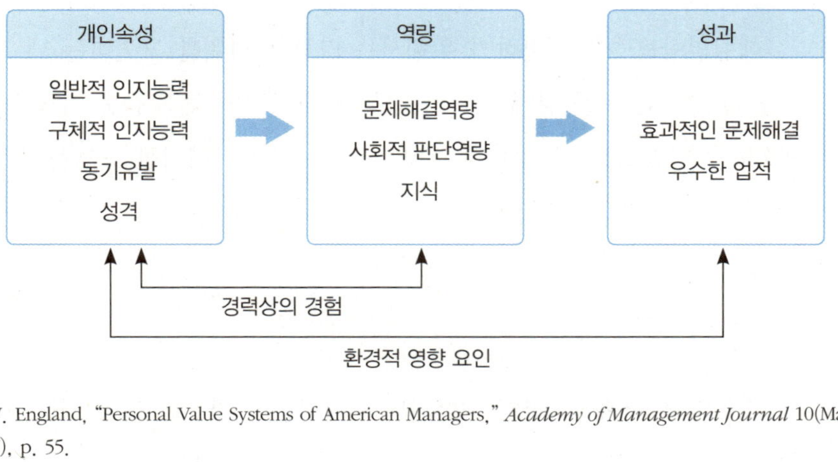

자료: G.W. England, "Personal Value Systems of American Managers," *Academy of Management Journal* 10(March 1967), p. 55.

2) 역 량

① 문제해결역량: 새롭고 불명확한 문제들을 해결하는 창의적 능력이다. 문제의 본질을 파악하고 정보를 수집하여 문제해결에 대한 방안을 제시하는 능력이다.

② 사회적 역량: 인간관계에 관한 사회적 시스템을 이해하는 역량이다.

③ 지식: 문제해결에 필요한 전문적 기술이다.

3. 역량모델의 개발

역량모델(competency model)은 특정 직무나 역할을 수행하는 데 요구되는 핵심능력을 규명한다. 또한 성과를 극대화하는 데 필요한 지식, 기능, 태도 및 지적 전략 등의 역량을 제시하는 도구가 된다. 역량모델은 개인중심의 직무역량과 조직중심의 핵심역량모델로 분류한다.

1) 직무역량모델 개발

고성과자와 평균직무 성과자로 구별하여 인터뷰를 통해 직무역량 평가를 실시한다. 이를 통해 필요한 역량을 파악한 후 다른 직무요소들과 결합하여 직무역량모델을 개발한다. 역량은 횡적 차원에서 역량의 종류와 종적 차원에서 역량의 수준으로 구성된다.

2) 핵심역량모델 개발

핵심역량모델을 개발하기 위해서는 다양한 범위를 포괄하는 내·외부 정보원을 확보한다. 이를 통해 조직과 직무에 대한 미래의 모습을 가정하고 조직의 선호도를 기반으로 내·외부의 정보들을 활용한다. 이러한 모델을 활용하여 직무역할과 행동지표들을 얻을 수 있다.

4. 역량모델의 활용

직무역량과 핵심역량이 개발되면 성과향상에 필요한 모든 역량들을 체계적으로 정리한 역량사전(competency dictionary)을 작성하고 이를 다음과 같이 활용할 수 있다.

1) 선 발

태도와 능력중심에서 성과와 연계한 역량중심의 선발이 이루어진다. 역량기반지원서(capacity base application)란 지원자의 인적사항, 경력 및 이력, 자격증, 수상경험 등을 기록한 것이다.

2) 역량기반 평가

역량평가(competency evaluation)란 평가대상자의 행동에서 나타나는 핵심역량을 다수의 평가자가 다양한 기법을 활용해서 평가하는 것이다. 이를 통해 개인별 수준을 평가하고, 피드백으로 역량수준의 향상을 지원하며 성과보상, 승진 및 이동 등의 인사자료로 활용한다.

① 역량기술서(competence descriptions): 승진심사 및 정규직 전환 대상자 등이 자신의 역량을 표현하기 위한 경험을 구체적으로 기술한 문서이다. 여기에는 소속, 근속기간, 담당업무, 기여도, 성과, 자신의 역량과 역량개발계획 등을 포함한다.

② 역량평가표(capacity evaluation table): 업무역량을 평가하기 위한 것으로 평가항목에 따라 내용을 작성하는 것이다. 직무수행 능력을 평가하기 위한 것으로 인사고과를 위해 중요하며 행동지표, 등급, 종합의견 등을 포함한다.

3) 역량기반 교육과정

역량에 기초한 교육과정(competency-based curriculum)으로 지식·기술·태도 등이 포함되며 이러한 요소들은 구체적인 행동지표로 표현된다. 역량기반교육과정 개발은 다음과 같은 과정을 거친다.

첫째, 필요로 하는 역량, 역량에 따른 업무성과지표, 역량을 구성하는 요소를 기반으로 역량모델이나 역량명세표를 작성한다.

둘째, 이 모델을 기반으로 조직이나 업무에서 요구하는 역량수준과 개인이 보유하고 있는 역량수준과의 차이를 확인한다.

셋째, 이 격차를 해소하기 위한 다양한 학습지원체계를 설계하고 개발한다.

경쟁에서 우위를 확보하기 위한 경영전략은 핵심역량을 키우는 것이다. 핵심역량은 경영기법 및 조직과 관련된 것으로서, 핵심역량을 확대하기 위해서는 현재의 역량보다 높은 목표를 설정하고 달성하는 과정을 반복하는 것이다. 지금까지 조직을 이끌어 온 핵심역량을 파악하여 이것을 전사적 차원에서 이용하고, 기존 역량에 기술 및 서비스 역량 등을 추가해 경쟁력을 제고하여야 한다.

연구과제

1. 태도형성에 영향을 미치는 요인에 대하여 설명하시오.
2. 조직행동에서 직무만족의 중요성에 대하여 설명하시오.
3. 직무만족에 영향을 미치는 요인에 대하여 설명하시오.
4. 직무만족과 조직유효성의 관계를 설명하시오.
5. 직무몰입의 유형과 영향요인을 설명하시오.
6. 조직시민행동의 효과를 설명하시오.
7. 태도의 변화방법을 설명하시오

Chapter 04

학 습

제 1 절 학습이론

1.학습의 개념

학습(learning)이란 과거의 반복적인 관찰이나 경험을 통해 새로운 지식이나 기술을 배우고 익히는 것이다. 또한 환경에 대한 타인의 행동이나 반응을 통해 습득되는 비교적 영구적인 행동변화이다. 소년은 누이가 뜨거운 난로에 손을 데고 괴로워하는 것을 보고 학습하게 된다. 이러한 개념에는 다음과 같은 내용이 포함되어 있다.

직간접적인 경험이나 훈련을 통해 새로운 것을 익힘

① 행동의 변화: 성격, 지각, 동기, 태도의 변화이다. 학습은 긍정적인 변화와 성과만이 아니라 부정적인 관습과 편견, 상동적 태도, 현혹효과 등의 행동을 습득하는 것도 포함한다.

② 영구적 변화: 비교적 영구적인 행동의 변화로서 임시적인 적응행동은 학습의 결과라 할 수 없다.

③ 연습과 경험: 학습은 신체적 발육이나 본능적 행동변화, 피로나 약물복용 등에 의한 임시적 행동변화와는 다르다. 실제 연습과 경험에 의한 변화를 의미한다.

④ 강화(reinforcement): 반복적인 연습과 경험에 의하여 영구적인 행동변화로 정착될 수 있다.

2. 행동론적 학습이론

행동론적 학습이론은 고전적 조건화(classical conditioning)와 조작적 조건화(operant conditioning) 이론이 있다. 이 이론은 조건화(conditioning)의 개념을 통하여 학습과정을 설명하고 있으며, 자극으로부터 행동을 유도하는 기계적 과정으로 보고 있다.

1) 조건화의 의미

학습이란 상황에 적합한 행동을 하도록 개인을 조건화하는 과정이다. 조건화란 자극과 반응의 연상을 통하여 하나의 행위패턴을 발현시키는 것이다. 이러한 조건화의 개념에는 다음과 같은 내용이 포함되어 있다.

① 자극(stimulus): 한 감각기관에 작용하여 특정 행동이나 반응이 일어나도록 하는 것(뜨거운 난로에 손을 데었을 때 느끼는 고통)

② 반응(response): 자극에 의해 야기되는 즉각적인 행위(난로로부터 즉시 손을 떼는 것)

③ 결과(consequences): 어떤 행동에 따른 보상이나 처벌

④ 강화(reinforcement): 결과에 대한 반응이나 행동의 빈도를 강하게 하는 수단

2) 고전적 조건화

파블로프(Pavlov)에 의해 제시된 이론으로 무조건자극(unconditioned stimulus: UCS)과 조건자극(conditioned stimulus: CS)을 관련시켜 조건자극으로부터 조건반응(conditioned response: CR)을 얻어내는 과정을 말한다. 파블로프는 개에게 간

그림 4-1 파블로프의 고전적 조건화

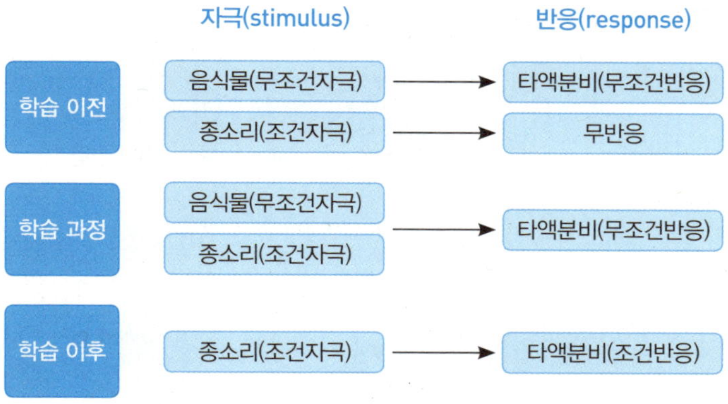

단한 수술을 해서 타액의 흐름을 기록하였다. 배고픈 개는 음식(무조건자극)을 보고 반사적인 행동으로 침(무조건반응)을 흘리게 된다. 실험과정에서 음식을 주면서 종소리(조건자극)를 들려주면 일정한 시간이 지난 후에 종소리만 들려줘도 침을 흘리게 되는 것을 조건반응이라고 한다([그림 4-1]).

I.P. Pavlov
(1849-1936)

이와 같이 일정한 반응행동을 발현시키기 위하여 유기체에 자극을 가하는 것을 강화라고 하고, 유기체에 제공하는 음식물과 같은 무조건자극을 강화요인(reinforcer)이라고 한다. 이 실험은 학습이론의 형성과 학습과정을 이해하는 데 기여하였다.

3) 조작적 조건화

스키너(Skinner)는 주변 환경에 대해 능동적으로 반응하는 조작적 행동(operant behavior)에 대해 설명하였다. 개는 어떤 강요된 자극 때문에 행동을 하는 것이 아니라, 요구되는 행동에 따른 보상을 받기 위해 행동을 한다는 것이다. 고전적 조건화처럼 단순히 명령(자극)에 따라 요구되는 행동(반응)을 하는 것이 아니라, 고기(보상)라는 결과를 위해서 자발적으로 행동하게 된다. 따라서 행동의 결과에 따라 그 행동을 학습하게 되는 과정을 의미한다.

B.F. Skinner
(1904-1990)

그림 4-2 조작적 학습의 일반화 과정

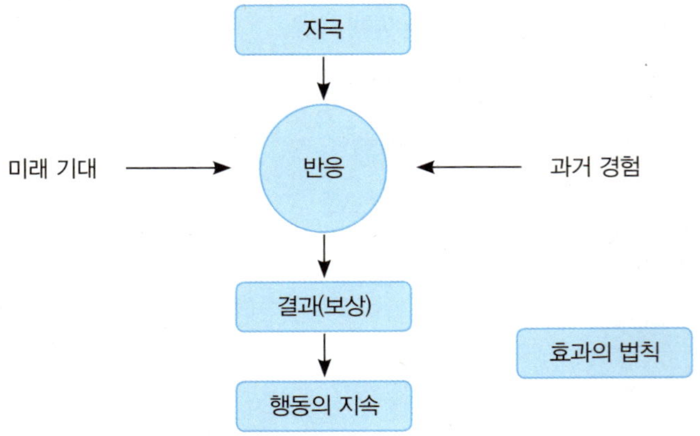

이러한 원리를 인간행동에도 적용시킬 수 있다. 인간은 자극이 주어지면 과거의 경험이나 미래의 기대를 토대로 자극의 의미를 받아들이게 된다. 그리고 선택한 행동에 따른 결과를 얻게 되며, 이때 결과(효과)의 법칙(law of effect)이 발생한다. 결과의 법칙이란 자신의 행동에 따른 결과가 호의적이면 그 행동을 계속하지만, 비호의적이면 이와는 다른 형태의 행동을 하게 된다는 것이다([그림 4-2]). 따라서 조작적 조건화는 결과(보상이나 벌)의 경험에 의해 자극과 반응의 관계가 지속되는 학습과정이다. 여기서 반응자의 행동은 결과를 얻기 위한 도구의 역할을 하기 때문에 도구적 조건화(instrumental conditioning)라고도 한다. 이 이론은 인간의 학습 및 행동을 이해하는 데 공헌을 하였다.

4) 고전적 조건화와 조작적 조건화

고전적 조건화와 조작적 조건화에는 차이가 있다(다음 [그림 4-3]). 조작적 조건화는 단순한 자극에 따라 반응하는 행동과는 달리 환경에 따라 능동적으로 반응한다. 또한 강화는 자극이 무조건적으로 주어지는 것이 아니라 정확한 반응이 일어날 때만 주어지게 된다. 자판기(S)에 동전을 넣으면(R) 음료수가 나온다(C). 이후 음료수를 먹기 위해서 동전을 넣는다.

인간행위가 조작적 조건화에 의한 학습이라면 조직행위에서 중요한 의미를 갖는다. 조작적 조건에서는 특정 행위가 이후에도 발생할 가능성은 결과가 결정

그림 4-3 고전적 조건화와 조작적 조건화의 차이

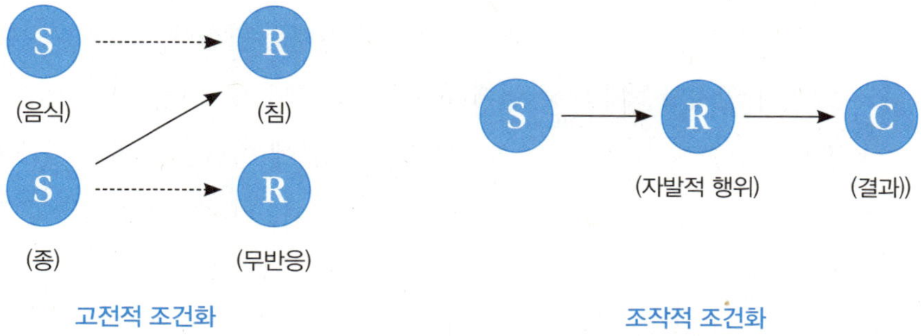

자료: W.C. Hammer and D.W. Organ, *Organizational Behavior: An Applied Psychological Approach*, Business Publications, Inc., 1978, p. 41.

한다. 결과적으로 즐거움을 주는 행위는 증가할 것이고, 벌을 받는 행위를 반복할 가능성이 거의 없다. 따라서 행위를 변화시키기 위해서는 행위에 따른 결과를 변화시키면 된다.

3. 인지적 학습이론

E. Tolman
(1886 - 1859)

톨만(Tolman)은 조건화이론을 비판하면서 인지학습이론을 제시하였다. 그는 학습이란 환경에 대한 인지적 단서(cognitive cues)와 기대(expectation)의 복합적인 관계로서, 자극과 반응뿐 아니라 개인의 기억, 목적, 기대감 등을 포함하여 행동의 변화를 설명하였다.

흰쥐는 복잡한 미로 속에서도 목표(먹이)를 정확히 찾아낸다. T자형 미로에서 먹이를 오른쪽에 두고 지속적으로 훈련을 시킨 이후에, 먹이를 왼쪽에 두고 출발시켰더니 왼쪽으로 돌아갔다. 조작적 조건화에서는 오른쪽으로 가도록 훈련이 되어 있기 때문에 오른쪽을 선택한다. 인지적 학습이론은 먹이를 찾으려는 기대로 인해 실제로 먹이가 있는 왼쪽을 인지하여 행동하였다. 인지적 단서에 의해 먹이를 찾을 수 있으리라는 기대를 학습한 것이다.

이 실험에 의하면 개인은 외부의 자극에 대한 반응으로써 인지적 자극을 형성하고, 자신이 원하는 것을 얻을 수 있는 방법에 대한 인지적 지도에 의해 행동한다. 인지적 지도(cognitive map)란 어떤 행동을 하면 어떤 결과를 얻을 수 있다는 행동과 결과 간에 대한 주관적(인지적)인 기대를 말한다.

그러나 인지학습에 의해 언제나 바람직한 행위를 하는 것은 아니다. 바람직한 행위는 연습이나 보상을 통해 획득되기 때문에 이러한 행위가 지속적으로 이루어지는 것은 학습자가 경험하는 결과에 따른다. 인지학습은 시간이 걸리는 조작적 조건화의 과정을 거치지 않고도 학습자가 즉시 바람직한 일을 하게 될 가능성이 있기 때문에 중요하다. 또한 기대 및 목표설정 등에 대한 행위의 목표지향적 개념과 인지 개념을 제공함으로써 동기부여이론의 토대가 되었다.

4. 사회학습이론

A. Bandura
(1925 – 2021)

인간은 경험에 의해 학습하기도 하지만, 타인에게서 일어나는 일들을 관찰하거나 모방하면서 학습하게 된다. 사회학습이론(social learning theory)은 직접적인 경험과 관찰에 의해 학습이 이루어지는 사회적 과정, 특히 대인관계를 통해 학습된다는 것이다.

사회적 학습은 먼저 타인의 행동과 이에 따른 결과(보상이나 처벌)를 관찰한다. 이후 관찰자는 습득된 타인의 행위를 자신이 실행하고, 이에 따른 결과가 호의적이면 그 행동을 반복하지만 비호의적이면 다른 행동을 취하게 된다.

사회적 학습과정은 관찰학습(observational learning)과 인지학습(cognitive learning)이 결합되어 이루어진다. 이들 두 학습과정에는 벌이나 보상과 같은 외부적 요인과 더불어 인지와 지각 같은 내부적 요인들이 중요하게 작용한다. 반듀라(Bandura)는 학습이 모방에 의해 이루어진다고 하였다.

1) 관찰학습

타인의 행위를 보거나 그 행위의 결과를 평가함으로써 학습한다. 학습자는 타인의 행위를 관찰하고 그것이 긍정적 결과를 초래하면 그 행위를 모방하고,

부정적인 결과를 초래하면 그 행위를 하지 않게 된다.

관찰학습은 조직행위를 변화시키는 데 중요한 역할을 한다. 승진을 통해 성과를 향상시키려 한다면 높은 성과의 몇 사람을 승진시키게 된다. 구성원들은 성과가 높으면 승진할 수 있다고 믿게 되며, 성과의 중요성을 알기 위해 실제로 승진을 해볼 필요가 없다. 그러나 이러한 학습행위를 지속적으로 유지하기 위해서는 보상이 이루어져야 한다.

2) 자기효능감

자기효능감(self efficacy)은 특정 상황에서 적절한 행동을 통해 문제를 해결할 수 있다고 믿는 신념이나 기대감으로, 특정 과업을 수행할 수 있다는 믿음이 높을수록 성과에 긍정적이다. 반듀라는 학습에서 중요한 것은 사회적 상황과 노력하면 성공할 수 있다는 학습자의 신념으로서 자기효능감이라고 하였다. 자기효능감은 다음과 같은 특징이 있다

① 일반적으로 자기효능감이 낮은 업무는 회피하고 높은 업무는 선호하며, 자기효능감이 낮은 업무수행은 정서적 불안정을 초래한다.

② 자기효능감이 높은 사람은 어려운 업무를 피하지 않으며, 성공적인 업무수행을 위해 적극적으로 노력한다.

③ 자기효능감이 낮으면 업무가 실제보다 어렵다고 생각하고 스트레스를 지각하며 쉽게 포기한다.

④ 자기효능감은 자신의 능력을 과대평가하여 성장과 발달에 장애가 될 수 있다. 적정수준은 실제능력보다 약간 높은 업무인 경우에 강한 동기가 나타난다.

⑤ 자기효능감이 높으면 실패의 원인을 외부요인에 두지만 낮은 사람은 자신의 능력에 있다고 본다.

⑥ 자기효능감은 과거경험, 대리학습(타인의 수행과정을 관찰하면서 수행방법을 학습하는 것), 칭찬받은 경험 등에서 생성된다.

사회학습이론은 행동적 관점과 인지적 관점을 포함하고 있어 조작적 조건화와 유사하지만 조작적 조건화의 확장된 형태를 갖추고 있다. 조직행위에서 중요

한 학습과정은 조작적 조건화이며 그 이유는 다음과 같다.

대부분의 조직행위는 바람직하지 않는 결과는 피하고 바람직한 결과를 얻으려는 조작적 행위이다. 따라서 조작적 행위는 결과에 의해 통제될 수 있기 때문에 구성원의 행위를 통제하거나 영향력을 줄 수 있다. 또한 관찰에 의해 학습하기 위해서는 타인의 행위가 보상을 받는 것을 보아야 하며, 인지에 의해 학습된 행위도 보상에 의해 강화되지 않으면 유지할 수 없다.

5. 학습곡선

400번의 구타(1959)
특정 대상을 학습하는 데 투입된 시간 대비 학습성취도를 나타내는 그래프

구성원들은 훈련과 경험을 통해 새로운 습관이 형성되는 동안에 행동이 변화되며, 이러한 학습과정을 기술해 주는 것이 학습곡선(learning curve)이다(다음 [그림 4-4]).

X축은 학습시행의 횟수이며 구성원의 훈련을 의미한다. Y축은 구성원의 행동 차원으로 다음과 같은 변수에 의해 결정된다.

① 행동의 강도: 과업행동에 투입되는 노력의 정도

② 행동의 확률: 유사한 상황에서 행동의 반복 가능성

③ 행동의 질: 과업수행의 정확성

④ 소거에 대한 저항: 강화되지 않을 경우 반복행동의 가능성

그리고 특정 기간 동안에는 훈련 등의 시행이 없고 휴지기가 있을 것이다. 따라서 학습곡선은 훈련의 함수로서 발생하는 작업행동의 변화를 설명한다. 학습곡선의 특성은 다음과 같다.

① 곡선의 기울기(slope of the curve): 훈련을 통한 작업행동의 변화율이며 학습이 발생하는 속도로서 조직은 이 기울기를 극대화하려 한다.

② 자발적 복구(spontaneous recovery): 학습과 관련하여 시행되는 것이 전혀 없는 휴지기가 있더라도 성과는 휴지기간 이전보다 높게 자발적으로 복구된다.

그림 4-4 종업원 학습곡선

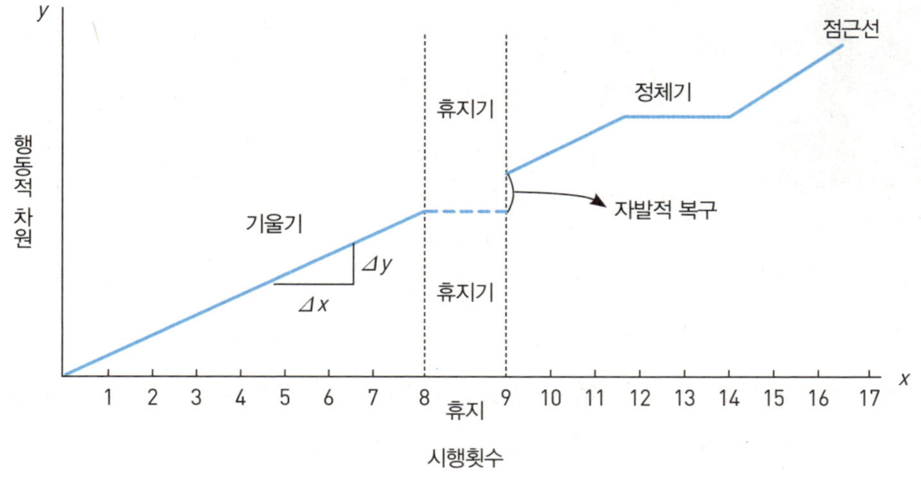

자료: A.D. Szilagyi, Jr. and J. Wallace, Jr., *Organizational Behavior and Performance*, 4th ed., Scott Foresman and Company, 1987, p. 69.

③ 정체기(plateau): 학습과정에 행동변화가 없는 휴지기가 발생할 수 있다. 학습자가 피곤하거나 싫증이 나거나 새로운 학습에 대한 동기가 감소되는 경우이며 좌절감을 지각하기도 한다.

④ 점근선(asymptote): 학습경험의 결과로서 행동변화의 최대량이다. 점근선과 학습 이전의 행동 차원과의 차이에 의해 학습을 통한 변화수준을 알 수 있다.

제 2 절 행동변화의 전략

1. 강화이론의 유형

구성원의 행동수정을 위한 행동변화전략, 즉 행동과 결과의 결합방식이 강화의 결속관계(contingencies of reinforcement)이다. 이러한 행동변화전략 유형은 다음과 같다.

E. Thorndike
(1874 – 1949)

1) 긍정적 강화

긍정적 강화(positive reinforcement)란 조작적 반응의 확률을 강하게 하는 자극으로, 보상을 통해 긍정적 반응을 강하게 하는 것이다. 그러나 보상이 행위를 강화시키지 못하면 긍정적 강화요인이 아니다. 긍정적 강화가 반응을 강화시켜 주는 것은 긍정적 결과의 행위는 반복하고 부정적 결과의 행위는 감소하기 때문이다. 긍정적 강화를 위해서는 다음과 같은 단계가 필요하다.

① 1차단계: 강력하고 항구적인 강화요인을 선택한다. 보상이 학습자의 욕구나 바람과 결부되어야 한다. 학습자가 보상을 높이 평가하지 않으면 강화요인이 되지 못한다.

② 2차단계: 보상이 요구하는 행위와 결속관계를 유지해야 한다. 보상은 성과의 결과로서 주어져야 하고, 성과가 높으면 보상도 커야 하며 성과가 낮더라도 일정 수준으로 주어져야 한다.

③ 3차단계: 요구되는 행위를 하고 난 후에 보상이 이루어져야 한다. 요구되는 행위가 발생하지 않으면 결속관계를 통해 영향을 행사할 기회도 없다. 변화시키려는 행위가 이미 존재하고 빈도도 어느 정도 유지하고 있다면 유인(강화요인)을 이용하여 성과를 향상시킬 수 있다.

2) 부정적 강화

부정적 강화(negative reinforcement)란 불쾌한 자극을 제거하는 행위로서 도피학습(escape learning)과 회피학습(avoidance learning)이 있다. 도피학습이란 불편한 자극을 받았을 때 이를 회피하기 위한 행위이다. 불편한 가정생활을 피해 일찍 출근하는 것이다. 또한 회피학습이란 불편한 자극을 사전에 회피하기 위한 행위다. 지각하면 벌을 받는다(불편한 자극), 벌을 피하기 위해 시간을 준수한다(행위), 벌을 받지 않는다(불편한 자극의 회피) 등이다. 따라서 도피는 사후적이지만 회피는 사전적 개념이다.

부정적 강화를 위해서는 ① 불편한 자극으로부터의 도피나 회피가 강화하고

자 하는 행위와 결속관계를 가져야 한다. 저임금이 저성과와 관련이 있어야 성과향상을 위한 노력을 하게 된다. ② 구체적 행위 이후에 제거될 수 있는 불쾌한 사건이 있어야 한다. 피하고자 하는 곤란한 문제가 있어야 한다.

3) 소 거

소거(extinction)는 학습되었거나 사전에 조건화된 반응에 대한 긍정적 강화를 제거하는 행위이다. 행위에 대한 보상이 반복적으로 이루어지지 않으면 이러한 행위는 제거된다. 새로운 기술습득에 대해 보상이 이루어졌으나 직무가 바뀌면서 이에 대한 보상을 지급하지 않았다. 이로써 새로운 기술습득은 이루어지지 않았으며 기존에 습득한 기술마저 상실되었다. 소거는 바람직한 행위가 보상이 되지 않게 됨으로써 동기부여에 부정적이 될 수 있다.

4) 벌

벌(punishment)은 어떤 반응에 대해 불편한 결과를 주거나 긍정적 결과를 제거하는 것이다. 소거는 전에 바람직했기 때문에 주어졌던 보상을 철회하는 것이고, 벌은 불편한 자극을 주는 것이다. 어린 아이의 불손한 행위를 귀엽게 보게 되면 이 행위는 강화되어 성장해서도 계속하게 된다. 아이의 잘못된 행동에 대해 무시하거나 귀엽게 봐 주지 않는 것이 소거이며, 체벌이나 용돈을 주지 않는 것이 벌이다.

이러한 강화전략은 다음과 같은 방법을 결합하여 사용하면 높은 효과를 기대할 수 있다.

첫째, 바람직한 행위에는 보상을, 바람직하지 않은 행위에는 벌을 결합하여 사용한다. 이러한 당근과 채찍(carrot and stick) 전략은 동기부여에 효과적이다. 둘째, 긍정적 강화와 소거를 결합한 전략이다. 소거는 부작용을 최소화하면서 부정적 행위를 약화시키며 긍정적 강화는 바람직한 행위를 강화시킨다. 따라서 개인은 원하는 보상을, 조직은 구성원의 부정적 행위를 제거할 수 있다.

2. 강화계획

강화계획(reinforcement schedule)은 강화요인의 제공 시점과 빈도를 조절하여 긍정적 행위를 지속시키려는 것이다. 기본적인 강화계획에는 매번 강화물을 지급하는 연속적 강화와 변화를 주어 지급하는 간헐적 강화가 있다.

1) 고정간격법

고정간격법(fixed interval schedule)은 요구된 반응이 발생하고 일정 시간이 경과하면 강화물을 제공한다. 임금과 같이 정해진 시간에 규칙적으로 제공되기 때문에 예측이 가능하다. 따라서 임금 지급 직후에는 동기가 낮아졌다가 다음의 임금 지급 시기가 되면 높아져서 긍정적인 행위를 지속시키는 데에는 적합하지 않다.

2) 변동간격법

변동간격법(variable interval schedule)은 변동적인 시간간격에 따라 강화물을 제공한다. 승진을 위해 부정기적으로 시행하는 시험으로 그 시기를 예측할 수 없게 한다. 강화시간이 예측 불가능하기 때문에 높은 반응률과 긍정적인 행위를 지속시키는 데 적합하다.

3) 고정비율법

고정비율법(fixed ratio schedule)은 요구되는 반응의 수에 따라 강화물을 제공한다. 제시된 수의 산출에 의한 성과급 지불계획으로, 실험 쥐가 세 번의 레버를 누르면 한 번의 보상이 주어진다. 보상을 위해 제시된 횟수의 반응을 신속하게 하기 때문에 적극적이며 긍정적인 행위를 지속시키는 데 적합하다.

4) 변동비율법

변동비율법(variable ratio schedule)은 횟수에 따라 강화가 이루어지지만, 요구되는 반응의 수가 평균을 중심으로 변화한다. 요구되는 수행 횟수를 예측하지 못하고 산출의 단위에 기초를 둔다. 10개를 판매하고 보상을 받기 위해서는 평균 10집을 방문한다. 어떤 사람은 15집을 어떤 사람은 2집을 방문해서 10개를 판매한다. 판매원은 어느 집에서 판매가 이루어질지 모르기 때문에 적극적으로 방문한다. 임금과 관련하여 효과적인 방법이다.

5) 효율적인 강화계획

강화계획의 상대적 효과는 다음과 같다.

① 연속적 강화계획은 요구되는 반응이 발생하면 강화물을 제공하기 때문에 빠른 학습에 유용하다. 그러나 강화물이 제공되지 않으면 행위는 감소한다.
② 간헐적 강화계획은 학습속도는 늦지만 높은 기억력이 나타난다.
③ 고정비율법과 변동비율법이 고정간격법과 변동간격법에 비해 효율적이다.
④ 변동비율법이 지속적으로 행동을 유지하는 데 가장 효과적이다.

그러나 하나의 방법만으로 학습해 가는 것은 비효율적이기 때문에 강화법과 강화요인의 특성을 고려하여 병행 적용하는 것이 요구된다.

제 3 절 조직행위 수정이론

1. 조직행위 수정이론의 개념

조직행위 수정이론(organizational behavior modification theory)은 수정 대상이 되는 행동은 강화를 통해 바람직한 행동이 되도록 수정을 유도하고, 바람직하지 못한 행동은 개입전략을 통해 약화시키는 것이다. 행동수정의 기본은 모든 행동에는 법칙이 존재한다는 것이다. 따라서 행동과 환경 간의 기능적 관계를 분석하여 이 원리를 바꾸는 것이다. 고전적 조건형성과 조작적 조건형성에 따르며 반응 및 강화 등의 개념을 이용하여 내·외적 행동수정이 가능하다.

2. 행위수정 과정

1) 1단계: 목표행동(target behavior)의 인식

관찰을 통해 바람직한 행동이 나타나지 않거나 바람직하지 않은 행동이 자주 나타나면 수정의 필요성을 지각하고 대상행동을 파악한다. 수정대상 행동을 명확히 하고 문제의 행동이 발생하는 상황과 빈도를 관찰하고 기록한다. 이 기록이 행동수정의 성공을 판단하는 기준이 되며, 기록만으로도 바람직하지 않은 행동을 감소시킬 수 있다.

2) 2단계: 상황분석

일정하게 나타나는 태도나 행동은 인과관계를 갖고 있다. 따라서 행동수정을 하기 전에 인과관계를 파악하여야 한다.

3) 3단계: 선행조건관리 및 결과관리

① 선행조건관리: 장애제거와 기회제공 전략으로 분류된다.

② 결과관리: 적절한 일정에 따라 결과를 달성하도록 요구한다. 고전적 및 조작적 조건형성에 기초하여 행동변화에 수반되는 강화의 제시나 철회, 특정 자극에 대한 반응 형성, 혐오적인 자극 제시 등을 일정 기간 적용한다. 또한 이 기간에도 문제행동이 나타나는 빈도를 관찰하고 기록한다.

결과관리에 대한 지침은 다음과 같다. ① 최종결과를 관리하기보다는 단계적으로 조금씩 강화되는 부분을 관리한다. ② 행동에 대한 결과(보상, 벌)를 일치시키고 물질적인 보상보다는 칭찬이나 인정 등의 내재적 보상을 사용한다. ③ 가능한 객관적인 피드백을 제공하고, 긍정적 강화를 강조하고 처벌은 감소시킨다. ④ 일정계획을 수립하여 강화시키는 것이 효과적이다.

4) 4단계: 결과평가

행위수정을 위해 조직이 개입했다면 개입 전후를 비교하기 위한 객관적 측정치가 필요하다. 이때 효과적인 도구가 기초자료와 행동도표이다([그림 4-5]). 기초자료는 개인에 대한 개입 전에 수집된 자료이며, 이 기초자료를 통해 개입

그림 4-5 행동도표

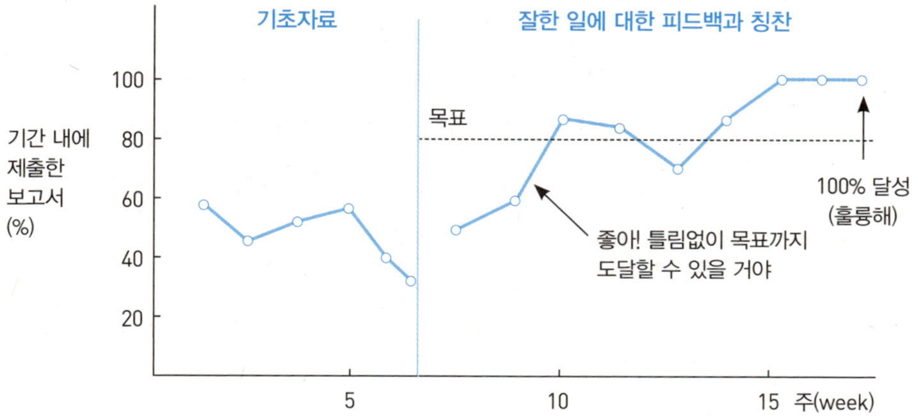

자료: R. Kreitner and A. Kinicki, *Organizational Behavior*, 3rd ed., Boston: Irwin, 1995, p. 218.

그림 4-6 조직행위 수정과정

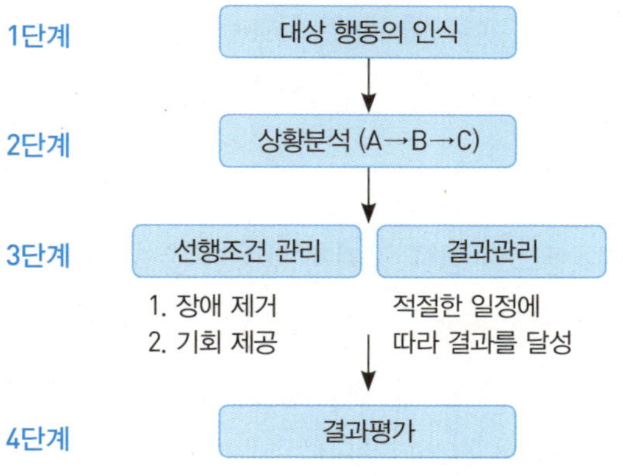

* 여기서 A는 선행변수, B는 행동, C는 결과를 말함.
자료: R. Kreitner and A. Kinicki, *Organizational Behavior*, 3rd ed., Boston: Irwin, 1995, p. 214.

효과성을 평가하게 된다. [그림 4-6]은 행위수정 과정을 나타낸 것이다.

행동수정은 개인의 부적응 행동을 변화시키고 바람직한 삶을 영위할 수 있도록 지원하기 위한 것이다. 따라서 문제행동에 대한 정의, 행동분석과 평가, 다양한 행동수정기법에 대한 지식과 윤리의식 등이 갖추어진 전문가에 의해 진행되어야 한다.

제 4 절 벌의 관리

요구되지 않는 행위를 제거하기 위해 벌이 사용된다. 특히 보상권한이 없는 하위관리자들이 부하들의 행위를 변화시키기 위해 많이 이용한다. 그러나 벌은 ① 논란이 될 수 있는 주제이고, ② 보상과 같이 긍정적인 주제가 아니며, ③ 벌에 대한 효과는 복잡하고 예측 불가능하다는 특징을 가지고 있다. 따라서 조직은 벌에 의한 행위변화에 주의를 기울여야 한다.

1. 벌의 성질

벌은 특정 반응을 약화시키기 위하여 불편한 결과를 주거나 긍정적 결과를 제거하는 것이다. 조직에서 벌은 경고, 견책, 감봉, 정직, 강등, 해고 및 파면 등의 물적 결과와 대인관계상의 비난, 질책, 무시, 불쾌한 작업환경, 고강도 육체노동 부과 등이 있다. 이러한 벌은 목표행동과 직접 관계가 있어야 하고, 즉시 적용되어야 하며, 강도 높게 실시해야 효과적이다. 그러나 벌에 대한 잠재적 부작용은 다음과 같다.

① 감정적 대립으로 인해 공격적 행동을 유발한다.
② 부정적 행위를 완전히 제거하지 못하고 일시적 억제효과만 있다.
③ 차후 처벌상황이 발생하면 이를 회피하려는 태도를 취한다.
④ 창의력과 융통성을 억제한다.
⑤ 대리처벌 상황이나 대상에 대해 조건화된 공포심을 조성한다.
⑥ 전직과 이직의 원인이 된다.

2. 벌의 효과적 관리

벌은 행위를 변화시키는 데 비효과적이며 부작용이 야기될 수 있으나 다음과 같은 조건에서는 효과적일 수 있다.

① 부정적 행위가 습관화되기 전에 적용하면 효과적이다. 이러한 행위가 오랫동안 벌을 받지 않으면 어떤 통제방법도 효과를 발휘할 수 없다.

② 강하고 신속하게 실시되어야 한다. 벌의 강도를 점차로 높이는 것은 적응력을 키우게 된다.

③ 구체적인 행위에 초점을 두어야 한다. 개인적 감정이나 보복의 수단이어서는 안 된다.

④ 모든 사람에 대하여 또한 시기적으로 일관성이 유지되어야 한다. 성과가 원활하게 달성되는 시기에는 부하의 과실에 관대하다. 또한 선발하기 어려운 고도의 기술을 소유한 사람의 실수에 대해서도 차별적으로 관대할 수 있다.

⑤ 교육적 가치가 있어야 한다. 행위에 대한 부정적 결과에 대해 설명이 이루어져야 반항이나 거부감을 갖지 않고 수용한다.

⑥ 사후보상(noncoincident rewards)이 없어야 한다. 부모가 아이를 체벌한 후에 선물을 하는 것과 같이 사후보상은 약화시키려던 행위를 강화시켜 준다.

⑦ 전담인물이나 공식기구를 통하여 시행하여야 한다. 징계위원회나 징계제도 등을 이용하여 적개심을 유발하지 않아야 한다.

또한 맥그리거(McGregor)는 뜨거운 난로의 규칙(hot stove rule)에 의해 다음과 같이 벌의 유효성을 극대화할 수 있다고 하였다.

D.M. McGregor
(1906 – 1964)

① 사전경고: 뜨거운 난로에 손을 대면 부상이 따른다는 것을 알기 때문에 그러한 행동을 하지 않는다. 예상하지 못한 벌은 부당한 것으로 받아들여질 수 있기 때문에 어떤 행위에 어떤 벌이 주어진다는 사전경고가 있어야 한다.

② 즉시성: 행위와 결과 간의 연결이 즉각적으로 일어나야 한다. 뜨거운 난로에 손을 대는 순간 손을 뗀다. 규칙위반을 발견하는 즉시 벌을 주어야 한다.

③ 비인격성: 모든 사람에게 차별이 없기 때문에 손을 데어도 누구도 난로를 원망하지는 않는다. 벌을 감정 없이 수용하기 위해서는 모든 사람에게 일관성 있게 적용하고 벌을 주는 사람의 감정개입이 없어야 한다.

3. 벌의 대안

G.L. Kelling
(1935 – 2019)

J.Q. Willson
(1931 – 2012)

① 소거 시도: 부정적 행동을 강화시킬 수 있는 요인을 발견하면 즉시 제거한다. 규칙위반이 인정을 받게 되면 강화되기 때문에 이런 행위를 무시함으로써 제거한다.

② 환경공학적 방법: 부정적 행위는 환경적 자극에 의해 야기되기 때문에 환경을 변화시켜 행동변화를 유도한다. 작업장을 정비함으로써 도난을 예방할 수 있다(broken window theory).

③ 긍정적이거나 중립적 행위에 대한 보상: 부정적 행위에 벌을 주는 대신 긍정적이거나 최소한 중립적 행위를 하도록 보상을 한다.

④ 조정기간의 활용: 신입이나 경험이 없는 구성원의 과실에 대해서는 조정기간을 부여하여 벌을 유예한다.

연구과제

1. 조직에서 학습이 중요한 이유를 설명하시오.
2. 고전적 조건화와 조작적 조건화에 대하여 비교 설명하시오.
3. 자기효능감이 중요한 이유를 설명하시오.
4. 학습 도중 휴지기, 정체기가 오는 이유를 학습곡선과 관련하여 설명하시오.
5. 강화의 종류를 설명하시오.
6. 강화계획을 종류별로 비교 설명하시오.
7. 조직에서 벌의 중요성에 대해 설명하시오.

Chapter 05

모티베이션

제 1 절 모티베이션의 본질

1. 모티베이션의 개념

모티베이션(motivation)이란 정태적인 상태를 동태적인 상태로 변환시키기 위하여 특정 자극을 통해 목표하는 행동을 불러일으키는 것이다. 따라서 인간행동의 에너지, 방향과 지속성 등을 설명하는 개념으로 자신의 직무나 역할을 수행하고자 하는 의욕을 의미한다. 동기는 인간행동의 주요 원인으로 조직은 목표달성을 위하여 구성원의 행동을 자극시켜야 한다.

버킷 리스트(2007)
자발적으로 목표를 이루기 위해 동기를 자극하는 것

2. 모티베이션의 과정

인간의 욕구란 선천적이거나 후천적 사회생활의 결과에 따른 감정이나 심리상태로서 자신에게 부족한 물질 또는 정신적인 것을 추구하는 것을 의미한다. 따라서 욕구는 특정 행동을 유발하고 규제하며 유지시키는 내재적인 힘을 가지고 있다. 또한 목표란 개인이 적극적인 활동을 통해 이루거나 도달하고자 하는 실제적 대상이다. 따라서 목표설정은 이를 달성하기 위한 모티베이션의 수단이 되며 목표가 달성되면 욕구는 현저하게 감소한다.

[그림 5-1]과 같이 개인은 욕구가 결핍되면 긴장을 감소시킬 수 있는 방안을 탐색하고, 이 가운데 하나의 행동 안이 선택되어 목표지향적 행동을 하게 된다. 시간이 지나 성과를 평가하고 그 결과에 따라 보상이 주어진다. 이것은 다시 개인에 의해 욕구결핍을 재평가하게 되고 순환과정은 반복된다.

그림 5-1 모티베이션의 과정

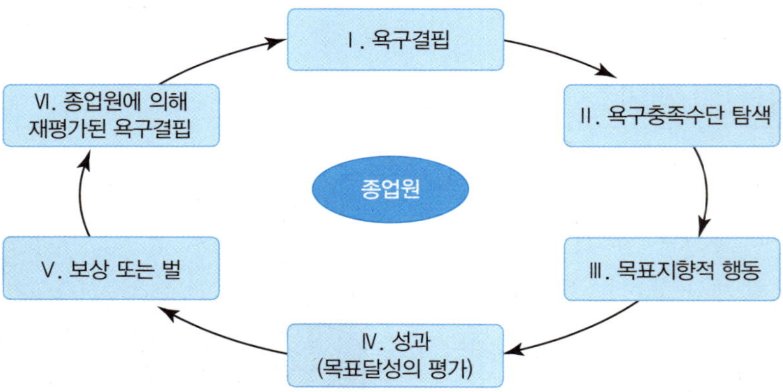

자료: J.L. Gibson, J.M. Ivancevich and J.H. Donelly, Jr., *Organizations: Behavior, Structure, Processes*, 5th ed., Business Publication, Inc., 1985, p.101.

제 2 절 모티베이션 내용이론

1. 욕구단계이론

A.H. Maslow
(1908 – 1970)

매슬로우(Maslow)는 인간의 욕구에 대해 다음과 같은 명제를 제시하였다.

첫째, 인간의 특정 욕구는 충족될 수 있지만 전반적인 욕구는 충족될 수 없다. 한 가지 욕구가 충족되면 또 다른 욕구가 나타나게 된다.

둘째, 충족된 욕구는 더 이상 동기유발 요인이 아니다. 충족되지 않은 욕구만이 동기부여가 된다.

매슬로우는 인간의 욕구는 강도에 따라 단계를 이루고 있으며, 모든 인간은 저차적 욕구가 충족되면 상위단계의 욕구충족을 위해 동기부여한다고 하였다. 제1단계는 생리적 욕구, 제2단계는 안전욕구, 제3단계는 사회적 욕구, 제4단계는 존경욕구, 제5단계는 자아실현의 욕구이다.

이 이론의 시사점은 ① 인간의 욕구변화를 체계적으로 설명하고 있으며, ② 상위의 욕구를 추구하는 과정에서 좌절되었을 때 저차적 욕구에 대한 바람은 없으며, ④ 지속적인 모티베이션을 위해서 고차적 욕구 추구를 위한 환경 조성이 중요하다. 그러나 이 이론은 다음과 같은 비판을 받고 있다. ① 인간의 욕구를 단계별로 분류하는 것은 가능하나 5단계로 분류한 것에 대한 근거가 없다. ② 단계별 욕구의 만족 수준은 개인에 따라 상이하다. ③ 모든 인간이 저차적 욕구의 충족으로 상위욕구를 추구하지는 않는다.

2. ERG이론

C.P. Alderfer
(1940 – 2015)

알더퍼(Alderfer)는 매슬로우의 욕구단계이론을 기초로 인간의 욕구를 3단계로 범주화하였다.

① 생존욕구(E: existence need): 갈증, 배고픔, 주거 등의 생리적이며 물질적 욕구이다. 조직에서의 임금, 특별급여, 쾌적한 작업환경 등에 대

한 욕구이다. 매슬로우 이론의 생리적 및 안전욕구의 일부에 해당한다.

② 관계욕구(R: relatedness need): 구성원들과의 인간관계에 대한 욕구이다. 매슬로우의 안전욕구의 일부, 사회적 욕구, 존경욕구의 일부에 해당한다.

③ 성장욕구(G: growth need): 인간성장에 대한 내적 욕구이다. 매슬로우의 존경욕구의 일부와 자아실현욕구에 해당한다.

이 이론에 의하면 하위욕구가 충족될수록 상위욕구에 대한 바람이 높아진다는 것은 매슬로우 이론과 일치한다. 그러나 다음과 같은 차이점이 있다. ① 욕구단계이론은 만족 – 진행접근법으로 저차적 욕구가 만족되면 고차적 욕구로 진행되지만, ERG이론은 만족 – 진행과 더불어 좌절 – 퇴행도 이루어진다. 즉 고차적 욕구를 추구하는 과정에서 좌절되면 저차적 욕구에 대한 바람은 더 높아진다. ② 욕구단계이론과는 다르게 ERG이론은 한 가지 이상의 욕구가 동시에 작용할 수 있다. 생존욕구가 완전히 충족되지 않더라도 일에 대한 흥미와 도전감으로 성장욕구 충족의 기회를 마련한다. 또한 저차적 욕구의 충족요인들이 고차적 욕구의 충족요인을 대체할 수 있다. 성장욕구를 충족할 수 없는 직무를 수행할 때 믿고 의지할 수 있는 상사가 영향력을 발휘할 수 있다.

3. 이요인이론

F. Herzberg
(1923 – 2000)

허즈버그(Herzberg)의 이요인이론(dual factor theory)은 상호 독립적인 이질적인 욕구로서 동기 – 위생이론으로 분류한다. 이들 요인은 각기 다른 행동에 영향을 미치고 있는데 직무환경에 관심이 있으면 불만을, 직무 자체에 관심이 있으면 만족을 느끼게 된다고 하였다.

불만족 요인은 위생요인(hygiene factors)으로 회사정책, 관리·감독, 작업조건, 상사 및 동료, 임금, 지위 등이다. 그러나 이러한 요인을 개선하면 불만족이 감소할 뿐이지 만족에 작용하지는 않는다. 또한 만족요인은 동기요인(motivation factors)으로 성취 및 인정, 직무 자체, 권한 및 책임감 등이다. 따라서 위생요인은 물리적 및 사회적 조건과 관련되지만, 동기요인은 인간의 잠재력과 자아실현욕구와 관련된다. 허즈버그와 매슬로우, 알더퍼 이론의

그림 5-2 매슬로우, 허즈버그, 알더퍼 이론의 비교

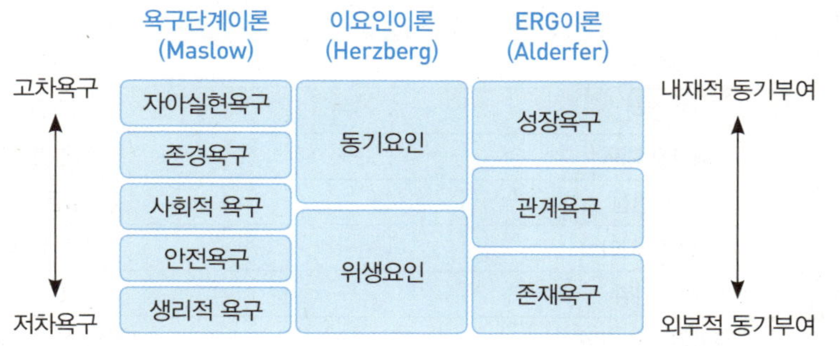

관련성은 [그림 5-2]와 같다.

그러나 이 이론은 다음과 같은 한계가 있다. ① 만족과 불만족 요인을 명확하게 구분할 수 없다. 불만족 요인이 개인차에 따라 어떤 사람에게는 동기요인이 되기도 한다. ② 인간은 위생요인을 충족시켜 준다고 해서 동기부여하지 않는다. ③ 만족과 모티베이션을 동일하게 다루고 있다. 만족한 사람이 반드시 동기부여한다고는 할 수 없다.

4. 미성숙-성숙이론

C. Argyris
(1923-2013)

아지리스(Argyris)는 건전한 인간의 퍼스낼리티는 미성숙 상태에서 성숙한 상태로 발전하는 것이라고 하였다. 따라서 개인과 조직이 성장하기 위해서는 성숙된 인간으로 관리되어져야 한다. 그러나 전통적 조직에서는 대부분 미성숙한 인간으로 관리되었으며, 미성숙 및 성숙된 인간의 특징은 다음 〈표 5-1〉과 같다.

성숙한 퍼스낼리티의 욕구와 공식조직의 요건에서 발생하는 불일치는 ① 구성원의 퍼스낼리티가 성숙할수록, ② 공식조직이 구조화될수록, ③ 지위가 낮아질수록, ④ 직무가 정형화될수록 증대한다. 이러한 개인과 조직 간의 불일치는 좌절감과 갈등, 단기적 조망을 심화시킨다. 이를 해결하기 위해서는 직무확대, 참여적·종업원중심적 리더십, 현실중심적 리더십을 활용한

표 5-1 미성숙-성숙의 연속체

	미성숙		성숙
1	수동적	→	능동적
2	의존적	→	독립적
3	제한된 행동	→	다양한 행동
4	얕은 관심	→	깊은 관심
5	단기적 시야	→	장기적 시야
6	하위지위	→	상위지위
7	자아인식의 결여	→	자아인식 및 자기통제

자료: C. Argyris, *Personality and Organization*, Haper and Row, 1957, p. 50.

다. 동기부여 과정에서의 문제는 잘못된 관리관행이다. 따라서 구성원들이 성숙한 욕구를 충족시킬 수 있도록 관리될 때 공식조직과 개인적 욕구 간의 불일치는 해소될 수 있다.

5. 성취동기이론

D. McClelland
(1917-1998)

맥클랜드(McClelland)는 개인의 퍼스낼리티는 인간의 행위를 모티베이트시킬 수 있는 잠재력을 지닌 욕구들로 구성된다고 보았다. 이것은 성취욕구(need for achievement), 친교욕구(need for affiliation), 권력욕구(need for power) 등이며 특히 성취욕구의 중요성을 강조하였다. 성취욕구란 평균 이상의 목표를 설정하고 달성하려는 것으로 성공에 대한 보상보다는 개인적 성취를 추구한다. 효율적으로 업무를 수행하며 자신의 책임 하에 문제를 해결하고 성과에 대한 신속한 피드백과 도전적인 목표를 설정한다. 또한 너무 쉽거나 어려운 업무는 회피하며 중간 정도의 성공확률에서 높은 성과를 보인다(다음 [그림 5-3]). 성취욕구는 훈련을 통해서 증대될 수 있다. 따라서 개인의 성취욕구 수준을 측정하여 이에 적합한 목표와 작업환경을 제공하고 성과에 대한 피드백을 통해 관리하여야 한다.

그림 5-3 성취욕구가 높은 사람의 성과

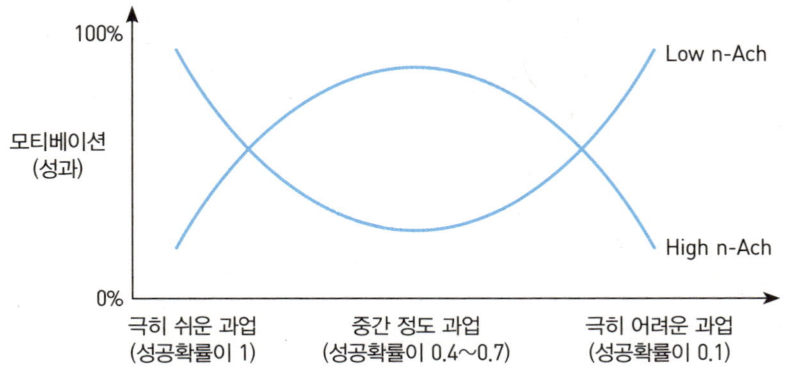

제 3 절 모티베이션 과정이론

과정이론은 모티베이션이 이루어지는 과정을 규명하려는 것이다.

1. 기대이론

기대이론은 수단성이론(instrumentality theory) 또는 기대/유의성이론(expectancy/valence theory)이라고도 한다. 인간은 사고와 이성을 지닌 존재로서 현재와 미래의 행위에 대해 의식적인 선택을 한다. 따라서 직무수행을 통해 자신이 원하는 결과(성과)를 받을 수 있는 주관적 확률(기대)에 의해 동기가 결정된다.

(1) 브룸의 기대이론

V. Vroom
(1932-2023)

브룸(Vroom)은 동기부여는 기대감(E), 수단성(도구성: I), 유의성(V)에 의해 이루어진다고 하였다. 기대(E: expectancy)란 어떤 행위에 어떤 결과가 나올 것이라는 주관적 확률에 대한 믿음이다. 어떤 행동을 선택했을 때 성공할 확률을 의미하며 0에서 1의 값을 갖는다. 0이란 완전한 의심을 1은 완전한 신뢰이다. 유인가(V: valence)는 직무성과에 대한 가치로서 자극, 태도, 기대효용이라고 할 수 있다. 유인가는 자신이 원해서 추구하는 가치이기 때문에 선택이나 동기와 관련된다. 보수에 대한 유인가는 그 자체에 대한 가치와 더불어 보수를 사용해서 얻을 수 있는 다양한 가치를 포함한다. 그러나 이러한 결과로부터 얻을 수 있는 가치의 확률은 서로 다르다. 이와 같이 수단적으로 얻을 수 있는 결과들에 대한 지각된 확률은 서로 상이한데, 이러한 확률을 도구성(I: instrumentality)이라 한다. 따라서 도구성은 지각된 확률이므로 0에서 1의 값을 갖는다.

$$F(\text{동기부여되는 힘})=E\times(I\times V)$$

이 이론에서 기대(E), 유의성(V), 수단성(I)은 곱셈의 값이다. 높은 성과에 높은 보상이 주어진다 해도 충분한 시간과 자원이 없거나(기대가 낮다면), 성과가 높더라도 보상이 제대로 이루어지지 않는다고 생각하면(수단성에 대한 지각이 낮다면) 모티베이션 수준은 낮아진다. 따라서 기대와 유인가를 곱한 값이 최대가 되는 수준을 선택해야 한다.

이후 이 공식에서 기대를 E → P기대와 P → O기대로 분류하였다. E → P기대란 노력(effort)하면 성과(performance)를 달성할 것이라고 추정하는 확률이며, P → O기대란 성과가 보상과 같은 어떤 결과(outcomes)를 가져 올 것이라는 신념과 예측이다. 동기부여는 E → P기대와 P → O기대, 그리고 성과에 따라 얻게 될 결과들의 매력수준(V) 모두를 곱한 것이다.

(2) 포터와 로울러의 모형

L.W. Porter
(1930 – 2015)

E.E. Lawler
(1938 –)

포터(Porter)와 로울러(Lawler)는 동기부여가 성과로 직접 이어지지 않고 개인적 능력이나 특성, 역할지각 등이 작용한다고 하였다. 성과를 위한 행동은 직무만족에 대한 기대감에 의해 조성되며, 직무만족은 성과에 따른 인정, 승진 등의 내적 보상과 임금, 작업조건 등의 외적 보상에 의해 발생한다.

인간은 과거의 경험이나 미래에 대한 기대감에

의해 동기부여한다. 이 이론은 노력, 성과, 보상, 만족감 등의 변수를 포함하며 이에 대한 내용은 다음과 같다. ① 만족이 성과에 영향을 미친다는 전통적 관점에서 성과가 만족에 영향을 미친다고 하였다. ② 공정성이론을 도입하여 성과에 대한 지각이 만족에 영향을 미친다고 보았다. 따라서 모티베이션과 성과에 관한 모형을 제시하고 있으며 다음과 같은 의미가 있다.

① 기대치: 노력하면 성과를 달성할 수 있다는 믿음을 주어야 한다. 이를 위해 교육·훈련, 코칭이나 후원, 의사결정의 참여 등을 이용한다.

② 수단성: 성과와 보상의 결속관계를 증진시켜 노력하면 원하는 것을 얻을 수 있다는 것을 확실히 한다.

③ 유의성: 보상에 가치와 매력을 부여한다. 보상은 개인이 원하는 것으로 한다.

④ 자발적 평가: 구성원들은 행동의 원인과 결과를 스스로 평가하기 때문에 조직에 대한 매력을 지속적으로 부여한다.

⑤ 역할기대: 직무에 대한 역할을 정확히 부여하여 노력에 대한 효과를 극대화한다.

2. 공정성이론

J.S. Adams
(1925-)

아담스(Adams)는 자신의 투입(input) 대 산출(output)의 비율을 동일한 직무상황에 있는 타인의 투입 대 산출의 비율과 비교하여 비교 결과 두 비율이 같을 때는 공정성을 지각하지만, 어느 한쪽이 크거나 작을 때에는 불공정성을 지각한다고 하였다. 공정성을 지각하면 결과에 대해 만족하고 동기부여한다. 그러나 불공정성을 지각하면 심리적 불균형과 긴장, 불안감이 나타나고 이를 해소하기 위한 행동을 하게 된다. 투입이란 보상을 받기 위해 자신이 제공한 것이며, 산출이란 투입에 대한 대가로 받는 것이다(〈표 5-2〉).

다음 [그림 5-4]에서 $O_F/I_F < O_R/I_R$은 비슷한 노력에도 불구하고 상대보다 적은 보상을 받는 상황이며, $O_F/I_F > O_R/I_R$은 상대보다 많은 보상을 받는 상황이다. 이러한 상황에서 불공정성을 지각한다. 따라서 다음과 같은 사실을 전제

표 5-2 투입과 산출의 예

투 입		산 출	
교육	경력	급료·부가급부	직무에 따른 부수입
경험	사회적 지위	내적인 보상	열등한 작업조건
훈련	직무에 대한 노력	연공에 따른 혜택	단조로움
기술	개인적 용모	직무의 지위	불확실성
연령	건강	지위의 상징	불만족요인

그림 5-4 공정성이론 모형

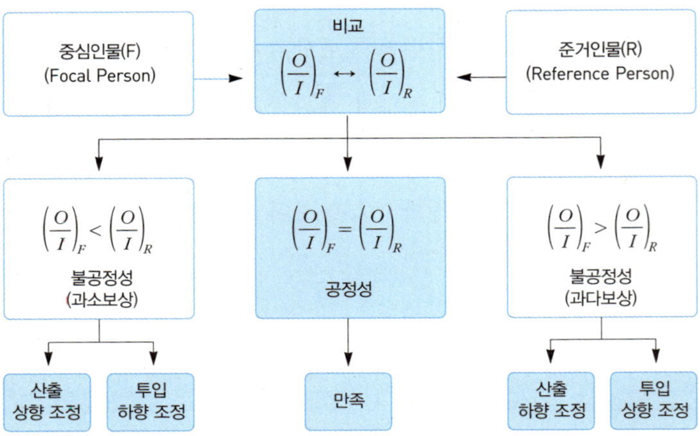

자료: A.D. Szilagyi and M.J. Wallace, *Organizational Behavior and Performance*, 3rd ed., Scott Foresman Co., 1983, p.118.

로 한다.

① 자신의 노력에 대해 정확한 보상을 받아야 한다. ② 정확한 보상에 대한 판단 기준은 타인과의 비교이다. ③ 판단 결과가 불일치하면 긴장과 죄책감을 느끼고 이러한 불균형을 줄이기 위해 노력한다. 이때 불공정성을 감소시키기 위한 방안들은 다음과 같다.

① 투입의 변경: 투입의 증가나 감소를 통해 타인과 균형을 유지하려 한다.

② 산출의 변경: 외재적 및 내재적인 보상을 높이려 하지만 대개 산출을 높이려 한다.

③ 투입과 산출의 인지적 왜곡: 투입이나 산출에 대한 인지적 중요성을 변화시킨다.

④ 직장의 이동: 이직을 통해 조직과의 관계를 단절한다.

⑤ 타인에 대한 영향: 타인의 투입이나 산출을 변경하게 하거나 인지적으로 왜곡시킨다.

⑥ 비교대상의 변경: 비교대상을 바꾸어 불공정성을 해결한다.

그러나 이 이론은 투입과 산출요소의 결정과 가중치 부여, 개인차에 따른 측정결과와 반응행동의 차이 등에 대한 일관성 결여의 문제가 있다.

3. 인지적 평가이론

데시(Deci)는 자기귀인(self attribution) 이론에 근거하여 내재적 동기에 의한 직무수행 결과에 외재적 보상이 주어지면 내재적 동기가 감소된다고 하였다. 귀인이란 원인의 귀착으로서 하나의 결과에 대한 원인은 개인에 따라 다를 수 있다. 인지평가이론에서는 외재적 보상이 주어지면 내적 보상은 약화된다는 것이다.

E.L. Deci
(1942-)

인간은 자발적으로 일을 하거나, 외부의 보상이나 처벌 때문에 한다. 내적 동기로서 만족을 위해 일을 했던 사람이 보상을 받게 되면, 자신의 행동이 보상 때문이라는 확신이 들게 되어 일에 대한 흥미와 능률이 떨어지게 된다. 자신의 행동이 외적 보상을 위한 것으로 정당화시키기 때문이다. 이것을 과잉정당화 효과 또는 과다합리화 효과라고 한다. 자신의 행위에 대한 원인을 내적 욕구에서 찾는 것이 아니라 외부의 보상에서 찾는 것이다.

제 4 절 임파워먼트

1. 임파워먼트의 개념

조직이 경쟁에서 우위를 확보하기 위한 원천은 구성원의 능력과 동기부여 수준이다. 적극적이며 자신감이 있는 사람은 성과와 조직에 대한 만족도가 높다. 임파워먼트(empowerment)는 자신은 중요한 일을 할 수 있는 권력이나 능력을 소유하고 있다는 확신을 주기 위하여 의사결정 권한이나 힘을 부여하는 것이다. 따라서 합법적 권한이나 일을 해낼 수 있는 능력의 증대를 의미하며, 업무수행에 대한 에너지를 위해 자아효능감을 부여한다. 임파워먼트는 「성과=능력×근로의욕」에서 능력과 의욕을 동시에 높여주는 것으로, 능력 향상까지 포함하고 있어 한 차원 높은 동기부여 개념으로 볼 수 있다. 이와 같이 임파워먼트는 권한을 부여하여 개인과 조직의 발전을 도모하는 것이다. 따라서 상호작용을 통한 권한 증대에 초점을 두기 때문에 집단과 조직 차원에서 중요하다.

(1) 개인수준의 임파워먼트

개인이 직무수행을 위한 권한과 능력을 통해 지각하는 동기부여이다. 개인적 임파워먼트는 능력개발을 통한 자신감, 동기부여 효과를 통한 적극적 태도와 무력감 극복 등으로 이루어진다.

(2) 집단과 조직 수준의 임파워먼트

조직 내에 권력을 적절히 배분하여 업무수행을 위한 원동력을 확보하고 복종을 통해 목표를 성취하려는 것이다. 권력의 이동에 의해 균형을 유지하는 것이다. 권력의 zero-sum이 아니라 구성원 간 상호작용을 통해 능력을 향상시키는 시너지효과를 목표로 한다.

따라서 임파워먼트는 개인 차원에서 자기효능감을 부여하여 내적 과업동기와 능력 등의 심리적 요인을 증진시키고, 집단 차원에서 상호협력을 통해 시너지효과를 발생시키는 창조적 과정을 의미한다.

2. 임파워먼트의 구성요인

임파워먼트는 내재적 동기부여로서 다음과 같은 요소로 구성되어 있으며, 이러한 구성요인의 역할에 따라 성과와 만족은 상이하게 나타난다.

① 의미성(meaning): 수행하고 있는 과업이 자신과 조직의 발전에 중요하다는 인식

② 역량감(competence): 효율적으로 업무를 수행할 수 있는 능력에 대한 인식

③ 자기결정(self-determination): 업무수행 방법과 시기를 자발적으로 결정한다는 인식

④ 영향력(impact): 성과에 어느 정도 결정적 기여를 했는지에 대한 인식

3. 임파워먼트의 실행

임파워먼트를 효율적으로 실행하기 위해서 다음과 같은 방안을 고려할 수 있으며([그림 5-5]), 정보 공유, 자율성 확대, 팀 중심적 사고를 기초로 적극적인 노력이 요구된다.

그림 5-5 랜돌프의 임파워먼트 실행계획 모델

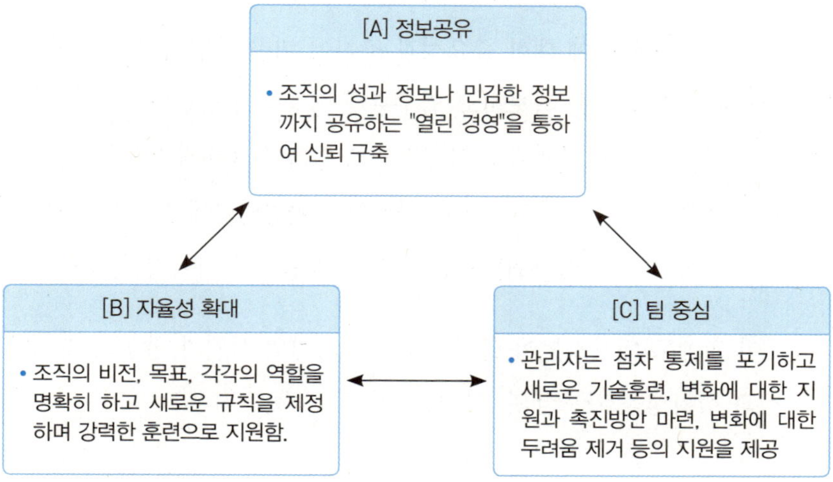

① 정보의 공유: 필요한 정보를 개인이나 팀이 수월하게 획득하도록 한다. 정보에 쉽게 접근하고 이를 효과적으로 처리한다면 업무처리 속도를 높이고 능력을 향상시킨다.

② 다양한 변화활동에 참여: 새로운 아이디어와 정보를 공유하고 지원하는 조직문화가 요구된다. 참여를 통해 일의 의미와 역량감, 자기결정력, 영향력 등을 체험할 수 있다.

③ 혁신활동 지원: 새로운 도전을 위한 권한을 위임한다. 실패에 대한 책임보다는 실패를 통한 학습을 중시한다.

④ 책임감: 권한에 대한 책임을 동시에 부여한다.

⑤ 비전의 공유: 조직의 비전과 장기적 목표를 공유한다. 조직이 추구하는 비전을 공유하면 사기와 자신감을 향상시킨다.

⑥ 과감한 권한위양: 업무추진 과정에서 재량권을 부여한다. 의사결정단계를 축소하고 팀의 권한과 책임을 확대하며 사내벤처 및 아웃소싱 등도 적극 활용한다.

⑦ 인정과 보상: 노력이나 결과에 대해 피드백하고 적절한 보상을 제공한다.

⑧ 공정한 평가: 성과에 대한 보상과 공정한 평가제도를 확립한다. 또한 규율과 통제보다는 구성원의 가치를 공유하고 자발적인 실천을 유도한다.

4. 임파워먼트의 효과

① 자신의 업무에 대한 중요성과 조직에 대한 사명의식을 갖게 한다.

② 유능한 인재를 확보하고 업무수행 역량을 향상한다.

③ 업무에 대한 자율적 의사결정으로 의욕과 성취감 및 만족감을 높여 준다.

④ 고객에 대한 서비스의 질을 향상하고 환경변화에 신속하게 대응할 수 있다.

⑤ 조직 차원의 임파워먼트는 집단의 활성화로 이어진다.

이 외에도 의사소통이 활성화되어 구성원의 사기가 향상되고 의사결정의 신속성과 정확성을 확보할 수 있다.

제 5 절 모티베이션의 제고 방안

구성원들의 모티베이션을 위하여 사용하는 기본원리는 다음과 같다.

1. 공헌에 대한 보상

① 차별화: 구성원들의 욕구는 상이하기 때문에 보상에 대한 배분비율을 차별화한다. 계층별·부서별·연령별 격차도 고려한다.

② 공정한 보상: 공정한 평가와 보상제도를 도입하여 적용한다.

③ 최소충분원리의 적용: 경쟁과 성과에 따른 인센티브 제도가 절대적으로 조직성과를 높여주는 것은 아니다. 바람직한 태도와 가치를 내면화하는 것이 목표라면 강력한 물질적 보상보다 내재적 보상이 유지되도록 한다.

2. 인간존중의 경영

① 개인차 인정: 구성원들의 욕구, 성격, 태도, 경험, 기대 등은 상이하기 때문에 개인차를 고려한 리더십과 인간관계가 필요하다.

② 상위욕구 충족: 친교, 소속감, 존경, 자아실현의 기회를 제공하여 조직생활에 만족할 수 있는 제도를 도입한다.

③ 자율성 부여: 자율성을 부여하여 창의성을 발휘하도록 하고 자아실현과 존경의 욕구를 충족시킨다.

3. 직무설계

① 개인과 직무의 조화: 개인차를 고려한 직무설계를 한다.

② 참여와 피드백: 직무 선정과 수행방법의 결정에 참여시키고 직무수행 결과에 대한 피드백을 한다.

③ 목표의 설정: 자신의 역량에 적합한 과업목표를 자발적으로 설정한다.

연구과제

1. 인간이 모티베이션되는 과정에 대하여 설명하시오.

2. 모티베이션의 내용이론과 과정이론에 대하여 비교 설명하시오.

3. 매슬로우, 알더퍼, 허즈버그의 모티베이션 이론을 비교 설명하시오.

4. 기대이론이 조직행동에 기여한 바에 대하여 설명하시오.

5. 공정성이론이 모티베이션에 미치는 영향에 대하여 설명하시오.

6. 임파워먼트의 의미와 효과를 설명하시오.

Chapter 06

감정, 스트레스와 직무소진

제 1 절 감 정

조직운영을 위한 의사결정이 이성보다 감정에 의해 이루어지기도 한다. 최근 이러한 감정적 사고(emotional thinking)가 의사결정에 미치는 영향력에 대한 중요성이 강조되고 있다.

1. 감정과 정서의 개념

감정은 사람이나 일, 현상, 사물에 대하여 느끼고 있는 심정이나 기분을 표현한 것이다. 이러한 개념은 기분이나 정서와 유사하게 시용되고 있다. 기분이란 환경 등에 따라 마음에 저절로 조성되며 한동안 지속되는 유쾌·불쾌 등의 감정을 느끼는 상태이며, 정서는 사람의 마음에서 일어나는 다양

나는 내일, 어제의 너와 만난다(2017)
사람이나 일, 현상에 대해 일어나는 마음이나 느끼는 기분

한 감정, 또는 감정을 일으키는 기분이나 분위기로서 비교적 안정적이고 고정적인 상태이다. 따라서 기분<감정<정서의 관계가 성립된다.

기분은 비교적 단기적이고 정서는 안정적이며 고정적이기 때문에 구분이 가능하지만 감정과 정서는 쉽게 구분할 수 없다. 따라서 감정이 특정 사물에 대한 반응이고 정서는 기질이나 성향이지만 일반적으로는 혼용하여 사용하고 있다.

(1) 감 정

감정은 인위적으로 조성할 수 없지만 조절하려는 노력은 가능하다. 감정이란 어떤 대상(사람·사물·사건)에 대한 반작용으로 조성되는 느낌이다. 따라서 감정에는 항상 원인이 있다. 감정은 행복·기쁨 등의 긍정적 감정과 슬픔·증오 등의 부정적 감정으로 구분한다. 인간의 행동에 많은 영향력을 미치는 것은 부정적 감정이다.

(2) 정 서

인간은 긍정적 정서(positive affect)와 부정적 정서(negative affect)를 가진 사람으로 분류된다. 긍정적 정서는 긍정적인 생각으로 접근하지만 부정적 정서는 비관적으로 접근하기 때문에 직무나 상대방에 대해 부정적이다. 이러한 정서는 상황에 따라 변하는 것이 아니며 성격과 같은 감성적 성향이다.

긍정적 정서는 성과에 도움이 되지만 부정적 정서는 일반인보다 긍정적 자극에 민감하게 반응한다. 따라서 부정적 정서의 사람이 기대 이상의 호의적인 직무환경에 직면하면 직무만족은 더 높아진다.

(3) 감정의 크기

감정의 크기란 강도와 빈도를 의미한다. 감정의 강도는 성격, 능력, 성별, 상황, 조직, 직무요구 등에 따라 상이하다. 또한 감정의 강도가 비슷하더라도 빈도가 잦다면 크게 영향을 받는다. 따라서 구성원의 감정은 조직행동에 영향을 미치지만 강도나 빈도도 중요하다.

(4) 감성지능

감성지능(emotional intelligence)이란 자신의 감정을 다스리며 타인의 감정을 이해하고 공감하여 조화를 이룰 수 있는 사회적 능력이다. 따라서 자신과 타인의 감정을 통제하고 다양한 감정들을 변별하여 이것을 기초로 사고하고 행동하는 것으로 인간의 정신작용을 정서적으로 파악한 지수이다. 이러한 개념에는 자발적으로 동기부여하고, 좌절에 굴복하지 않고, 충동과 감정을 통제하고, 원만한 인간관계를 유지하는 능력을 포함한다. 감성지능에 대한 내용은 다음과 같다.

D. Goleman
(1946 -)

① 자신의 감정인식(self-awareness): 자신의 기분을 정확히 자각하여 존중하고 결단을 내릴 수 있는 능력으로 감성지능의 기초

② 자신의 감정과 충동의 관리(self-management): 충동을 자제하고 불안이나 분노와 같은 부정적 감정을 제어할 수 있는 능력

③ 자기동기화(self-motivation): 실패에도 좌절하지 않고 자신을 격려하며 장애를 극복하여 성취를 위해 노력할 수 있는 능력

④ 감정이입(empathy): 타인의 감정을 파악하고 자신의 것으로 하는 능력

⑤ 사회적 기술(social skills): 타인의 감정에 대처하고 조화를 유지하며 협력할 수 있는 능력

2. 조직에서의 감정과 정서

구성원들이 논리적이고 합리적인 방법으로 목표를 추구하는 과정에서 감정행위는 고려되지 않는다. 그러나 업무수행 과정에서 감정적 사고는 보편화되어 있다. 논리 및 합리성보다는 갈등과 경쟁이 우선하고, 불안과 협박과 같은 감정을 이용하여 동기부여시키기도 한다. 조직에서는 감정이나 정서와 관련하여 다음과 같은 사항을 고려하여야 한다.

(1) 정서적 유형과 조직행동

부정적 정서의 사람은 불만과 스트레스를 보이며 비관적으로 판단하고 부정적 견해를 나타낸다. 따라서 직무조건이나 직무환경에 대해 부정적이다. 반면에 긍정적 정서의 사람은 긍정적인 관점으로 접근하기 때문에 만족하고 안정적이며 적극적이다.

(2) 직무만족 수준의 불변

직무만족이 구성원의 감정에 의해 영향을 받는다면 직무나 직무환경보다는 감정적 성향의 차이로 설명해야 한다. 부정적 정서의 사람은 아무리 직무환경을 개선해도 만족하지 못한다.

(3) 집단정서(group affect)

개인적 정서들이 지속적인 상호교류를 통해 집단정서를 조성하며, 집단정서는 구성원들의 태도와 행동은 물론 집단성과에 영향을 미친다. 구성원들이 집단과 동일시하려는 성향(group identification)과 집단의 일원이라는 소속감이 강하면 집단정서도 높아진다. 집단정서가 높다는 것은 구성원들의 정서상태가 동일하고 새로운 정서상태로 쉽게 변화될 수 있다는 의미이다. 그러나 집단정서가 조직행동과 성과에 긍정적인 것만은 아니다. 집단의 동질감이 높으면 부정적 감정도 빠르게 확산되어 비합리적인 행동을 할 수도 있다.

(4) 감정전이

분위기는 구성원이 직무수행 과정에서 인식하는 감정에 따라 달라진다. 즐거움과 분노, 피곤함 등을 느낄 수 있다. 긍정적 정서의 사람은 긍정적 분위기를 형성하지만 부정적 정서의 사람은 부정적 분위기를 형성한다. 또한 조직의 다양한 상황들이 분위기에 영향을 미친다.

감정전이(emotional contagion)란 타인의 표정, 말투, 자세 등을 무의식적으로 모방하고 자신과 일치시키면서 감정적으로 동화되는 현상이다. 이러한 현상은 개인의 부정적 감정으로 인한 문제를 초월하여 조직 내·외부로 확산될 수 있다. 부정적 감정은 개인의 기분은 물론 직무만족과 몰입을 저해한다. 또한 기분은 창의성, 의사결정의 정확성 등의 조직행동에도 영향을 미친다.

(5) 감정노동

구성원의 감정표출은 조직행동과 성과는 물론 건강과도 직결되기 때문에 최근 관심이 높아지고 있다.

1) 감정노동의 개념과 중요성

서비스 산업의 증가로 인해 감정노동(emotional labor)의 비중이 높아지고 있다. 감정노동은 직무수행 과정에서 인식하는 자신의 감정을 표현하지 못하고 조직에서 규정하고 있는 감정을 표현하는 것을 의미한다. 이와 같이 자신의 내면적 감정을 통제하며 직무를 수행하는 사람을 감정노동자라 한다. 고객접점에서 자신의 감정은 드러내지 않고 서비스해야 하는 유형의 직무이다.

다음 소희(2023)
자신의 감정을 속이고 전시적 감정으로 고객을 상대해야 하는 것

2) 감정노동의 문제

감정과 상황의 불일치로 인해 감정노동을 인식한다. 높은 감정노동의 사람은 자신의 노동이 불만족스럽고 불안정하다고 생각한다. 그러나 자신의 노동경험을 만족하고 의미 있게 생각하면 이러한 감정이 외부로 전이되어 성공적인 직무수행으로 이어진다.

자신의 감정을 억누르고 직무에 맞게 규범화된 행위를 해야 하는 감정노동은 감정부조화로 인한 스트레스를 유발한다. 그 결과 좌절, 분노, 적대감, 우울증, 정신질환 및 자살 등의 정서적 문제를 야기할 수 있다.

3) 감정노동에 대한 대처

대인접점 근로자의 긍정적 감정표현이 고객만족에 긍정적이기 때문에 감정노동의 중요성이 강조되고 있다. 특히 서비스 산업의 증가에 따라 다음과 같은 부분에 대한 관심이 요구된다.

① 감정노동자의 스트레스 상황을 수시로 체크하고 사회적 지원을 한다.

② 부정적 감정은 부정적 행동을 유발할 수 있으므로 감정부조화와 분노관리에 대한 훈련을 한다.

③ 직무에 대한 의미를 인식하도록 설계하여 감정노동에 보람을 갖도록 한다.

④ 감정조절이 요구되는 직무에 정서적으로 안정된 사람을 배치한다.

⑤ 감정노동자 보호에 관련된 법령을 준수하고 제반 조건을 개선하도록 노력한다.

3. 감정관리의 조직행동에의 적용

인간은 물론 직무로부터 감정을 분리시키는 것은 불가능하다. 따라서 인간의 감정을 이해하면 조직행동을 예측할 수 있다.

① 선발: 자신과 타인의 감정을 파악할 수 있는 사람의 성과가 높기 때문에 선발과정에서 감성지능을 고려한다.

② 인사고과: 감성지능은 원만한 인간관계와 팀워크에 대한 공헌도를 평가하는 지표가 될 수 있다.

③ 의사결정: 이성과 감정을 고려한 의사결정을 할 수 있다.

④ 동기부여: 긍정적인 기분이나 감정의 사람은 유연하고 개방적인 사고로써 동기부여한다.

⑤ 리더십: 메시지의 수용이나 거부는 감정적 요소가 영향을 미친다. 리더는 부하의 감정을 고려하여 메시지를 전달한다.

⑥ 고객서비스: 감정은 고객에게 전가되어 제품의 재구매에 영향을 미치기 때문에 고객만족의 중요한 요소이다.

⑦ 스트레스: 감정부조화로 인한 스트레스는 직무만족과 직무성과에 부정적이다.

⑧ 일탈행동: 규칙과 규범을 의식적으로 지키지 않으며 결근이나 이직이 증가한다.

⑨ 안전과 사고: 부정적 기분은 사람을 해이하게 하여 부주의한 행동이 증가한다.

⑩ 조직개발: 사람들은 변화에 저항하려 하기 때문에 성공적인 조직개발을 위해서 감정에 대한 이해와 관리가 요구된다.

제 2 절 스트레스

조직에서 지각하는 스트레스는 신체와 정신적 질병을 발생시키며 이로 인해 부담하는 비용이 증가하기 때문에 중요하게 관리되어야 한다.

1. 스트레스의 개념과 기능

스트레스(stress)란 외부로부터의 압력에 저항해서 내면적 균형을 유지하기 위해 긴장하고 있는 상태이다. 또한 위협적인 환경 특성에 대한 개인의 반응으로 환경의 요구가 개인의 능력을 초월할 때 발생하는 생리 및 심리적 불균형 상태를 의미한다.

스트레스를 부르는 그 이름 직장 상사(2011)
적응하기 어려운 환경이나 조건에서 느끼는 심리 및 신체적 긴장상태

일반적으로 스트레스는 불안, 긴장, 좌절 등을 유발하기 때문에 회피하고 싶은 경험으로 지각된다. 그러나 스트레스는 최상의 기쁨이나 자극, 흥분을 유발하는 상황에서도 발생한다. 또한 스트레스는 편익적인 측면과 파괴적인 측면을 동시에 갖고 있으며, 적정수준의 스트레스를 유지하면 성과를 향상시킬 수 있다. 이러한 스트레스의 양면적 기능은 다음과 같다.

① 유스트레스(eustress): 스트레스의 반응이 건전하고 긍정적이며 건설적 결과로 나타나는 현상이다. 개인적 성장, 창의성, 적응성 및 높은 성과와 관련된다.

② 디스트레스(distress): 과도하고 불쾌한 요구에 의한 부정적 결과로 나타나는 현상이다. 불안, 질병, 폭력, 좌절 및 결근 등과 관련된다.

지나친 스트레스는 부정적이지만 적당한 스트레스는 유용하다. 따라서 완전히 제거하는 것이 아니라 지나쳐서 부작용이 발생하지 않도록 통제 가능한 범위 내에서 유지하여야 한다. 조직에서 스트레스의 중요성은 다음과 같다.

① 생활의 질(QWL)에 영향을 미친다.
② 신체와 정신적인 피해는 물론 조직에 공헌하지 못한다.
③ 조직 및 인적자원에 부정적 영향을 미치며 긴장과 디스트레스를 초래한다.
④ 결근율과 이직률이 증가하며 성과와 직무만족이 감소한다
⑤ 타인의 안전에 영향을 미친다.

2. 스트레스의 원천

(1) 조직외적 원천(extra-organizational stressors)

이해집단이나 가족 관계로 인한 갈등이다. 이러한 스트레스가 조직활동에 영향을 미치지 않도록 통제하는 사람은 조직 내 스트레스를 적게 받아 성과를 향상시킨다.

(2) 조직적 원천(organizational stressors)

1) 과업 관련 사항

과업 자체와 이와 관련된 활동으로 작업환경 및 조건, 과업기능의 다양성, 과업완결성, 과업중요성, 자율성, 피드백, 시간압박, 기술변화에 민감한 직무, 과업곤란성, 과업속도 등이 있다.

2) 역할 관련 사항

직무수행 과정에서 요구되는 역할과 관련된 사항이다.

① 역할갈등(role conflict): 다음과 같이 양립될 수 없는 둘 이상의 기대가 동시에 주어질 때 발생한다.

- 개인 윤리상 수용할 수 없는 행위를 요구할 때
- 두 사람의 상사가 서로 상이한 지시를 동시에 요구할 때
- 상사로부터 일관성 없는 지시를 받을 때 등이다.

② 역할모호성(role ambiguity): 다음과 같이 직무에 대한 책임영역과 목표를 명확하게 인식하지 못할 때 발생한다.

- 이해할 수 있는 영역을 초과하는 조직의 복잡성
- 조직의 급속한 성장
- 사회구조의 변화를 요구하는 빈번한 기술의 변화
- 빈번한 인사와 이에 따르는 환경변화에 대한 적응
- 조직에 관한 정보 부족

이러한 역할모호성은 시간이 지남에 따라 자연스럽게 해결되는 것이 일반적이며, 급격한 환경변화에 적응을 요구하기 때문에 중상위계층에서 많이 나타난다.

③ 역할과중과 역할과소: 역할과중이란 너무 많은 업무나 동시에 여러 가지 과업을 수행하는 경우이다. 이러한 사람은 혈중 콜레스테롤이나 심장박동수가 높게 나타났다. 역할과소란 할 일이 없거나 정형화되고 단조로운 업무, 능력발휘나 도전감이 결여된 과업을 수행하는 경우이다. 이러한 사람은 빨리 늙거나 질병에 취약하다.

(3) 집단적 원천(group stressors)

1) 집단응집력의 결여

집단구성원들의 응집력을 제한하거나 기회가 주어지지 않을 때 발생한다.

2) 사회적 지원의 결여

직무수행 과정에서 구성원 간 상호작용과 지원이 필요하며 이것이 이루어지지 않으면 심리적 불안과 스트레스가 발생한다.

J.S. House
(1944 -)

① 정서적 지원: 정서나 감정을 공감하거나 존중과 애정의 표현
② 정보적 지원: 문제 해결을 위한 정보나 충고를 제공
③ 물질적 지원: 업무 수행에 필요한 도구나 자원의 제공
④ 자존심 지원: 자신감을 갖게 하거나 공정한 인정과 평가

이 외에도 목표, 욕구, 가치 등과 같은 개인의 내적 정서와 집단 내 타인이나 집단간 행위가 서로 모순될 때 발생한다.

(4) 개인간 원천(interpersonal stressors)

1) 지위 불일치

자신의 능력이나 지식, 경험, 업무수행 방법 등에 비추어 지위가 낮거나 기대 이상의 높은 지위에 있다고 생각할 때 발생한다.

E.T. Hall
(1914 - 2009)

2) 사회적 밀도

대인간 공간과 거리에 대한 요구이다. 지나치게 과밀된 공간에 있거나 사회적 접촉을 위한 거리에 들어 있지 않을 때 발생한다.

3) 연마적 인성

의도적인 행동은 아니지만 상대방은 스트레스를 받게 되는 경우이다.

① 비판적인 언어나 행동으로 중요하지 않거나 하위에 있다고 느끼게 한다.
② 과업을 부적절하거나 완벽하게 수행하지 못했다고 느끼게 한다.
③ 자신에게만 전념하고 타인의 요구에는 사려나 주의를 기울이지 않는다.
④ 과업은 혼자 수행하고 간섭하지 못하게 하거나 쓸모 없다고 느끼게 한다.
⑤ 경쟁심이나 갈등, 파벌 등을 조성하여 비협조적이고 성취감을 느끼지 못하게 한다.

4) 리더십 스타일

리더는 합법적인 관리적 보상과 권력을 소유하고 있어 부하에게 의식적이거나 무의식적으로 스트레스를 야기시킨다. 리더십에 따른 결과는 다음과 같다.

① 긴장과 적개심을 억제하며 표면적으로 반응을 보이지 않지만 높은 혈압으로 나타난다.

② 공격적 행동으로 자신은 심리적 불안을 해소하지만 타인에게는 스트레스를 제공한다.

5) 집단압력

조직 내 공식 및 비공식 집단은 구성원들에게 긴장의 원천이 된다. 특히 비공식 집단은 다양한 압력과 제재, 사회적 지원의 원천으로서 개인의 욕구와 좌절을 초래한다.

(5) 개인적 원천(individual stressors)

1) 일반적 사회적응도

인생에서 발생하는 사건들을 경험한 뒤 정상적으로 사회에 복귀하는 데 걸리는 시간을 점수화한 척도가 개발되었다(다음 〈표 6-1〉). 이 척도에 의하면 스트레스로부터 정상으로 회복하는 데 많은 시간을 필요로 하는 사건은 배우자 사망과 이혼, 별거 등의 순이다.

2) 통제위치(locus of control)에 대한 신념

자신의 성공이나 실패의 원인을 어디에 귀인시키느냐에 따라서 내재론자(internal-locus of control)와 외재론자(external-locus of control)로 구분한다. 내재론자는 자신의 능력이나 노력과 같은 내적 요인에, 외재론자는 시기나 운과 같은 외적 요인에 귀인시킨다. 내재론자는 스트레스를 인내심과 노력으로 대처하지만, 외재론자는 이에 대처하지 못하고 비생산적 활동을 한다.

J.B. Rotter
(1916-2014)

3) A형 퍼스낼리티

성격특성을 A형과 B형으로 구분한다. A형은 참을성이 없고 성취에 대한 갈

표 6-1 생활사건척도

생활상의 사건	점수	생활상의 사건	점수
배우자 사망	100	자식의 자립	29
이혼	73	배우자 가족과의 불화	29
배우자와 별거	65	개인적 업적	28
형무소 복역	63	배우자의 취업·이직	26
근친자 사망	63	자식의 입학·졸업	26
외상·질병	53	생활환경의 변화	25
결혼	50	습관의 변화	24
실업	47	상사와의 불화	23
배우자에의 복종	45	노동시간·조건 변화	20
퇴직	45	이사	20
가족의 건강상의 변화	44	전교	20
임신	40	레크리에이션의 변화	19
성생활 문제	39	종교생활의 변화	19
가족의 증가	39	사회적 활동의 변화	18
직무상의 변화	39	1만달러 이하의 차금	17
가계상의 변화	38	수면습관의 변화	16
친우 사망	37	동거가족수의 변화	16
전직	36	식습관의 변화	15
부부싸움 횟수의 변화	35	휴가	13
1만달러 이상의 차금	31	크리스마스 축제	12
저당권 상실	30	가벼운 위법행위	11
직무책임상의 변화	29		

* 300점 이상: 80%가 스트레스로 질병 초래
200~299점: 50%가 스트레스로 질병 초래

자료 : T.H. Holmes and R.H. Rahe, "The Social Adjustment Rating Scale," *Journal of Psychosomatic Research*, Vol. 11, 1967, pp. 213-218.

망이 높으며, B형은 모든 일에 태평하고 경쟁하지 않는 특징이 있다. A형은 욕구수준이 높고 적극적이며 활동적이고 야망이 있어 도전적인 환경에서 성장할 수 있다. 그러나 이들은 단기적으로는 과업을 훌륭히 수행하여 성과를 높이지만 장기적으로는 지나친 몰입으로 B형보다 스트레스를 많이 받아 성장하지 못한다.

3. 스트레스의 결과

조직에서 발생하는 스트레스는 개인적 결과와 조직적 결과로 설명할 수 있다.

(1) 개인적 결과

1) 행위적 결과

흡연, 음주, 약물남용, 사고발생, 직장내 폭력, 가족학대, 무절제한 식사 등

2) 심리적 결과

가족과 친구관계의 소원, 불면증, 성호르몬 감소와 성기능 감퇴, 우울증, 무기력, 소진현상 등

3) 의학적 결과

심장마비, 폐결핵, 뇌일혈, 위궤양, 천식, 암, 당뇨, 고혈압, 두통, 관절염, 피부염 등

(2) 조직적 결과

1) 결근율과 이직률

결근, 파업, 지각, 이직 등은 스트레스에 대한 대응전략으로 구성원의 철회행동이다.

2) 불만족

직무만족이란 개인의 직무태도로서 인지(신념, 지식, 기대)와 정서(감정, 호·불호의 느낌) 그리고 행위경향의 복합체이다. 만족이 바람직하거나 긍정적인 감정상태라면 불만족은 불쾌하거나 부정적인 감정상태이다.

3) 성 과

성과에 대한 스트레스의 단기적 효과는 대체로 긍정적이다. 또한 적당한 수준의 스트레스는 거의 없거나 과도한 상태에 비해 성과향상에 긍정적이다. 높은 스트레스는 업무수행 능력을 초과하기 때문에 개인의 에너지 자원을 고갈시킨다.

4. 스트레스의 관리방안

스트레스는 필연적으로 발생하지만 관리될 수 있으며 개인과 조직 차원으로 접근할 수 있다.

스트레스 제로(2021)
신체와 정서에 부정적인 스트레스에 적절하게 대처하는 것

(1) 개인 차원의 관리방안

① 긴장이완훈련: 인간은 높은 스트레스에 긴장하며 이에 대처하지 못하면 불안을 경험한다. 이완훈련을 통해 긴장과 불안을 줄일 수 있다.

② 자아인식의 확대: 자신의 능력과 한계를 알게 되면 문제를 거부하거나 타인의 도움을 받아야 하는 적절한 시기를 결정할 수 있다.

③ 명상법: 명상을 통해 긴장을 이완하거나 주의를 집중할 수 있다.

④ 바이오 피드백: 다양한 의료장비나 전자장치를 이용하여 신체와 생리적 상태를 변화시킨다.

⑤ 약물사용과 음식조절: 의사의 진단과 처방에 따라 신경안정제나 항우울제를 사용한다. 또한 커피나 초콜릿과 같은 자극적인 음식물을 조절한다.

이 외에도 묵상, 신경이완훈련, 사전계획 수립, 건전한 인생관 채택, 신체단련, 행위수정, 작업변경 및 사회적 지원 등이 제시되고 있다.

(2) 조직 차원의 관리방안

① 적응수준 제고: 건강상태와 스트레스 수준을 정기적으로 분석하고, 이완프로그램이나 신체단련을 위한 시간과 시설을 제공한다. 또한 스트레스 감수능력과 직무수준을 적합화한다.

② 사회적 지원: 구성원들로부터 지원을 받을 수 있는 시스템을 구축한다. 높은 지원을 받는 사람은 스트레스 상황에서도 정신건강을 양호하게 유지한다.

③ 과업 재설계: 직무분석에 의해 역할모호성, 역할과중 및 과소 부하, 위험과 건강에 해로운 작업조건을 확인한다. 특히 역할모호성은 작업의 범위와 책임을 명확

히 하고 역할과 기대에 대한 지침을 제공한다. 또한 직무확대와 직무충실화와 같은 직무재설계를 실시하고 열악한 작업조건을 개선한다. 직무특성 재설계를 통해 직무 요구사항을 변경시키고 직무구조를 개선하여 개인의 욕구와 적합화한다.

④ 참여적 의사결정: 의사결정에 참여시켜 합리적인 의견과 제안을 수용하고 정보를 공유한다.

⑤ 목표설정: 직무목표 설정은 상사와 함께 하여 상호 이해를 향상시키고 직무와 작업환경을 개선한다.

⑥ 조직구조 및 직능변화

- 분권화를 통해 자율성을 부여하고 조직과 구성원에게 적합한 계획을 수립한다.

표 6-2 단계별 스트레스 관리

제1차적 예방: 스트레스 요인 중심	스트레스의 개인적 지각관리	• 건설적인 자기진술 및 토로 • 인지적 곡해 및 왜곡의 논쟁 • A형 행동패턴의 변화	• 심리적 철회와 취소 • 필연적인 인정과 승인
	라이프스타일 (life style) 관리	• 균형 유지 • 여유시간의 활용 • 휴식(sabbaticals)	
	개인적 작업환경 관리	• 계획 • 과중한 직무이행의 회피 또는 면제 • 기타의 여러 방법(사회적 지원, 직무이탈, 과업의 변화)	• 시간관리
제2차적 예방: 반응 중심	긴장을 푸는 (휴양)훈련	• 점차적인 경감(휴양) • 조정 및 중재 • 순간적인 경감(긴장해소) • 바이오피드백(biofeedback) 훈련	• 긴장경감(해소)의 반응 • 의학적 최면과 자생적 훈련 • 전통적인 여러 방법
	육체적(물질적) 배출구	• 에어로빅 운동 • 간단한 근육활동 촉진운동 • 맨손체조	• 오락적 성격을 가진 운동
	정서적 배출구	• 타인과의 대화 • 문장으로 표현 • 행동화	
제3차적 예방: 증상 및 표현 중심	카운슬링과 정신요법	• 증상-특수프로그램 • 행동적 요법 • 경력의 자문	• 개인적 정신요법 • 집단요법
	정서적 배출구	• 의학적 치료 • 외과적 치료	• 약물치료 • 정신적 요법

- 공정한 업적평가와 보상의 배분을 위한 제도를 도입한다.
- 교육훈련을 통해 적합한 직무배치가 이루어져 개인과 직무의 적합관계를 구축한다.
- 생산적이고 후원적인 작업집단이 되도록 구성원들의 응집성을 구축한다.
- 정보공유를 위해 커뮤니케이션을 개방한다.

단계별 스트레스 관리방안은 앞의 〈표 6-2〉와 같다.

제 3 절 직무소진

1. 직무소진의 개념

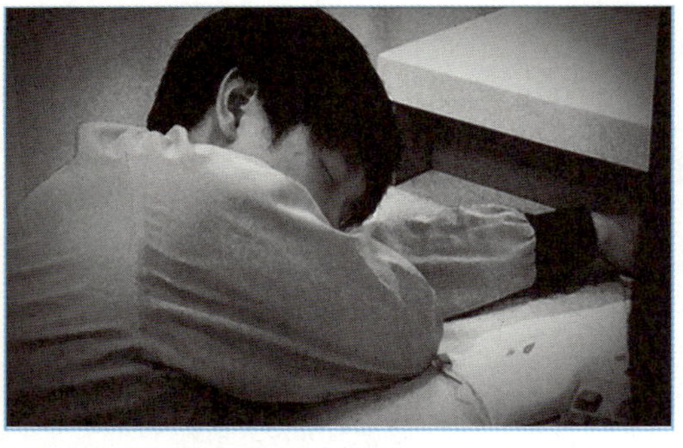

오늘도 피로한 당신, 번 아웃(2014)
자신의 열정을 모두 소진시켜 업무가 오직 스트레스로만 인식되는 상태

직무소진(burnout)이란 직무로 인한 극도의 신체적·정신적 피로감으로 무기력증, 자기혐오, 직무거부 등에 빠지는 증상이다. 주로 고객접점 근로자가 경험하는 비현실적이고 과도한 직무요구로 발생하는 피로나 좌절상태를 의미한다. 또한 자신의 직무에 대해 기대는 높지만 이를 만족시킬 수 없는 상황이 장기적으로 지속될 때도 경험한다.

직무소진은 스트레스의 특수한 유형이다. 에너지가 소모되고 피로감이나 정서적 고갈이 나타나는 것은 공통적이다. 그러나 직무소진은 일을 통해 만성적으로 지각하는 스트레스 요인으로 장기적인 반응이라는 점에서 차이가 있다. 스트레스는 원인이 제거되면 해결될 수 있지만 소진증상은 쉽게 사라지기 않는다. 직무소진을 지각하면 대인관계에서 심리적인 거리감을 유지하고, 냉소적인 태도를 보이며, 자기효능감이 감소되어 조직이나 직무에서 이탈하려는 경향이 나타난다.

2. 소진의 원인

일반적인 직무소진의 원인은 다음과 같다.

① 개인적 요인: 완벽주의적 성격, 높은 직무기대나 의욕, 실직, 가족이나 가까운 사람의 죽음

② 경험의 부족과 한계의 인식: 경험이나 직무수행을 위한 자원의 통제능력과 권한의 부족, 불공정성 지각

③ 가치관의 충돌: 개인과 조직이 추구하는 가치관의 차이로 인한 갈등, 자신의 이상을 실현할 수 없을 것이라는 인식

④ 고객요인: 고객으로부터의 무시나 부정적 반응, 고객을 위한 자신의 직무가 아무런 가치가 없다는 인식

⑤ 직무환경 요인: 과도한 업무와 시간압박, 통제하기 어려운 고객들과의 접촉빈도, 과중한 작업스케줄, 열악한 직무조건, 역할갈등과 스트레스, 역할모호성

⑥ 커뮤니케이션과 사회적 지원의 결여: 동료들과의 상호작용과 인정감 및 사회적 지원의 결여, 비판적이며 책임추궁적 조직문화

⑦ 높은 사회적 기대: 사회복지사와 같이 높은 사회적 기대에 대한 보상의 부족

3. 직무소진의 단계와 속성

직무소진이 심해지면 수면장애나 우울증, 심리적 회피와 같은 증상과 더불어 과도한 소비나 알코올 남용 등 자기통제가 어려워진다. 감정적으로는 무기력과 허무감을 지각하여 출근을 않거나 이직을 하게 된다. 가정과 사회생활이 원만하지 않으며 충동적 자살이나 돌연사로 이어지는 경우도 있다. 직무소진은 다음과 같은 단계로 진행한다.

① 이상적인 열정단계: 높은 희망과 정열을 갖고 많은 시간과 노력을 투자하는 단계이다. 비현실적 기대도 하게 되며, 높은 기대에 따른 실망으로 직무소진을 인식할 가능성도 높아진다.

② 침체단계: 보수나 근무시간, 근무환경 등에 관심을 갖고 자신의 욕구충족을 중요시하지만 직무성과는 만족하지 못하는 단계이다.

③ 좌절단계: 직무수행능력과 직무가치에 의문을 갖는 단계이다. 탈진, 두통, 약물복용, 흡연, 음주, 잦은 질병, 신경질 등을 자주 보인다.

④ 무관심 단계: 정신적·신체적인 무기력상태로서 직무에 무관심하고 조직을 떠나는 단계이다.

C. Maslach
(1946–)

또한 매슬랙과 잭슨(Maslach & Jackson)은 소진의 진행단계를 다음과 같이 제시하였다.

① 정서적 고갈: 정서적 탈진이다. 출근 전에도 직무를 생각하면 기운이 빠지고 의욕이 떨어진다. 일과가 끝나면 완전히 기진맥진한 상태이다. 심리적으로 쇠약해지고 극도로 피로감, 신경과민, 불쾌함을 느끼며 인간관계에 대해 무관심해지고 믿음에 대한 상실감을 느낀다.

② 탈인격화(depersonalization): 타인에 대한 부정적인 반응이다. 타인을 부정적으로 보며 무감각하고 냉소적이며 일정한 거리를 유지한다. 전문화와 비인간화를 조장하는 조직분위기를 원인으로 들 수 있다.

③ 개인성취감 감소: 기대한 성과를 달성하지 못한 자신에 대한 부정적 평가이다. 자기효능감, 직무만족, 생산성 감소 등으로 이어진다.

4. 직무소진의 대처방안

직무소진은 개인과 조직에 부정적 영향을 미친다. 이를 극복하기 위해서는 개인과 조직적 관점에서 접근해야 하며, 두 가지 관점이 동시에 이루어질 때 효과는 높게 나타난다. 스트레스 관리를 통해 소진상태에 도달하지 않도록 예방하는 것이 좋다. 일반적인 직무소진에 대한 대처방안은 다음과 같다.

① 충분한 휴식: 충분한 휴식과 수면을 취하며, 수면장애의 원인이 되는 커피나 알코올의 조절이 요구

② 스트레스 해소기법 개발: 직무스트레스를 받지 않으려는 노력과 자신만의 대처방안을 개발

③ 능력에 적합한 목표설정: 업무목표를 자신의 능력에 적합하게 설정

④ 건강 및 상담센터 이용: 직무수행 과정에서 경험하는 고민이나 불안을 심리검사나 상담을 통해 관리

⑤ 여유시간 확보: 동료들과의 자유스러운 대화나 명상의 시간을 제공

⑥ 취미생활: 자신만의 취미생활을 즐길 수 있는 시간과 기회를 제공

⑦ 원활한 의사소통: 의사소통을 통해 직무수행에 대한 정보와 지식을 공유하고 원활한 인간관계와 지원을 제공

연구과제

1. 조직행동에서 감정의 중요성에 대해 설명하시오.
2. 정서, 감정, 기분을 구분하여 설명하시오.
3. 감정노동에 대한 관심이 증가하는 이유를 설명하시오.
4. 감성지능의 유용성을 설명하시오.
5. 스트레스의 순기능과 역기능에 대하여 설명하시오.
6. 스트레스의 발생원인과 대처방안에 대하여 설명하시오.
7. 직무소진의 원인과 대응방법을 설명하시오.

P / A / R / T

03

집단행동수준

Chapter 07 집단과 집단역학

Chapter 08 협동과 경쟁, 갈등관리

Chapter 09 지각과 커뮤니케이션

Chapter 10 집단의사결정

Chapter 11 리더십

Chapter 12 권력과 조직정치

Chapter 07

집단과 집단역학

제 1 절 집단의 개념

1. 집단의 개념

허들 중인 황제펭귄(2012)
여럿이 일정한 역할을 가지고 한데 모인 무리나 모임

집단(group)은 유사한 상황과 속성의 사람들이 공동의 목표를 달성하기 위하여 상호작용하는 두 사람 이상의 집합체이다. 집단의 개념에는 구성원의 적정규모와 상호작용이 중시된다. 구성원이 많으면 의사소통의 네트워크가 증가한다. 네트워크가 증가하면 의견수렴이나 합의에 이를 가능성이 감소하고 그 결과 별개의 세부집단으로 나누어질 수 있다.

구성원의 수가 증가하면 ① 의견의 조율이나 협의가 어렵게 되어 의견조정을 위한 또 다른 형태의 집단이 필요하게 된다. ② 집단의 수가 증가하면 공동의

그림 7-1 집단의 형성과 발전

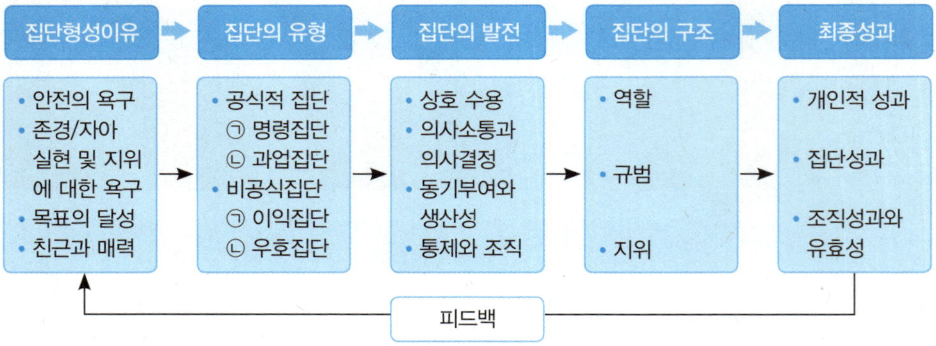

목표설정이 어렵게 되어 목표에 대한 인식과 추진력이 감소하게 된다. ③ 의사소통이 왜곡되고 동질성이 약화되어 집단기능이 감소한다. 또한 집단이란 조직 내 공식조직을 의미할 수 있지만 구성원들의 상호작용에 기초한 자생적인 비공식집단을 중요시한다([그림 7-1]).

2. 집단의 형성

다양한 집단이 존재하는 것은 조직의 운영체계로서 충족될 수 없는 개인적 욕구 때문이다. 구성원들이 집단을 형성하는 이유는 다음과 같다.

① 개인적 욕구충족: 개인 차원에서 충족하기 어려운 욕구를 집단을 통하여 달성하려 한다.

② 보호와 안전욕구: 동일한 상황에서 집단적 대응과 해결책을 모색한다. 동질성을 확인하고 공동운명체로서 상호보완적 관계를 유지한다.

③ 효율성 추구: 개인 차원에서 해결하기 어려운 문제를 다양한 지식을 활용할 수 있는 집단을 통해 효율적으로 해결하려 한다.

제 2 절 집단의 분류와 형성과정

1. 집단의 분류

집단은 성격에 따라 다양하게 분류할 수 있다.

1) 1차집단과 2차집단

1차집단(primary group)은 대면접촉과 친밀감을 기반으로 전인격적인 관계에 의해 구성된 집단으로 개인의 인성이나 가치관 형성에 영향을 미친다. 혈연과 지연을 기반으로 하는 가족이 대표적이다. 2차집단(secondary group)은 특정 목적을 달성하기 위한 수단으로 인위적으로 구성된 집단이다. 회사나 정당이 대표적이며 규칙이나 법률과 같은 공식적 통제가 이루어진다.

2) 공식집단과 비공식집단

공식집단(formal group)은 조직목표를 달성하기 위한 과업편성에 의해 구성되는 집단이다. 직무가 부여되고 이를 수행하기 위한 권한, 규칙, 절차, 의무 등이 명확하게 규정되어 있다. 상하관계와 보고 등의 의사소통과 위계질서가 분명하다. 비공식집단(informal group)은 구성원들이 자신의 욕구충족을 위해 조성한 자생적 집단이다. 공식적 관리규정이 없으며 뚜렷한 구조를 갖고 있지 않다.

3) 성원집단과 준거집단

성원집단(membership group)은 자신이 소속되어 구성원의 하나가 되어 있는 집단이다. 준거집단(reference group)은 자기의 신념이나 태도, 가치, 행동의 방향을 결정하는 데 표준으로 삼는 집단이다. 성원집단은 준거집단을 모방하려고도 하지만 갈등적 관계이다([그림 7-2]).

4) 세력집단과 비세력집단

세력집단(in group)은 의사결정 권한을 행사하는 실권자 집단이다. 공식조직의 최고경영자를 중심으로 한 상부집단이다. 비세력집단(out group)은 하부나 일

그림 7-2 성원집단과 준거집단의 사례

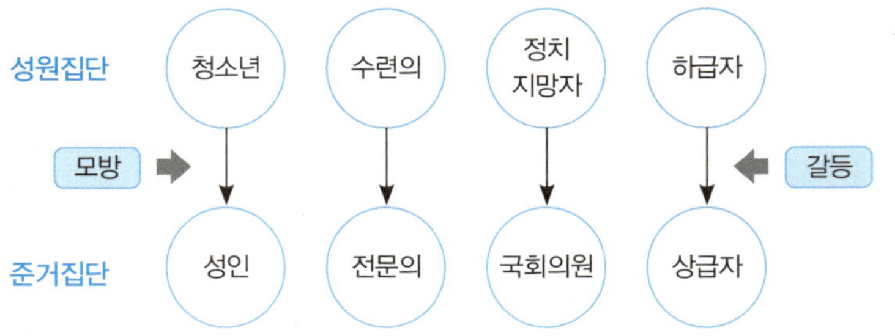

반구성원 집단이다. 세력집단의 영향을 받지만 특정 조직에서는 공식적 위계질서와는 다른 세력집단이다. 공식적 위계질서는 조직통제력을 상실하게 되고 조직의 하부구조는 명령과 보고계통의 혼선을 초래하게 된다. 최고경영자가 임명직이고 대주주가 외부에서 영향력을 행사하는 경우 구성원들은 현실적 의사결정권한을 가지고 있는 대주주의 입장과 의견을 중시한다.

2. 집단형성의 활성화

집단형성에 기여하는 활성화 조건은 다음과 같다.

① 접근성: 물리적으로 가까이 있는 것이 좋은 여건이며, 자연적으로 접촉할 수 있는 시간적·공간적 기회가 증가할수록 집단형성의 계기가 된다.

② 친밀감: 공식집단에서의 인간관계가 업무와 직위에 의한 것이라면, 비공식 집단에서의 인간관계는 상호간의 성격이나 취미, 가치관에 의해 조성된다.

③ 유사성: 직위, 직무, 취미, 연령, 지역적 연고 등의 동질적 특성은 상호작용을 활성화시키기 때문에 비공식 집단형성의 중요한 요인이다.

3. 집단의 발전단계

집단은 인간관계의 지속적 상호작용과 규칙, 규범, 역할 등을 기초로 목표를 달성하는 과정을 통해 점진적으로 발전하게 된다. 집단형성 단계는 다음과 같다.

① 초기단계: 탐색활동을 통해 서로를 알아가고 초보적인 규칙을 정한다. 집단목표와 실현방법에 대해 갈등이 발생하고 미래에 대한 불확실성을 인지하기도 한다. 집단을 운영할 수 있는 리더가 등장한다.

② 갈등단계: 초기단계에 내재해 있던 갈등이 본격적으로 가시화된다. 리더의 통제에 저항하고 타인에 대한 적대감으로 집단이 해체될 수 있다. 그러나 리더십을 수용하고 갈등이 원만하게 해소되면 다음 단계로 진행한다.

③ 규범화단계: 갈등이 해소되면 바람직한 집단행동에 대해 일치된 기대를 갖게 된다.

④ 성과창출단계: 친밀감과 상호 이해를 통해 각자의 역할을 수행하며. 집단응집력으로 문제가 발생하면 해결을 위해 노력한다.

이러한 발전단계는 집단의 성장과정에서 발생하는 문제점과 해결방안을 제시하는 데 기여한다. 그러나 발전단계를 거치는 과정에서 집단이 해체되거나 새로운 변화를 모색하기도 한다.

제 3 절 집단구조의 요소

집단구조는 다른 집단과 구별하는 안정된 특성으로 집단성과에 영향을 미친다.

1. 역 할

역할(role)은 사회적 관계에서 기대되고 요구되는 행동양식으로 자신의 자격과 위치에 적합한 행동유형이다. 공식조직에서의 개인적 역할은 비교적 안정적이다. 그러나 집단 내 역할은 개인적 위상과 타인의 인식기준에 따라 상이하며, 통제의 한계와 명확화한 직무의 부재로 모호성이 존재할 수 있다. 따라서 상호작용 과정에서 구성원들의 기대와 집단의 참여 동기에 따라 구체화된다. 역할에 대한 중요 개념은 다음과 같다.

도둑들(2012)
일정한 자격으로 자신이 맡은 바 해야 하는 일

① 역할정체성(role identity): 인간은 역할이 주어지면 이를 수행할 수 있는 행동과 자세가 형성된다. 변화된 상황에 적응하기 위한 행동을 모색하는 것이다. 승진을 하면 이에 적합한 리더십이나 사고방식을 갖게 된다.

② 역할지각(role perception): 특정 상황에서 어떻게 행동해야 한다는 개인적 사고이다. 경영자라면 어떻게 행동해야 한다는 역할인식으로 미디어나 교육, 환경에 의해 영향을 받는다.

③ 역할기대(role expectation): 타인이 그 역할을 부여받는 사람에게 어떻게 행동하기를 바라는 기대이다. 따라서 구성원들에 의해 영향을 받는다.

④ 역할갈등(role conflict): 개인이 인식하는 역할기대와 역할행동이 일치하지 않은 상태에서 발생한다. 역할갈등이 발생할 수 있는 가능성은 다음과 같다.

- 역할행동과 책임, 권한관계가 명확하지 않은 경우이다. 권한이 명확하지 않아 역할수행에 자신이 없거나, 부적합한 역할이라는 인식, 업무가 복잡하거나 다양성이 높을 때 발생한다.
- 자신이 원하는 역할을 수행하지 못하는 경우이다. 자신의 지위나 경력에 비해 실제의 역할이 적합하지 않다고 생각할 때 발생한다.

2. 규 범

(1) 규범의 개념

규범(norm)은 집단의 질서유지를 위해 구성원이 공유하는 행동의 기준이나 규칙이다. 구성원들은 규범의 압력에 의해 판단·신념·태도·행동양식에 영향을 받게 된다. 이러한 집단규범은 원활한 커뮤니케이션, 구성원들의 행동예측, 목표달성, 질서유지에 중요한 역할을 한다. 그리고 특정 집단의 생성과정, 집단목적, 경쟁집단의 존재에 따라 상이한 양상을 보인다.

집단규범은 행위에 대한 기준과 동의가 있어야 하며, 벌칙제도에 의해 유지된다는 것을 구성원들에게 인식시켜야 한다. 규범 전달은 다양한 방식으로 이루어진다. 또한 공식적인 집단규범과 관습이나 관행, 암묵적 합의에 의한 비공식적 집단규범 등 다양하지만 충성규범, 복장규범, 성과인식과 보상배분 규범 등이 대표적이다.

행동하거나 판단할 때 마땅히 따라야 하는 법칙과 원리

(2) 규범의 준수와 제재

집단규범은 자발적으로 준수해야 질서가 유지되며, 이를 통해 자신의 욕구를 충족시킬 수 있다. 따라서 규범의 동조에는 인정·존경·포상 등이 제공되지만, 위반하거나 일탈하면 제재를 받게 된다. 위반한 구성원에 대해서는 집단규범으로 회귀시키기 위한 의사소통이 이루어진다. 그럼에도 돌아오지 않으면 냉소·경멸·비난·벌금 등의 벌이 주어지며, 최종적으로는 집단으로부터 격리하거나 추방한다.

(3) 규범의 효과

집단규범은 조직의 방침을 무력화하고, 구성원들의 개성을 상실하게 하며, 성과를 일정수준으로 제한하기도 한다. 또한 행동의 유사성을 조성하여 개성과 창의성을 저해하기도 한다. 그러나 집단의 응집력과 동질성을 확인하고 구성원들의 행동을 예측할 수 있는 기능도 한다.

3. 집단응집력

(1) 집단응집력의 개념

집단응집력(group cohesiveness)은 상호 단결하여 집단목표와 행동규범에 순응하려는 강도이다. 응집력이 높으면 의견일치가 신속하고 결정된 방침에 대한

하나로 뭉치거나 모이는 힘

참여와 추진이 적극적이다. 따라서 집단응집력은 사기, 팀워크, 참여도를 나타낸다. 반면에 응집력이 낮으면 집단활동에 열의가 없고 목표에 대한 공감이나 의견을 제시하지 않는다.

(2) 응집력의 결정요인

집단응집력의 결정요인은 다음과 같다(〈표 7-1〉).

① 집단 가입: 집단구성원이 되기 위한 조건과 자격이 어려울수록 동질감과 자부심으로 응집력이 높다.

② 구성원간 대면접촉: 집단구성원간 접촉빈도가 높으면 상호 이해와 친밀감이 높아진다. 이것은 상호 협력과 이해관계의 공유를 의미하기 때문이다.

③ 집단의 크기: 구성원이 증가하면 가입의 용이성으로 응집성이 약해진다. 그러나 경쟁집단에 비해 수가 많으면 영향력이 높아지기 때문에 응집력은 강화된다. 따라서 상황에 따라 상이하며 구성원의 증가로 인해 내부에 다른 집단이 발생할 수 있다.

④ 외부의 위협: 외부로부터의 위협은 집단에 대한 도전으로 이에 대처하기 위해 응집력이 강화된다. 집단은 규범과 규칙을 강조하고 리더십은 강화된다. 그러나 외부의 위협이 대처능력을 초월하면 집단의 응집력은 약화되고 분열의 가능성이 있다. 집단이 자신을 보호할 수 없다고 생각하면 집단보다는 자신의 안전을 중시하기

표 7-1 집단응집력의 증감 요인

증가요소	감소요소
집단목표에 대한 동조	목표에 대한 반대
상호작용의 빈도 증가	대규모화
개인적인 집단에의 매력	불만족스러운 경험
집단간 경쟁	집단내 경쟁
호의적인 평가	독재적인 지배

자료: A.D. Szilagy, Jr. and M.J. Wallace, Jr., *Organizational Behavior and Performance*, 5th ed., Foreman/Little, Brown, Ill.: Glenview, 1990, pp. 282-283.

때문이다.

⑤ 집단목표에 대한 공감: 집단의 목적과 활동에 대해 구성원들이 공감하면 응집력은 강화되지만 다음과 같은 경우에는 감소한다.

- 집단규모가 증가하면 접촉의 빈도가 감소하여 동질성이 약화되고 응집력이 저하된다.
- 목표에 대한 불일치는 구성원의 행동을 통일할 수 없어 응집력이 저하된다.
- 목표와 규범을 제어해야 하는 리더십이 부재하면 응집력은 저하된다.

⑥ 집단의 역사: 역사가 길수록 응집력은 높으며 가입하려는 사람이 많다.

(3) 집단응집력의 효과

응집력이 높으면 집단성과에 긍정적이지만 조직의 이익에 부정적일 수 있다. 집단목표가 조직목표와 일치하고 응집력이 높으면 의사결정이 신속하고 집단행동으로 구체화한다. 또한 의사결정이 신속하지 않더라도 결과에 대한 반발이나 이견이 없으며 일체감이 조성되고 결근율과 이직률이 감소한다. 그러나 집단목표가 조직목표와 불일치하고 응집력이 높으면 역기능적 결과가 나타난다([그림 7-3]).

(4) 집단응집력 증대 방안

조직의 성과를 향상시키기 위한 집단응집력 증대방안은 다음과 같다.

① 과업성과의 강조: 구성원의 활동과 에너지가 과업성과를 향하도록 집중시킨다.

그림 7-3 응집력과 집단성과의 관계

집단응집력 \ 집단목적과 조직체목적의 관계	불일치	일치
높음	집단단체적 개인목적 달성 (저수준 성과)	집단전체적 조직체목적 달성 (고수준 성과)
낮음	개인별 개인목적 달성 (저수준 성과)	개인별 조직체목적 달성 (중간수준 성과)

② 참여의 유도: 목표설정과 집단의 규범을 규정하는 데 적극적으로 참여시킨다.

③ 경쟁과 보상: 건설적인 경쟁을 하도록 하고, 특히 타 집단과의 경쟁을 유도한다. 성과에 따른 공정한 보상을 제공하고 개인보상과 집단보상이 조화되도록 한다.

④ 집단 재구성: 적정한 집단 규모를 유지한다. 또한 구성원간 감정대립의 수준이 높으면 물리적 분리나 인사이동에 의해 교체한다.

4. 지 위

(1) 지위의 개념

상사에 대처하는 로맨틱한 자세(2018)
특정 단체나 조직, 사회에서 차지하는 직위나 위치

지위(status)는 조직이나 집단에서의 직위나 위치로서 위계적 서열, 권한, 관리영역의 폭을 나타낸다. 또한 지위는 개인적 역량인 성품, 리더십, 지식, 경험, 연령 등이 관계된다. 그러나 비공식집단에서의 지위는 구성원에 의해 부여되는 자생적 서열관계이다. 따라서 공식집단에서의 지위는 명령과 지시에 의한 복종과 순응이지만, 비공식적 집단에서의 지위는 지지와 협조에 의한 순응과 동조이다.

지위나 신분이 공식집단에서 부여되면 조직지위라 하고, 개인적 특성에 의해 부여되면 사회적 지위라고 한다. 집단에서의 사회적 지위는 높은 영향력을 발휘한다. 따라서 지위는 공식적인 권한계층과 자생적인 사회적 지위를 고려하여야 한다.

(2) 지위의 상징과 불일치

지위에는 이를 나타내는 상징(symbol)이 있다. 의복과 계급장, 책상이나 사무실 규모, 비서 등으로 지위보다 상징에 대한 욕구가 높을 수도 있다. 상징과 관련되어 있는 것이 특권이다. 지위에 따른 특권으로 자율성과 정보의 수준도 높아지지만, 이로 인해 행동이나 정보의 제한을 받기도 한다.

지위불일치는 어떤 관점에서는 지위가 높지만 다른 관점에서는 낮을 때 발생한다. 학력이나 경력에 적합하지 않는 지위에 있는 경우이다. 이러한 경우 욕구좌절과 불만은 물론 집단성과에 부정적이다. 따라서 공정한 선발과 배치, 보상제도를 도입하고 조직개발을 통해 가치관의 변화를 시도해야 한다.

제 4 절 집단역학

레윈(Lewin)의 집단역학(group dynamics)은 집단구성원들의 상호작용과 영향력을 의미한다. 그는 집단이란 단순한 인적 복합체가 아니라 구성원들의 상호작용을 통해 시너지효과를 나타내는 것이라고 하였다. 따라서 인간집단의 역학적 성질을 분명히 하여 이를 통제하고 계획적으로 변동시켜 생산성 향상을 위한 기법을 제시하는 것으로 구성원들의 불화나 문제점을 해결하는 수단으로도 사용한다. 또한 집단구조와 기능, 구성원들의 상호작용 등을 분석하여 집단관리의 기본적 기법들을 제시한다.

1. 소시오메트리

소시오메트리(sociometry)는 구성원들의 서로에 대한 감정상태로서 누구를 좋아하고 싫어하는가를 기초로 집단내부의 동태적 상호관계를 분석하는 것이다. 소시오메트리 구조는 모레노(Moreno)의 소시오그램(sociogram)이 대표적이며 구성원들 간의 서열관계 패턴, 세력집단과 비세력집단, 정규집단, 주변지위, 고립지위 등을 제시한다.

J.L. Moreno
(1889 – 1974)

2. 상호작용 분석

베일즈(Bales)의 상호작용 분석(interaction analysis)도 집단구성원들의 상호작용 패턴을 분석한다. 상호작용의 최초 유발자, 상호작용을 집단수준으로 발전시

R.F. Bales
(1916 – 2004)

킨 사람을 확인하면서 상호작용 횟수를 기록한다. 그는 상호작용의 유형을 아이디어 제안자와 인간관계 전문가로 구분하였다. 아이디어 제안자는 집단의 업무전문가로서 활동하며, 인간관계 전문가는 구성원들의 의견수렴과 응집력을 향상시키는 역할을 한다. 특정인이 두 가지 역할을 수행할 수도 있지만 두 사람이 각기 수행할 때 집단효율성은 높아진다.

소시오메트리는 구성원들을 직접 조사한 결과를 활용하기 때문에 집단 내 상호작용과 인간관계에 대한 현상을 정확히 분석할 수 있다. 그러나 동료에 대한 인식을 직접 조사하여 감정을 관리하는 것이 바람직한가에 대한 문제가 있다. 상호작용 분석도 관찰로써 집단 내 역학관계를 조사하기 때문에 타당성의 문제가 제기되고 있다.

3. 장의 이론

K. Lewin
(1890 – 1947)

집단행동 과정을 조직환경과 관련하여 설명한 이론으로 레윈(Lewin)의 장의 이론(field theory)이 있다. 이것은 자기(磁氣)의 힘을 적용하여 행동이란 개인의 심리적 장(場) 안에서 동시에 작용하고 있는 힘의 합성에 의해서 결정된다고 본다. 태도·기대·감정·욕구 등이 내면적 힘을 이루고 있으며, 이 힘은 외부의 환경적 힘과 상호작용한다. 따라서 인간행동은 사람과 환경의 상호작용에 의해 이루어진다는 다음의 공식으로부터 출발한다.

$$B = \{P \cdot E\}$$

(B: 인간행동, P: 사람, E: 환경)

이 공식은 인간의 행동을 이해하기 위해서는 그 시점에서의 환경과 그 사람에 대한 것을 알아야 한다는 것이다. 다음 [그림 7 – 4]에 의하면 집단구성원은 상반된 두 개의 힘의 장, 즉 억제하는 힘과 촉진하는 힘 속에서 생산활동을 하고 있다. 생산활동을 촉진하는 힘은 효과적인 감독방법, 공정한 보상, 일하고 싶은

그림 7-4 장의 이론

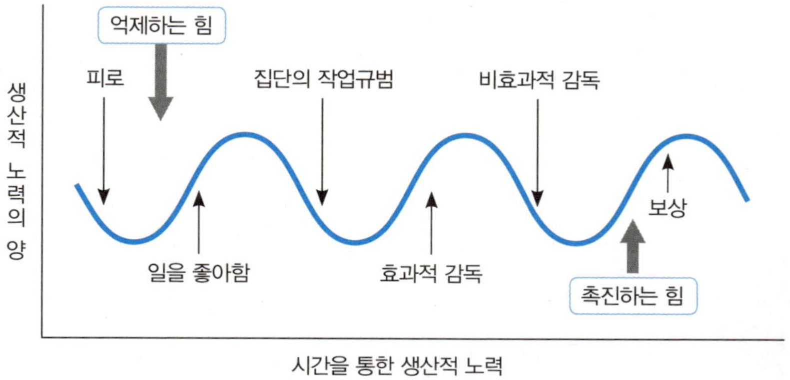

직무, 협동적 분위기 등이다. 반면 억제하는 힘은 비효과적인 감독방법과 작업조건, 불합리한 집단규범 등이다. 따라서 조직성과를 향상시키기 위해서는 억제하는 힘을 줄이고 촉진하는 힘을 크게 하여야 한다.

4. 사회적 촉진과 억제

사회적 촉진(social facilitation)은 타인의 존재로 인해 자신이 높은 성과와 에너지를 발산하는 현상을 말하며, 이와 반대되는 개념이 사회적 억제(social disturbance)이다. 달리기 선수가 혼자 경주하는 것보다 경쟁선수들과 같이 하면 높은 기록을 나타내는 것이 사회적 촉진이다. 반면에 타인과 같이 일을 하게 되면 불안하고 혼자 하고 싶은 바람이 높아지는 현상이 사회적 억제이다.

N. Triplett
(1861-1934)

타인의 존재가 자신의 충동과 동기를 유발하게 하고, 타인의 평가를 의식하게 되어 더욱 노력하게 되는데 이것이 사회적 촉진의 원인이다. 그러나 타인이 자신을 관찰하고 평가한 결과가 부정적일 것이라는 불안이 사회적 억제의 원인이 된다. 프로선수는 관중이 많고 관심이 높을수록 능력을 충분히 발휘하지만, 아마추어는 이러한 상황에 능력을 충분히 발휘하지 못하고 실수를 자주 한다. 이와 같이 과업의 특성과 개인적 특성에 따라 사회적 촉진이나 사회적 억제가 작용한다. 따라서 이를 고려한 개별적이며 집단적 업무배치가 이루어져야 한다.

5. 사회적 태만

(1) 사회적 태만의 개념

M. Ringelmann
(1861 – 1931)

협동이 집단행동에 긍정적이지만 이것은 모든 구성원이 최선을 다한다는 가정에 기초한다. 또한 협동은 구성원들이 최선을 다해 시너지효과를 가져오지만, 집단이 되어 일을 하다 보면 오히려 게으름을 피우기도 한다.

링겔만(Ringelmann)은 밧줄을 잡아당기게 하고 그 힘을 측정하였다. 실험결과 혼자 당기면 평균 63kg의 압력을 보였지만, 3인이 같이 당기면 평균 160kg으로 1인당 53kg(83%)였으며, 8인이 당기면 248kg으로 1인당 31kg(49%)이었다. 이처럼 혼자일 때보다 집단의 구성원일 때에 게으름을 피우는 현상이 사회적 태만(social loafing)으로 링겔만 효과(Ringelmann Effect)라고도 한다.

(2) 사회적 태만의 원인

사회적 태만의 원인은 집단 전체의 성과만 평가되고 개인의 노력은 평가되거나 모니터링이 되지 않을 때 발생한다. 개개인에게 명확한 역할과 책임을 부여하지 않거나 역할을 부여하더라도 이것을 객관적으로 평가하지 않으면 동료들 중 누군가가 자신의 일을 대신해 줄 것이라고 생각한다. 또한 직무수행 결과에 대한 팀의 성과는 책임자에게만 영향이 있을 것이라고 생각할 수 있다. 따라서 자신의 노력을 객관적으로 평가받지 못하는 일에는 소홀히 하고, 대신 자신의 성과에 많은 영향을 미치는 일에만 몰입을 하는 경향이 발생한다. 그리고 자신의 존재가 팀의 목표달성에 중요하지 않다고 생각하는 경우에도 발생한다. 내가 없어도 목표달성에 문제가 없을 것이라는 자기존재감의 상실이 원인이 될 수 있다.

(3) 사회적 태만의 방지법

사회적 태만을 방지하기 위해서는 집단에서 개인의 노력을 향상시킬 수 있는 방안을 고려해야 한다. 이를 위해 ① 업무와 인원을 고려하여 집단의 적정규모를 결정한다. 집단의 규모가 필요 이상으로 커지면 중복된 업무를 하거나 할 일이 없는 사람이 나타날 수 있다. ② 개개인에게 역할과 책임을 분명하게 할당하고 정확하게 평가한다. 이때 개인의 전문성과 경력개발을 고려하여 업무를 분장하지 않으면 몰입수준이 감소한다. ③ 평가의 공정성을 확보하고 의사소통을 활성화한다. 개인의 기여도는 동료 평가를 포함시켜 객관성을 확보하고, 쌍방향 의사소통을 통해 문제 해결을 위한 의견을 수렴하여 존재감을 갖도록 한다.

제 5 절 집단생산성 증대 방안

집단의 생산성을 증대하기 위해 고려해야 할 사항은 다음과 같다.

① 작업집단의 자율적 운영: 권한을 위양하여 타 집단과의 협력을 위한 자율성을 부여하고, 구성원들이 집단의 목표를 공유하도록 하며 의사결정에 참여시킨다. 그 결과 자신의 직무에 의미를 부여하여 만족감이 높아지고, 자신의 작업집단을 단순한 생산체계가 아니라 사회적 체계로 인식하여 생산성과 삶의 질을 향상시킨다.

② 집단역학의 활용: 구성원들의 인간관계와 상호작용을 통해 일어나는 행동을 분석하고 다양한 관리기법을 활용하여 능력과 업적을 향상시킨다.

③ 사회적 태만의 방지: 협업을 필요로 하는 업무에서 개개인의 노력은 반영하지 않고 집단의 성과에 따라 보상이 이루어질 때 발생하는 현상이다. 집단평가와 개인평가를 병행하여 보상에 대한 차이를 두면 태만은 극복되고 생산성은 향상된다.

④ 조직시민행동의 촉진: 조직시민행동을 촉진하고 이에 대한 보상이 이루어짐으로써 협업에 의한 생산성이 향상된다.

⑤ 비공식집단과의 관계: 조직은 공식집단과 비공식집단의 상생적 관계를 유지

하여야 한다. 공식집단에서는 불가능한 욕구를 비공식집단을 통해 충족시킴으로써 생산성을 향상시킨다.

⑥ 피드백과 갈등관리: 적절한 피드백에 의해 정보와 의견을 공유하고 그 결과가 의사결정에 반영되도록 한다. 또한 집단에서 발생하는 갈등을 적정수준으로 관리하여 활력을 유지한다.

⑦ 적절한 집단규모와 팀빌딩: 의사소통과 협업, 목표달성을 위한 응집력과 우호적 관계 등을 고려해 집단규모를 결정한다. 구성원의 수가 적으면 목표달성에 지장을 주며, 많으면 개인적 욕구충족을 위해 비공식집단이 조성된다.

⑧ 집단효능감의 제고: 집단효능감(group efficiency)이란 공동의 목표를 달성하기 위한 능력이 있다는 구성원들의 믿음이다. 이것은 구성원의 집단에 대한 열망, 업무태도, 문제해결을 위한 노력 등에 영향을 미친다.

연구과제

1. 사람들이 집단을 형성하는 이유는 무엇인지에 대하여 설명하시오.
2. 조직행동에서 집단의 중요성에 대하여 설명하시오.
3. 집단형성의 발전과정에 대하여 설명하시오.
4. 집단응집력을 높이기 위한 방법에 대하여 설명하시오.
5. 준거집단이 조직행동에서 지니는 의미에 대하여 설명하시오.
6. 사회적 촉진과 억제의 원인을 설명하시오.
7. 사회적 태만을 예방하기 위한 방안을 설명하시오.

Chapter 08

협동과 경쟁, 갈등관리

제 1 절 협동과 경쟁

1. 협 동

(1) 협동의 의미와 역할

협동(cooperation)이란 마음과 힘을 하나로 합하는 것으로 서로 도우며 상생하는 것이다. 따라서 공동의 이익을 위해 두 사람 이상이 활동을 분담하여 함께 수행하면서 돕는 행동이다. 협동은 자신의 일을 하면서도 타인의 입장을 존중하며, 자신의 의견을 표현함과 동시에 타인의 의견도 존중하게 한다. 협동적 상황에서 긴장감을 덜 지각하고 동료에 대해 우호적인 인식을 하게 된다. 그러나 협동만을 강조하면 개인과 조직의 발전을 기대할 수 없기 때문에 긍정적으로만 볼 수 없다. 협동이 조직에 긍정적인 것은 명확하지만 동시에 부정적인 결과를 초래하는 양면성이 있다.

동일한 목적을 달성하기 위하여 서로 마음과 힘을 합하는 것

(2) 협동의 동기

조직 내 인간관계는 협동과 경쟁의 연속선상에서 이루어진다. 대부분의 사람들은 이타적이거나 희생정신이 아니라 자신의 이익을 위해서 협동한다. 따라서 협동행동은 경쟁행동과 배타적인 것이 아니라 양면성을 가지고 있다. 공동의 목표달성을 위해서 협동을 하지만, 결과에 따른 성과배분에서는 경쟁을 한다. 협동의 개념에는 다음과 같은 내용이 포함되어 있다.

① 호혜성: 인간행위는 교환관계로써 설명할 수 있다. 자신의 도움에 대한 대가가 없으면 상대를 도우려 하지 않는다. 또한 상대로부터 도움을 받으면 자신도 상대를 도우려 하는데 이것이 호혜성이다. 자신이 협조하면 상대도 이에 대해 보답할 것이며 이러한 행위는 반복된다.

② 개인적 성향: 협동이나 경쟁을 선호하거나 싫어하는 경향은 개인에 따라 상이하다. 언제나 협조적이거나 경쟁에서 이기려는 사람, 경쟁을 즐기는 사람, 혼자서 일하는 것을 선호하는 사람이 존재한다. 이러한 성향에 따라 협동의 정도는 상이하다.

③ 보상: 보상에 따라 행동은 상이하다. 집단성과금은 협동분위기를 형성하지만, 개별 실적에 따른 보상은 경쟁분위기를 형성한다. 그러나 인간의 행동이 외재적 보상에 의해서 영향을 받는 것만은 아니며 협동을 통한 내재적 만족이 동기요인으로 작용할 수 있다.

④ 자원의 공동이용: 제한된 자원을 확보하는 과정에서 경쟁이 발생하지만, 누구도 소유하기 어려운 희소자원은 협동을 통해 원활하게 사용하려 한다.

(3) 협동을 위한 신뢰 구축

신뢰(trust)는 타인의 의도와 행동에 대한 호혜적인 믿음으로 협동에는 신뢰가 기반이 되어야 한다. 신뢰는 구성원들을 단합시키는 역할을 하며 신뢰를 높이기 위한 방안은 다음과 같다.

① 솔직한 의사소통: 조직의 정책과 의사결정을 공개하고 피드백을 제공한다.

② 접근 가능성: 타인이 쉽게 접근하도록 하여 아이디어와 조언 등을 제공한다.

③ 경청과 공감: 타인의 의견을 경청하고 공감한다.

④ 공정성: 성과평가와 보상에 대한 공정성을 확보한다.

⑤ 예측 가능성: 조직의 지침 적용과 시간계획 등에 대한 일관성을 유지한다.

⑥ 능력: 업무추진 및 기술적 능력, 전문성, 영향력 등을 관계자에게 입증한다.

⑦ 호혜성: 솔선수범하여 타인과의 협동을 먼저 시작한다.

2. 경 쟁

(1) 경쟁의 의미와 역할

경쟁(competition)은 개인이나 조직 등이 앞서거나 이기려고 다투는 것이다. 조직에서 경쟁은 어디에나 존재하며 동기유발을 위한 역할을 한다. 따라서 경쟁적 상황에서 직무를 수행하면 의욕과 활력이 야기된다. 그러나 경쟁만이 강조되면 서로를 의심하고 신뢰관계를 유지하지 못한다. 따라서 경쟁을 너무 강조하거나 없는 것도 부정적인 결과를 초래하는 양면적 특징을 가지고 있다.

동일한 목적에 대하여 서로 이기거나 앞서려고 다투는 것

(2) 경쟁의 유형

1) 개인적 경쟁과 집단적 경쟁

개인적 경쟁은 상대의 능률을 저하시키거나 굴복시키는 데 목적이 있다. 따라서 자신의 성공과 이익에 가치를 두기 때문에 비우호적 관계를 조성한다. 또한 집단적 경쟁은 내집단간 협동적 분위기와 태도가 조성되고 관용과 신뢰가 조성된다. 그러나 외집단 간에는 성장과 생존을 위한 경쟁이 심화되어 불신과 경계를 조성한다. 따라서 개인간 경쟁을 완화하고 개인이 속해 있는 집단적 경쟁으로 변환시키는 것이 바람직하다.

2) 평등자간 경쟁과 불평등자간 경쟁

역량이 대등한 사람과 그렇지 않은 사람과의 경쟁이다. 평등자간의 경쟁은 개인의 자주와 독립이 보장되고 정당한 게임정신을 야기시킨다. 따라서 평등자간의 경쟁을 육성하고 불평등한 경쟁적 관행을 제한하여 개인의 자유를 보장하여야 한다.

3. 경쟁에서 혼란으로

타워(2012)
경쟁이 격화되면 혼란이 야기되고 희생이 발생

경쟁이 격화되면 혼란으로 이어진다. 화재가 발생하면 협력에 의해 안전하게 탈출할 수 있음에도 불구하고 경쟁적으로 출구로 몰려 많은 희생이 발생하게 된다. 민츠(Mintz)는 실험을 통해 협력적 행동이 실현되지 않는 원인이 혼란이라고 하였다. 실험은 다수의 피험자가 유리병 속으로부터 알루미늄의 원추(둥근 단추)를 꺼내야 한다. 피험자는 각각의 원추를 이어주는 실을 하나씩 갖고 있지만 병의 입구가 좁기 때문에 한 번에 한 사람씩만 꺼내야 된다. 따라서 원추를 모두 병 밖으로 꺼내기 위해서는 피험자들의 협력이 요구된다.

첫 번째 실험에서는 병의 아래로부터 물이 서서히 올라오고 피험자는 원추를 젖지 않게 병으로부터 꺼내야 된다. 모두가 원추를 젖지 않고 꺼내면 상금 25센트를 주고 물에 젖은 원추가 3분의 1 이내이면 상금이 없다. 또한 3분의 1 이상 3분의 2 이내이면 벌금 1센트이고 그 이상이라면 2센트가 부과된다. 사전에 피험자들은 서로 협력하여 원추를 꺼내는 순번을 결정하였으며 그대로 하면 전원이 성공할 수 있다. 그러나 실험이 시작되고 병의 아래로부터 물이 들어오자 사전의 협력을 위한 약속에도 불구하고 혼란이 발생하였다.

다음 실험에서는 상금도 벌금도 없으며 물도 들어오지 않는다. 그러자 전원이 협력에 의해 원추를 성공적으로 꺼냈으며 혼란도 야기되지 않았다. 따라서 상금이나 벌금이 약간만 주어져도 피험자들은 자기중심적으로 행동하고, 이것이 원인이 되어 자멸적인 혼란을 초래한다.

4. 협동과 경쟁의 효과

경쟁보다 협동적 상황에서 생산성이 높아지는 것은 아니다. 그러나 협력적 상황에서는 집단을 유지하기 위한 우호적인 인간관계가 확보되지만, 경쟁적 상황에서는 인간관계에 대한 불안감과 적대감이 발생하기 쉽다.

조직에서 경쟁은 불가피하다. 셀즈닉(Selznick)은 분업에 의한 권한의 위임은 부서별 전문화가 진행되어 능률이 향상된다고 하였다. 이러한 부문화는 조직의 목표보다 부서의 목표달성과 이익을 위하여 경쟁과 대립을 하게 된다. 그 결과 부서별 능률 향상에도 불구하고 전체조직의 목표달성 수준은 낮아지는 역기능이 발생할 수 있다.

제 2 절 집단간 갈등

1. 집단간 갈등의 개념과 갈등관

갈등(conflict)이란 추구하고자 하는 목표나 행동이 타 집단에 의해 방해받았거나 받을 것이라고 생각하여 서로 충돌되는 현상이다. 갈등이 조직성과에 미치는 영향과 성격에 대한 관점은 시대의 흐름에 따라 다음과 같이 변화하고 있다.

저 달이 차기 전에(2009)
집단 간 의지나 처지, 이해관계 등이 달라 적대시하거나 충돌을 일으키는 것

(1) 전통적 관점

19세기 후반부터 1940년대까지의 갈등관으로 다음과 같은 가정을 전제로 한다.

① 인간의 본성은 근본적으로 선하다.
② 갈등은 유익하지 못한 요인이다.
③ 갈등은 의사소통의 효율성과 인간관계의 이해를 결여시킨다.
④ 갈등은 해소되거나 해결되어야 한다.

따라서 갈등은 조직에 부정적 영향을 미치는 요인이기 때문에 해소되거나 회피해야 한다.

(2) 행동주의적 관점

1940년대 말부터 1970년대 중반까지의 갈등관이다. 갈등은 필연적으로 발생하는 것으로 조직의 효과성을 결정하는 잠재력을 가지고 있다고 가정한다. 따라서 갈등은 집단성과에 도움이 될 수 있기 때문에 예방이나 해소보다 인정하고 수용하여야 한다.

(3) 상호작용주의적 관점

1970년대 이후의 갈등관이다. 어떤 갈등은 조직의 성과를 위해 필요하다고 가정한다. 따라서 갈등은 아이디어와 집단의 응집력을 향상시킨다. 다양한 의견을 통해 의사결정을 하여 조직에 이익을 제공하기 때문에 관리되어져야 하며, 다음과 같은 시사점을 제공한다.

① 갈등의 절대적 필요성을 인정한다.
② 기능적 대립(functional opposition)을 조장한다.
③ 갈등의 해결과 조장을 포함한 갈등관리를 규정한다.
④ 갈등의 관리는 모든 관리자의 책임이다.

2. 집단간 갈등의 기능과 원천

기능적 갈등은 조직의 효율성을 향상시키며 학습과 창의성, 미래의 협동, 능력향상 등에 도움이 된다. 반면에 역기능적 갈등은 조직성과와 혁신에 부정적이고 환경변화에 대한 적응능력이 감소하여 조직의 존속을 위태롭게 한다.

그러나 기능적 갈등과 역기능적 갈등 간의 경계는 정확하지 않다. 특정 집단에서 긍정적인 갈등이 다른 집단에서는 부정적일 수 있으며, 동일 집단에서도 시기나 상황에 따라 기능은 달라진다. 기능과 역기능을 구분하는 기준은 집단의 성과이다. 따라서 갈등을 어떻게 지각하는가에 따라 집단성과는 상이하기 때문에 갈등이 집단에 미치는 영향은 상호 보완적이다.

집단간 갈등은 한정된 자원이나 세력 등을 획득하는 과정에서 발생한다. 또한 다양한 요인이 복합적으로 작용하여 발생한다. 집단간 갈등의 원인은 다음과 같다.

(1) 상호의존성

상호의존성이란 두 행동주체가 자신의 과업이나 목적을 달성하기 위하여 정보 제공, 동조, 협력행위를 하는 것이다. 조직을 시스템으로 볼 때 구성요소 간 상호작용은 조직의 목표달성을 위하여 필수적이다. 이때 하부시스템의 상호의존관계는 동시에 갈등의 원천이 되며 의존성이 높을수록 증가한다. 이러한 상호의존성은 한 집단의 다른 집단에 대한 의존성, 두 집단 간 연합이나 합의를 필요로 하는 상황 등의 형태를 띤다. 상호의존성은 한정된 자원과 시간압박이라는 특징에 의해 갈등이 발생한다.

① 한정된 자원에의 상호의존성: 자원은 한정되어 있으며 한 집단이 이를 얻게 되면 다른 집단은 얻지 못하게 된다. 제한된 자원은 물질적인 것과 더불어 승진이나 기회 등 자아실현과 관련된 것도 포함된다. 집단은 이를 성취하기 위하여 경쟁적 행동이나 적대감을 조성한다.

② 활용시간의 상호의존성: 시간과 일정계획에 관한 것으로, 기능의 전문화와 외부환경의 예측 가능성이 영향을 미친다. 집단간 기능이 전문화될수록 상호의존성이 높아지며, 외부환경이 불투명할수록 갈등은 증가한다. 기능이 전문화되고 분업화될수록 협업이 필요하며, 이를 위한 시간조정이 원활하지 않으면 갈등이 유발한다.

(2) 목표의 차이

집단은 공동으로 달성해야 하는 목표와 더불어 전문화의 정도에 따라 상이한 목표를 가지고 있다. 집단 간에는 장기업적과 단기업적, 측정 가능한 결과와 측정 불가능한 결과, 조직의 목표와 사회적 요구 간에 상충되는 경우가 있다. 따라서 집단활동의 방침과 업적평가 기준의 차이로 인해 집단간 목표가 상이하면 갈등이 발생한다. 다음과 같은 요인들은 목표의 차이로 인한 갈등을 야기시킨다.

① 한정된 자원: 한정된 자원을 할당하는 과정에서 상호의존성은 높아지며 집단 간 목표의 차이는 증가한다.

② 보상구조: 보상이 전체 조직의 성과에 따라 결정되지 않고 개별 집단에 따라 결정되면 갈등이 발생한다. 다량의 제품을 신속하게 생산하려는 제조부문의 목표는 시간을 두고 고품질의 제품을 원하는 품질관리 부문의 목표와 대치되어 상호 갈등적 상황에서 보상이 이루어지는 경우이다.

③ 개인적 목표의 차이: 동일한 목표를 추구하는 구성원들로 형성된 집단보다 다양한 목표를 추구하는 구성원들로 형성된 집단에서 갈등은 증가한다.

④ 조직목표의 주관적 해석: 명확하고 객관적인 목표를 제시하면 부문간 갈등은 감소한다. 그러나 이러한 목표도 집단규모나 특성에 따라 영향을 받게 된다. 따라서 목표가 명확하지 않으면 주관적으로 해석될 가능성이 높아 갈등이 증가한다.

(3) 지각의 차이

집단은 상대집단의 특성을 과대 또는 과소평가하는 경향이 있다. 이러한 집단간 상호지각은 상동적 태도에 기인하며, 집단의 의사결정과 상호관계 형성에 영향을 미치고 갈등의 원인이 될 수 있다. 지각 차이의 원인은 다음과 같다.

① 시간관의 차이: 시간관은 한 집단이 수행할 활동의 우선순위와 중요성에 영향을 미친다. 시간적 차이로 인해 한 집단에서는 매우 중요한 문제가 다른 집단에서는 경시되는 경우이다.

② 부정확한 지각: 어떤 집단이나 사실에 대해 잘못 지각함으로써 상동적 태도를 갖게 된다. 객관적으로 두 집단 간 차이가 거의 없음에도 불구하고 과장되게 지각한다.

③ 정보의 전달경로: 분업이나 기능이 전문화될수록 집단은 모든 정보 중 일부만이 필요하다. 따라서 필요한 정보만을 선택하여 송·수신하게 된다. 그러나 지각의 차이로 인해 불필요한 정보를 중요한 정보라고 전달하여 오해가 발생할 수 있다.

(4) 행동의 차이

집단은 과업목적과 기능에 따라 성격과 배경 등이 상이한 사람들로 구성되어 있어 갈등이 발생할 수 있다. 특히 라인과 전문스탭은 다음과 같은 행동경향의 차이로 인해 갈등을 지각한다.

① 기대역할의 차이: 라인은 스탭이 자신들을 지원하는 서비스 역할을 한다고 생각한다. 그러나 스탭은 전문적 지식을 활용하여 아이디어와 기술을 실현시키는 것을 자신의 역할이라고 생각한다. 따라서 스탭은 자신의 전문지식과 기술의 활용을 확대시키려 하지만, 라인은 이를 자신들의 권한과 재량권에 대한 침해라고 생각한다.

② 지위신분상의 불일치: 라인은 자기부서의 실무적 관점을 강조하지만, 스탭은 전체 조직의 정보와 자료에 의해 상호작용을 한다. 따라서 라인은 스탭과의 전문적 대화나 커뮤니케이션이 원활하지 않다. 이러한 관계는 일선감독자와 스탭 간에도 발생할 수 있다.

③ 준거행동(reference behavior)의 차이: 라인은 준거집단이 주로 조직 내에 존재하지만, 스탭은 조직 내·외의 전문가나 경력자들이다. 따라서 라인은 자신을 조직체와 동일시하지만, 스탭은 자신의 전문분야와 동일시하려 한다.

3. 집단간 갈등의 결과

갈등은 집단 내·외부에서 순기능적이며 역기능적인 다양한 결과를 초래한다.

(1) 순기능적 결과

갈등은 집단의 행동 개발과 조직의 발전에 기여할 수 있다. 집단간 갈등의 순기능적 결과는 다음과 같다.

① 학습효과: 집단간 갈등은 서로에게 부정적 감정을 유발한다. 그러나 자기집단의 취약점을 분석하고 사고방식이나 행동의 개선을 초래하기도 한다. 집단간 문제의 원인을 분석하고 이를 해결하기 위해 노력하며, 이러한 행동은 반복되어 학습효과가 발생한다.

② 상호적응력 강화: 안정적 환경일수록 무사안일한 태도를 갖게 된다. 갈등이 발생하면 집단은 이를 수용하기 위한 능력을 구비하게 되고 조직도 환경에 신속하게 적응할 수 있게 된다. 규모가 크고 환경이 불확실하며 기술과 시장이 급변하는 환경일수록 집단간 갈등 해결을 위한 적응능력을 요구한다.

③ 개방적 관계 조성: 기능이 복잡하고 다양할수록 집단 간에 문제와 갈등이 증가한다. 갈등이 발생하면 상호 개방적 의사소통과 적극적 참여를 통해 해결하려 노력한다.

(2) 역기능적 결과

갈등은 집단의 내·외적 행동에 부정적 결과를 초래한다.

1) 집단 내 변화

① 리더십의 전제화: 집단간 갈등이 심화되고 외부로부터 위협을 느끼게 되면 독재적이며 강력한 통제력을 가진 리더를 필요로 한다.

② 과업지향성 강화: 개인의 성장과 만족보다는 외부의 도전에 역점을 두기 때문에 과업지향적 태도를 요구한다.

③ 조직구조의 엄격화: 규칙이 제정되고 강화되며 전제적 의사결정을 하게 된다. 과업 달성을 위한 책임할당과 더불어 감독과 통제가 이루어진다.

④ 규범행동의 강화: 성과나 개인적 만족보다 집단규범의 준수가 강조된다. 또한 상대집단과의 상호작용은 허용되지 않으며 집단에 대한 개인적 희생은 보상된다.

2) 집단간 변화

① 왜곡된 지각: 상대집단의 역할과 기능은 과소 또는 부정적으로 평가하지만 자기집단의 기능과 중요성은 과장하는 경향이 있다.

② 상동적 태도: 자기집단은 잘못된 것이 없지만 상대집단은 잘하는 것이 없다고 하는 태도가 강화된다.

③ 커뮤니케이션 감소: 상대집단은 상대할 가치가 없다고 보아 대면적 상호작용이 감소한다. 의사소통은 공식업무로 제한하고 내용도 문제해결이나 성과가 아니라 절차나 방법 등 기술적인 부분만을 다루는 경향을 보인다.

④ 상대집단에 대한 감시: 상대집단에 대한 감시를 통해 그들의 상동적 태도를 확인시켜 줄 수 있는 불법적인 활동을 찾고자 한다.

제 3 절 집단간 협력 증진과 갈등관리

갈등관리는 수준이 높은 역기능적 갈등은 해결하고, 수준이 낮은 갈등은 조장하여 적정한 수준의 갈등을 유지하는 것이다. 전략적 갈등관리의 기초개념은 다음과 같다.

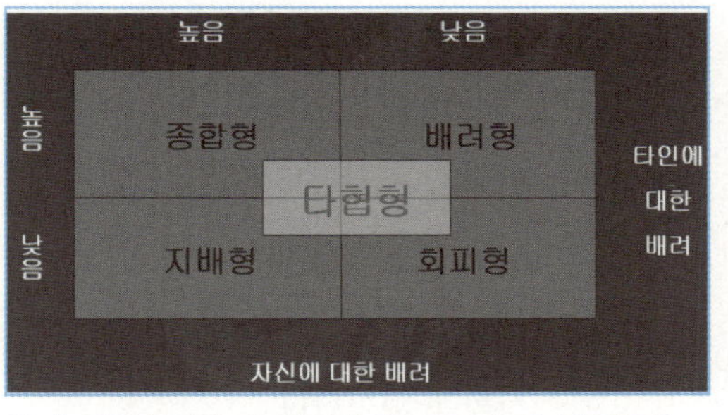

역기능적인 갈등은 제거하거나 해소하고 순기능적 갈등을 유지하거나 자극하는 조직활동

1. 갈등관리의 목적

조직에서 갈등은 필연적으로 발생하지만 정도와 상황에 따라 성과에 긍정적이거나 부정적 영향을 미치고 있다. 갈등관리란 갈등을 예방이나 제거하는 것을 의미하는 것이 아니라 이를 수용하고 조치를 취하는 것, 유익한 갈등을 조장하는 것까지를 포함한다. 따라서 갈등관리는 갈등으로부터 발생하는 가치와 순기능은 증대시키고 비용이나 역기능은 감소시키는 것이다.

2. 갈등관리 기법

(1) 협력 증진과 갈등해소기법

집단간 역기능적 갈등을 해결하기 위해 사용되고 있는 방안들은 다음과 같다.

1) 문제해결 방법

집단간 갈등을 일반적으로 발생하는 문제로 보고 해결책을 모색하는 것이다.

① 공동 적의 설정: 두 집단이 협력해야만 대처할 수 있는 공동의 적을 설정한다. 판매부서와 생산부서가 경쟁업체의 도전을 협조를 통해 대처하도록 한다. 그러나 이것은 갈등의 원인을 규명하지 못하고, 특히 적이 내부에 있다면 부정적 정서가 발생할 수 있다. 또한 외부로부터의 위협이 사라지게 되면 갈등이 재현될 수 있다.

② 상위목표의 설정: 두 집단이 협조해야만 달성할 수 있는 공동의 목표를 설정한다. 목표는 한 집단의 자원으로는 달성될 수 없는 매력적인 것이어야 한다. 공동 적의 설정과 유사하나 강도가 낮으며 갈등 해결에 높은 효과가 인정된다. 다양한 내부의 문제를 초월하여 조직의 생존이라는 상위목표를 설정하고 협력하여 위기상황을 극복하는 것이다.

③ 자원의 확충: 공동으로 사용하는 제한된 자원을 확보하는 과정에서 발생하는 갈등을 자원의 확충을 통해 제거하는 것이다. 직위에 대한 문제라면 계열사나 자회사를 통한 승진이나 전직 등으로 해결한다.

④ 평가기준과 보상체계: 객관적인 평가와 보상시스템을 구축하여 제로섬 게임 상황을 제거한다.

⑤ 대면: 집단간 회합을 통해 갈등에 대한 오해를 해소하고 공감대를 형성한다.

⑥ 협상: 협상은 모두에게 공정하게 해결되었다는 인식을 갖게 하고 이후 발생할 수 있는 갈등을 억제한다. 또한 협상과정에서의 행동방식에 따라 미래 대응전략을 수립하는 데 도움이 된다.

⑦ 컨설턴트의 활용: 높은 갈등은 건전한 조직문화와 조직유효성에 부정적이다. 이 경우 조직개발 전문가나 컨설턴트를 활용하여 갈등을 조정할 수 있다.

2) 구조적 방법

① 갈등원천의 제거: 갈등의 원인이 되는 인물을 이동시키거나 제거한다. 그러나 그가 조직에 반드시 필요하거나 대리처벌의 경우라면 문제가 발생한다. 또한 갈등의 원인이 조직구조에 있다면 재배치를 통해 상호의존성을 최소화하거나 공유자원의 분배를 명확히 하고, 과업에 대한 책임의 재설정과 갈등집단의 통합 등의 방법도 활용할 수 있다.

② 규정과 절차: 갈등을 예측하고 해결하기 위한 규정을 설정한다. 규정에 의해 해결되기 때문에 조직의 안정과 집단기능의 지속성을 유지해 주는 역할도 하게 된다.

③ 권한계층: 소속부서 관리자들이 논의하고 합의가 되지 않으면 상위의 공동관리자의 권한에 의해 해결한다.

④ 계획: 두 집단이 사전계획에 의해 상호간의 기능과 역할을 정확히 설정하고 추진한다.

⑤ 호소제도: 공식적인 경로를 통해 고충사항을 제출하게 하거나 공식적인 호소제도를 통해 해결한다.

⑥ 구조적 요인의 변화: 과업의 공식적 관계나 직무설계 등에 의해 해결한다. 이동이나 중재를 위한 직위의 신설, 작업흐름의 변화, 조정기구 및 고충처리기구, 부서의 합병, 직무배분의 변화, 보상체계의 개편 등이다.

3) 통합기능

① 조정부서의 설치: 갈등 해결을 위한 조정기구로는 조정실이나 프로젝트집단 등이 있다. 조정부서는 집단간 차이를 해소하고 통합시키는 역할을 하며 이를 위해 공식 및 비공식적 권한을 갖는다. 또한 프로젝트집단은 특정 과업을 위해 다양한 부서에서 모집된 사람들로 구성되며 동일 프로젝트를 수행하기 때문에 목표갈등을 최소화할 수 있다.

② 태스크포스와 팀조직: 다양한 부서의 대표가 참여하는 태스크포스팀을 구성하여 문제를 집중적으로 검토하고 해결책을 모색한다. 그러나 태스크포스팀은 단기간에 활동하지만, 팀조직은 장기간에 업무나 프로젝트를 전담하여 활동한다.

③ 통합전담부서: 상위경영층의 직속 하에 두고 예산과 자원배분에 영향력을 행

사하며 집단간 문제를 조정한다. 기획실이나 종합조정실이 이에 해당한다.

(2) 갈등예방기법

집단간 갈등이 발생하면 해소하기가 어렵기 때문에 미리 예방하는 것이 매우 중요하다.

① 부서간 순환: 부서간 이동이나 순환을 통해 상대집단에 대한 이해와 공감대를 형성한다.

② 상호작용과 의사소통: 집단간 상호작용과 의사소통을 통해 문제 해결을 위한 원조와 협력체계를 구축한다.

③ 전체조직 효과성의 강조: 개별 집단의 효과성보다 전체조직에 대한 집단의 공헌도에 기준하여 평가하고 보상한다.

④ 승패상황의 기피: 집단간 갈등으로 인해 승패의 상황이 발생하지 않도록 한다. 특히 집단에 대한 보상은 균형을 유지하여야 한다.

⑤ 제로섬 게임의 회피: 경쟁은 동기부여를 촉진하지만 협동을 방해한다. 성과를 위한 상호의존성이 높으면 역기능적일 수 있다. 따라서 높은 상호의존성을 필요로 하는 과업에서 경쟁을 강조하지 않는다.

(3) 갈등자극기법

조직목적의 성공적인 달성을 위해 필요한 갈등은 조성하여야 한다.

① 커뮤니케이션의 이용: 다음과 같이 공식적 커뮤니케이션을 통해 갈등을 조장한다. 그러나 이 방법을 자주 사용하면 불신감을 조성하고 일관성과 안정성을 저해한다.

- 커뮤니케이션 경로를 의식적으로 변경시켜 정보와 권력을 재분배하여 갈등을 야기시킨다.
- 커뮤니케이션을 억제하면 권력이 감소되고 갈등이 발생한다. 또한 과다한 정보로 인한 혼란은 갈등을 야기하여 정체된 행동을 활성화시키고 창의성과 자율성을 향상시킬 수 있다.

- 의식적으로 모호한 정보나 위협적인 정보, 루머를 전달함으로써 갈등을 조장하여 성과를 개선할 수 있다.

② 외부인사 초빙: 조직에 활기를 부여하기 위해 상이한 태도, 가치관, 배경, 경험을 가진 외부 인사를 영입한다. 이를 통해 새로운 관점, 참신성, 활력 등을 확보할 수 있다.

③ 조직구조의 변경: 조직 내 계층수, 기능적 조직 단위수를 변경하여 새로운 상호관계를 형성한다. 새로운 조직단위간 상호의존성은 갈등을 야기할 수 있다. 또한 이동이나 직위간 관계의 재설정은 동질성을 파괴하고 의사결정권을 재분배하여 갈등을 조장한다.

④ 경쟁심 자극: 높은 성과의 집단에 보상이나 상여금을 지급하여 경쟁심을 유발시킨다. 영업 1부와 영업 2부의 성과에 대한 차별적 보상의 경우이다.

연구과제

1. 협력과 경쟁의 장·단점을 설명하시오.
2. 신뢰의 중요성을 설명하시오.
3. 집단갈등의 해소방법에 대하여 설명하시오.
4. 집단간 갈등의 원천에 대하여 설명하시오.
5. 집단간 갈등의 유형에 대하여 설명하시오.
6. 집단간 갈등의 순기능과 역기능에 대하여 설명하시오.

Chapter 09

지각과 커뮤니케이션

제 1 절 지 각

1. 지각의 개념

감각기관을 통해 사물이나 자극을 자발적으로 의식하는 과정

지각(perception)이란 사람이나 사물을 평가하는 것으로, 외부로부터의 감각적 자극을 선택, 조직, 해석하여 환경에 대한 영상을 형성하는 것이다. 인간은 사실 자체보다 지각을 통해 현실세계에 대한 관점을 형성하고 행동한다. 정보를 수용하고 이것을 감각에서 지각으로 변환시켜 이와 관련된 산출을 이루어 낸다. 또한 산출은 환류작용(feed-back)에 의하여 수정될 수 있다([그림 9-1] 참조). 지각과정에 대한 구성요소는 다음과 같다.

그림 9-1 시스템으로서의 지각과정

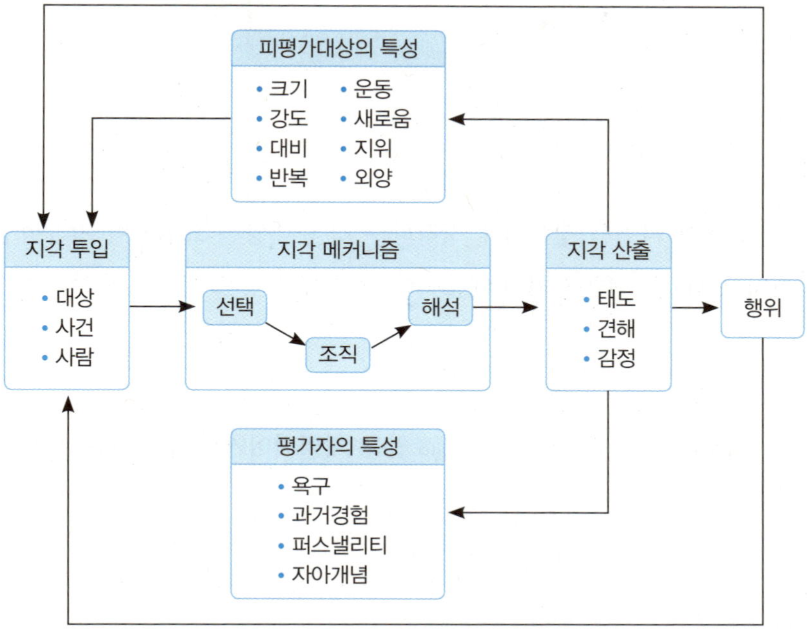

자료: K.H. Chung and L.C. Megginson, *Organizational Behavior: Developing Managerial Skills*, Harper & Row Publishers, 1981, p. 112.

① 수용(reception): 인간은 감각기관(시·청·후·촉·미각 등)을 통해 자극과 정보를 수용하고 지각한다.

② 처리(processing): 이러한 투입요소들은 지각 메커니즘에 의해 처리된다. 개인에게 의미가 있도록 선택, 조직, 해석한다.

③ 환경요인(influences): 이 메커니즘은 내부적 요인과 외부적 요인의 영향을 받는다. 내부적 요인은 욕구, 과거의 경험, 자아개념, 성격 등이며, 외부적 요인은 피평가자의 특성, 평가시의 상황 등이다.

④ 산출(output): 지각 산출은 태도, 견해, 감정 등으로 나타나며 행위에 영향을 미친다.

⑤ 반응(reaction): 지각에 의한 행위는 상대로부터 반응을 유발한다. 이러한 반응은 새로운 투입요소를 형성한다.

감각적 자극에 대한 선택, 조직, 해석은 개인차가 있다. 따라서 동일한 외부환경이라도 개인차에 따라 지각이 형성되기 때문에 사실보다 지각에 따라 행위를 하게 된다.

2. 지각의 영향요인

동일한 사건을 상이하게 지각하는 것은 다양한 요인들이 지각형성에 영향을 미치고 때로는 왜곡시키기 때문이다. 지각에 영향을 미치는 요인은 다음과 같다.

(1) 외부적 요인

외부환경 요인으로 이러한 요인은 개별적이거나 상호작용하여 영향을 미칠 수 있다.

① 강도: 조용하고 약하고 어두운 빛보다는 크고 강하고 밝은 빛이 주목의 대상이다.

② 크기: 작은 것이 더 중요하고 비싸다 할지라도 큰 것이 주목의 대상이다.

③ 대조: [그림 9-2]와 같이 동일한 크기의 검은 동그라미가 왼쪽보다는 오른쪽이 크게 보이는 것은 환경과의 대조 때문이다. 노란 바탕의 검은 글씨나 붉은 바탕의 흰 글씨가 눈에 잘 띄는 것도 같은 이유이다.

그림 9-2 대조(contrast)의 예

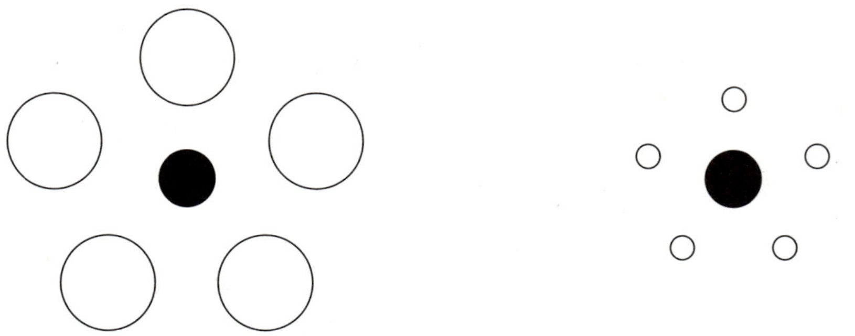

④ 반복: 한 번보다 반복적인 자극이 주목을 받는다. 반복은 자극에 대한 민감성을 증대시키기 때문에 사소한 사안이라도 반복하면 중요한 것으로 여겨진다.

⑤ 동작: 정지보다 움직이는 물체가 눈에 띄기 쉽다.

⑥ 신기함과 친숙함: 친숙한 상황에서 새로운 업무를 부여하거나 새로운 상황에서 친숙한 업무를 부여하면 관심이 높아진다. 직무순환을 통해 관심을 높이는 것, 부모가 아이들의 은어를 사용하여 친숙함을 높이는 경우이다.

(2) 내부적 요인

내부적 요인이란 다음과 같은 지각자의 개인적 특성이다.

① 욕구와 동기: 욕구는 무엇을 얻거나 하고자 하는 바람이며, 동기는 어떤 일이나 행동을 하게 하거나 하도록 마음을 먹게 하는 것으로 지각에 중요한 요인이다.

② 과거의 경험: 성공경험이 많을수록 자신의 능력에 대한 지각은 높아지나 실패가 거듭되면 자신감은 감소한다.

③ 자아개념: 자신이 무능력하다고 생각하면 주변을 위협적인 것으로 지각하여 모험이나 환경을 극복하기 위한 노력은 하지 않는다. 그러나 유능하다고 생각하면 높은 목표를 설정하고 이를 위해 적극적으로 노력한다.

④ 성격: 낙천적인 사람은 사물을 긍정적인 관점으로 접근하지만 비관적인 사람은 부정적인 관점에서 파악한다. 성격이 지각에 미치는 영향은 다음과 같다.

- 안정적인 사람이 타인을 배려하는 경향이 있다.
- 사고가 깊은 사람이 흑백의 극단적 평가를 할 가능성이 낮다.
- 자신을 인정하는 사람이 타인을 호의적으로 지각한다.
- 자신을 인정하는 사람은 타인이 자기를 좋아하고 원하는 것으로 생각한다.
- 자신과 유사한 특성을 가진 사람에 대해 정확하게 지각한다.
- 자신을 정확히 평가하면 자신의 결점을 인정하고 효과적으로 업무를 수행한다.

(3) 상황적 요인

환경적 요인이 타인 평가에 영향을 미치며, 특히 첫인상이 중요한 역할을 한다. 처음 만난 장소가 어디이며 같이 있던 사람이 누구인지와 같은 요인이다. 이 경우 외모나 옷차림과 같은 첫인상을 그의 지속적인 특성이나 행동으로 지각한다. 그러나 첫인상은 시간에 따라 변화한다.

(4) 집단압력

S.E. Asch
(1907 – 1996)

다수의 생각이 개인의 직무에 대한 지각과 판단에 영향을 미친다. 개인은 집단의 가치를 받아들이는 경향이 있다. 따라서 개인이 아니라 집단구성원으로서 상황을 규정하게 된다. 애쉬(Asch)는 길이가 다른 여러 개의 선을 비교하여 제시된 선과 동일한 길이의 선을 찾도록 하는 실험을 하였다. 실험은 피실험자 한 사람을 제외하고 모든 사람이 오답을 하도록 하였다. 실험결과 59명의 응답자 가운데 1/4만이 정답을 말하였고 나머지는 집단의 오답을 따라 하였다. 자신의 의지와 상관없이 집단압력에 의해 행동하는 이유는 다음과 같다.

① 지각의 왜곡: 다수의 판단이 정확한 것으로 지각한다.

② 판단의 왜곡: 자신감이 결여되어 다수의 판단이 정확한 반면에 자신의 지각은 부정확한 것으로 생각한다.

③ 행동의 왜곡: 집단과 같이 하여야 한다는 강한 욕구이다. 다수의 의견이 잘못된 것을 알고 있지만 자신의 의견을 제시하여 다수의 관심으로부터 멀어지는 것이 두렵기 때문이다.

3. 지각 메커니즘

지각대상(사물, 사상, 사람)은 지각 메커니즘(선택, 조직, 해석)에 의해 처리되어 유용한 정보를 제공한다. 인간은 사물에 대한 실체를 보는 것이 아니다. 지각된 사물을 선택, 조직, 해석하는 과정에서 욕구를 충족시키기 위한 유용한 정보를 제공받는다.

(1) 지각선택(perceptual selection)

인간은 수많은 자극에 노출되어 있으나 일부만을 선택적으로 지각한다. 선택적 지각이란 모든 자극을 지각하지 않고 필요한 것만을 선택하는 것이다. 지각 과정에서 사물은 모두 동일하게 보이지 않는다. 그림에서 의미 있는 요인은 드러나고 나머지는 배경으로 간과된다. 이러한 경향을 그림-배경의 원리(figure-ground principle)라고 한다. [그림 9-3]에서 흰색의 'HOGS'라는 글씨가 보이면 글씨가 그림이고 주변의 여백은 배경이다. 그러나 이러한 관계가 항상 명확하지는 않다. [그림 9-4]에서 사람에 따라 포도주 잔이거나, 남녀가 마주보고 있는 모습으로 지각한다. 어느 것이 배경이고 어느 것이 그림인지에 따라 상이하다.

그림 9-3 그림-배경(figure-ground)의 예

자료 : D.D. White and D.A. Bednar, *Organizational Behavior*, Allyn and Bacon.inc., 1986, pp. 167-168.

그림 9-4 전도형태·배경형

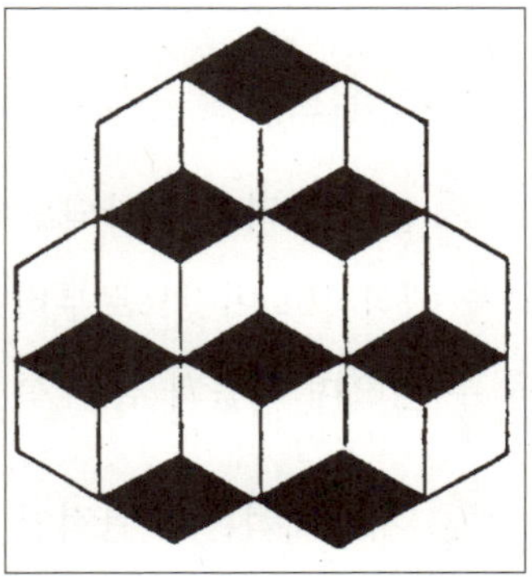

그림 9-5 폐쇄화(closure)의 예

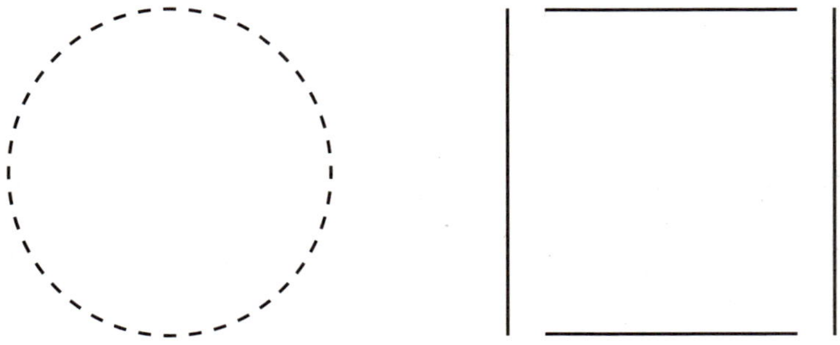

자료: D.D. White and D.A. Bednar, *Organizational Behavior*, Allyn and Bacon, Inc., 1986, pp. 167-168.

(2) 지각형성(perceptual organization)

선택된 지각대상은 의미 있는 그림을 제공하기 위하여 조직화된다. 지각대상은 분리된 자극이나 정보로는 존재하지 못하고 완전한 사물이나 그림으로 조직화된다. 지각대상을 조직화하는 방법은 다음과 같다.

① 집단화: 접근성이나 유사성을 근거로 사물이나 사람을 하나로 묶는 경향이다. 같은 지역에 살거나 같은 유니폼을 입은 사람들을 동일집단으로 지각한다.

② 폐쇄화: 빠뜨린 정보를 채워 넣으려는 경향이다. [그림 9-5]에서 사람들은 끊어진 선의 연결이 아니라 하나의 원이나 사각형으로 이해한다.

③ 단순화: 폐쇄화와는 반대로 눈에 덜 띄는 정보는 제거하는 것이다. 사람들은 정보가 너무 많은 경우 이해 가능하고 중요하다고 생각하는 것만 선택하려 한다.

(3) 지각해석(perceptual interpretation)

자신의 목적에 부합되도록 지각된 세계에 대한 의미를 해석하는 것이다. 자극을 해석하고 이것으로부터 의미를 파악한다. 이 과정에는 다양한 착오가 개입될 수 있으며 다음과 같은 특징을 갖고 있다.

① 지각해석은 주관적인 해석과정이다. 특히 지각된 세계가 자신에게 중요한 내용일수록 해석과정에서 주관적인 요소, 감정이나 편견 등에 의해 영향을

받는다. 합리적인 사람이라도 자신이나 가족과 관련된 것이라면 감정적으로 행동하기 쉽다.

② 지각해석은 판단과정이다. 지각된 세계는 옳다, 그르다, 좋다, 나쁘다 등의 판단적 용어로 표현된다. 호의적인 지각은 즐거움을 주지만, 비호의적인 지각은 방어적 행동을 하게 한다.

③ 지각해석은 쉽게 왜곡될 수 있다. 지각된 세계와 실제세계는 상이하기 때문에 실제세계를 자신의 욕구에 적합하도록 변형시키려 한다. 또한 불쾌한 사건에 대해서는 의미를 왜곡하거나 존재 자체를 부정하려 한다.

4. 타인지각의 원리

타인에 대한 공정하고 정확한 지각은 조직유효성에 영향을 미친다. 그러나 사람들은 타인을 제한적 정보에 의존해서 평가하려는 경향이 있다. 타인을 평가할 때 평가자 및 피평가자의 특성, 평가시의 상황이 공정성과 정확성에 영향을 미친다. 대인지각에 대한 이론으로는 인상형성을 설명하는 인상형성이론, 피평가자의 행동을 설명하는 귀인이론, 정보처리 과정을 설명하는 사회정보처리모형 등이 있다.

(1) 인상형성이론

사람들은 짧은 만남이나 소문, 사진 등을 보고 타인의 특성을 평가하는 경향이 있다. 물론 이후의 추가 정보에 의해 변화될 수 있으나 첫인상에 대한 영향력은 오래 지속된다. 또한 타인에 대한 여러 특징 가운데 일부만을 지각하여 이미지를 형성한다. 타인에 대한 인상형성의 원리를 보여주는 것이 인상형성이론으로 인상을 형성하는 주요 요인은 다음과 같다.

플립(2021)
첫인상은 사물이나 사람에게서 처음 느껴지는 것

① 일관성: 타인에 대한 단편적인 정보들을 통합하여 일관성 있는 인상을 형성한다. 사람은 정직함-불신함, 인색함-자비로움 등 상반된 여러 특질을 동시에 가지고 있음에도 불구하고 어느 한 특징으로 일관되게 지각하려는 경향이 있다. 그리고 비일관성을 최소화하기 위해 정보를 왜곡하거나 재구성하는 것을 인지하지 못한다.

② 중심특질과 주변특질: 인상형성을 위한 평가요소에 중심적 역할을 하는 특질과 주변적 역할을 하는 특질이 있다. 중심특질은 그림이고 주변특질이 배경이다. 사람들은 중심특질로써 타인에 대한 전부를 평가하고자 한다.

③ 합산원리와 평균원리: 인상형성을 위해서는 여러 정보가 혼합되고 합쳐지게 된다. 합산원리는 여러 특질들의 단순한 합이 전체 인상을 형성하는 것이다. 호의적인 정보는 호의적인 인상을 강화하지만 비호의적인 정보는 호의적인 인상을 감소시킨다. 평균원리는 모든 정보의 무게가 같으면 단순평균의 형태로써 인상을 형성하는 것이다. 그러나 정보의 순서에 차이가 있으면 단순평균의 원리가 적용되지 않게 된다. 처음의 정보가 나중의 정보보다 영향력이 높다는 초두성 효과와 반대로 최근의 정보가 영향력이 높다는 신근성 효과가 있다. 초두성 효과는 첫인상이 지속적으로 영향을 미치는 현상이며, 신근성 효과는 인간의 기억력과 관련된다.

(2) 귀인이론

B. Weiner
(1935-)

인간의 행동에는 의도, 동기, 목표가 있기 때문에 이것을 이해하면 행동의 방향을 예측할 수 있다. 타인의 행위를 관찰하여 원인을 이해하고 찾는 과정을 귀인과정(attribution process), 이에 관한 이론을 귀인이론(attribution theory)이라고 한다. 와이너(Weiner)에 의한 귀인이론은 타인 평가의 과정을 설명하는 것으로 특정 사건의 결과로부터 타인의 행동에 대한 원인을 추론한다. 원인의 귀속은 정보가 부족할수록 자주 발생하며, 귀인과정에서 오류나 편견이 나타날 수 있는데 이에 대한 내용은 다음과 같다.

1) 원인의 귀속(내적 귀인과 외적 귀인)

타인의 행위를 보고 원인을 찾는 데에는 능력, 동기, 성격 등과 같은 내적 귀인과 상황적 요인과 같은 외적 귀인이 있다. 높은 직위의 관리자가 야근수당 없이 일을 하면 조직을 위한 노력이라고 생각하지만, 낮은 지위의 근로자는 야근수당을 위해 일한다고 생각한다. 따라서 인간의 행동은 귀인에 의해 호의적이거나 비호의적으로 판단된다.

2) 의도의 귀속

타인의 잘못된 행동이 의도적이었다면 부정적 감정을 가질 수 있으나, 의도적이지 않았다면 부정적 감정의 수준이 낮거나 온정적으로 판단하려 한다.

3) 귀인과정에서의 편견

귀인과정은 다음과 같은 편견에 지배될 수 있으며 이로 인해 오류를 유발할 수 있다.

① 행위자-관찰자(actor-observer) 효과: 자신의 행위는 조직상황 등의 외적 요인으로 귀속시키고 타인의 행위는 성격 등의 내적 요인으로 귀속시키려는 경향이다.

② 자기보호(self-serving) 오류: 자신의 성공은 능력이나 노력과 같은 내재적 요인으로, 실패는 운이나 무능한 동료와 같은 외재적 요인으로 귀속시키려는 경향이다.

4) 켈리(Kelly)의 큐빅모형

평가기준을 합의성, 특이성, 일관성에 맞추어 행동의 원인이 자신에게 있는지, 타인이나 상황, 운 등의 외부에 있는지를 판단하여 귀속시키려는 것이다.

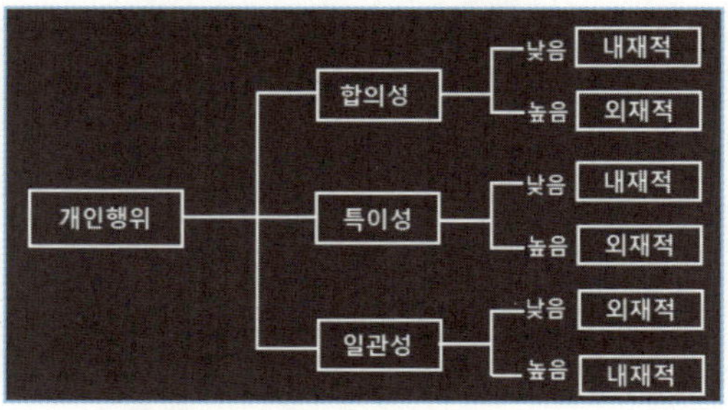

H.H. Kelly(1921-2003)의 cubic model

① 합의성(consensus): 동일한 상황에서 사람들이 동일하게 반응하려는 것으로 합의성이 높으면 외적 귀인을 낮으면 내적 귀인을 한다.

② 특이성(distinctiveness): 다양한 상황에서 상이한 행동을 하는지에 대한 것으로서 특이성이 높으면 외적 귀인을 낮으면 내적 귀인을 한다.

③ 일관성(consistency): 시간을 달리하는 동일한 상황에서 동일한 행동을 하는지에 대한 것으로 일관성이 높으면 내적 귀인을 낮으면 외적 귀인을 한다.

(3) 사회정보처리모형

인간의 정보처리와 평가는 과거에 경험했던 정보들을 기초로 이루어진다는 것에 기초하여 평가자의 지각 및 판단과정에 대해 정교하게 설명하고 있는 이론이 사회정보처리모형(social information processing model)이다. 지각 및 판단과정은 〈표 9-1〉과 같은 연속적인 4단계를 거친다.

표 9-1 정보 처리 단계

1단계	선택적 주의·집중 및 이해
2단계	정보처리, 부호화·단순화
3단계	장기기억에 정보를 저장
4단계	회상 및 평가와 행동

사회정보처리모형에서 평가는 장기기억 내에서의 정보를 도출, 해석, 통합하는 것이다. 이 과정에 영향을 미치는 것이 스키마(schema: 과거의 경험이나 지식을 토대로 새로운 경험을 친숙하게 받아들이는 것)로서, 사람이나 사건에 대한 정보를 경제적이고 간편하게 처리하도록 하는 구조화된 사전 지식이다. 이러한 스키마는 평가자에게 새로운 정보에 대한 접근속도를 높이고 해석을 용이하게 한다. 그러나 왜곡된 지식의 구조화된 틀에 의해 잘못된 평가를 하거나 시대의 변화에 적응하지 못하는 행위를 하기도 한다.

5. 대인지각의 오류

대인지각의 과정에서 개입할 수 있는 오류는 다음과 같다.

(1) 후광효과(halo effect)

특정 분야에서의 호의적이거나 비호의적인 인상이 다른 분야에서의 평가에 영향을 미치는 것이다. 자신이 좋아하는 특징을 가진 지원자는 모든 평가요소를 호의적으로 평가하는 경우이다. 후광효과가 많이 나타나는 상황은 ① 충성심, 협동심, 친절함, 학습의욕 등의 행동적 표현이 불분명하거나 모호한 경우, ② 평가자가 접해 보지 못한 특성일 경우, ③ 도덕적 의미가 포함되어 있는 특성인 경우 등이다.

(2) 상동적 태도(stereotyping)

특정인에 대한 경직된 편견(bias)이다. 현혹효과는 개인적 특성에 근거하지만, 상동적 태도는 그가 속한 사회적 집단(출생지역, 종교, 인종 등)에 따라 판단하는 오류이다. 그가 속한 사회적 집단의 모든 구성원은 공통적인 특성을 지니는 것으로 생각한다.

(3) 주관의 객관화(projection)

자신의 감정이나 특성을 타인에게 귀속 또는 전가시키는 것이다. 공격적이거나 완고한 사람은 타인에게서도 이러한 특성을 쉽게 발견하고 더욱 부정적으로 평가한다. 또 다른 형태는 타인으로부터 자신의 바람직하지 못한 특성을 보는 것이다. 권한위양에 대한 자신의 무능력을 인식하지 못하는 관리자가 상급자에게서 이러한 특성을 발견하면 더욱 민감하게 반응한다.

(4) 기대(expectancy)

자기실현적 예언(self-fulfilling prophecy)이라고 하며 타인이나 사건에 관하여 자신의 기대에 따라 무비판적으로 지각하는 것이다. 두 집단에 대하여 교육을 실시하면서 특정 집단의 구성원이 우수하다고 알려준 후 교육성과를 측정하면 특정 집단이 높게 나타난다. 우수 집단에 대한 사전인지로 강사는 보다 많은 관심과 지도를 하기 때문이다.

(5) 선택적 지각(selective perception)

자신이 관심 있는 일과 정보만을 받아들이려는 것이다. 외부상황이 모호할수록 이러한 경향이 높게 나타난다. 그 결과 과거의 상황에 대한 중요성을 과대평가하거나, 결정된 사항에 대한 정당성을 위해 복잡한 관계를 단순화시키기도 한다.

(6) 지각방어(perceptual defense)

불쾌하거나 위험을 초래하는 자극, 자신의 습관이나 고정관념에 반하는 사건은 회피하여 스스로를 방어하는 것이다. 이미 형성된 자신의 신념이나 태도와 일치하지 않는 사실에 직면하면 그 불일치를 제거하기 위하여 정보를 회피하거나 왜곡시킨다.

(7) 관대화 경향(lenient tendency)

타인에 대한 평가가 사실에 비해 관대하게 이루어지는 것이다. 관대화 경향의 원인은 ① 나쁜 평가결과는 평가자의 지도력 문제라고 볼 것이라는 두려움, ② 평가방법에 대한 지식의 부족, ③ 관찰을 소홀히 하여 피평가자의 특성을 파악하지 못함, ④ 불리한 평가로 인한 감정적 대립을 회피하려 하기 때문이다.

6. 지각오류의 감소방안

평가과정에서 발생하는 지각오류에 완벽하게 대처하기 위한 방법은 없으며 이를 최소화하기 위해 노력하여야 한다. 지각오류를 최소화하기 위한 방법은 다음과 같다.

① 자신이 완벽하지 않음을 이해하고 상동적 태도나 현혹효과 등을 범할 수 있다는 것을 인정한다.

② 지각과정에 주의를 기울여 자극의 선택, 조직화, 해석 등에서 발생하는 오류를 찾아낸다.

③ 감정이입을 통해 상대의 입장이 되어 자신의 아집을 찾아낸다.

④ 개방적 관점에서 새로운 정보를 수용한다. 상대의 새로운 특성을 수용하려고 노력한다.

⑤ 의사소통을 통해 자신의 신념과 일치하지 않는 정보를 찾아보고 자신의 경향성에 문제가 있는지를 분석한다.

⑥ 우연히 발생하는 사건들도 있기 때문에 모든 사건들을 인과관계로 연계시키지 않는다.

제 2 절 커뮤니케이션

1. 커뮤니케이션의 개념

커뮤니케이션이란 사람과 사람, 기계(AI)와 사람, 기계와 기계 사이에서 정보, 의사, 감정 등이 전달되는 과정이다. 또한 개인이나 집단, 조직이 여러 가지 정보를 다른 개인이나 집단, 조직에 전달하는 과정으로도 정의한다. 이러한 커뮤니케이션은 다음과 같은 기능을 수행한다.

신서유기 6(2018)
언어, 몸짓, 그림, 기호 등 다양한 수단을 통해 의사나 감정을 주고받는 것

첫째, 계획화, 조직화, 충원화, 지휘화, 통제화 등의 관리활동이 원활히 이루어지도록 한다. 의사소통이 원활하지 않으면 구성원들의 활동이 서로 독립적이거나 배타적으로 이루어져 조직 차원에서의 목표달성이 어려워진다.

둘째, 정보를 공유하도록 하여 개인이나 조직의 목표를 명확하게 한다. 또한 개인이나 집단들이 무엇을 어떻게 처리하여야 하는지 그리고 업무수행에 대한 결과도 알도록 한다.

셋째, 조직목표와 관련된 사실이나 정보만이 아니라 구성원의 감정과 집단 분위기까지 전달한다.

넷째, 조직에는 지위와 권한계층, 공식적 지침이 존재한다. 이를 통해 구성원들의 행동을 조직의 목표달성을 위한 방향으로 움직이도록 통제한다.

다섯째, 개인과 집단이 합리적인 의사결정을 하도록 한다. 여러 대안을 분석하고 평가하기 위한 자료를 제공하여 의사결정이 원활히 이루어지게 한다.

2. 커뮤니케이션의 과정

커뮤니케이션은 송신자와 수신자 사이에서 이루어진다. 이 과정은 누가, 무엇을, 어떤 방법으로, 누구에게 전달하며 그 효과는 어느 정도인가로 표현할 수 있다. [그림 9-6]은 정보전달 과정을 구성요소별로 나타낸 것이다.

① 정보전달자(sender): 자신의 생각이나 정보, 감정 등을 전달하려는 목적을 갖고 있는 사람으로 집단이나 조직일 수도 있다.

② 생각(idea): 전달하고자 하는 내용으로 자신의 생각이나 정보, 감정 등이다.

③ 부호화(encoding): 전달하고자 하는 내용을 언어, 글씨, 몸짓, 기호 등 특정 형태의 체계화된 메시지로 변환시키는 것이다.

④ 메시지(message): 부호화 과정의 결과로 나타나는 것이다. 언어 및 비언어적 메시지가 있다. 언어적 메시지는 구두메시지와 문서메시지가 있다. 구두메시지는 대화, 전화 등이고, 문서 메시지는 공문, 서류, 사보, 전자우편(e-mail), 전자통신 등

그림 9-6 커뮤니케이션의 과정

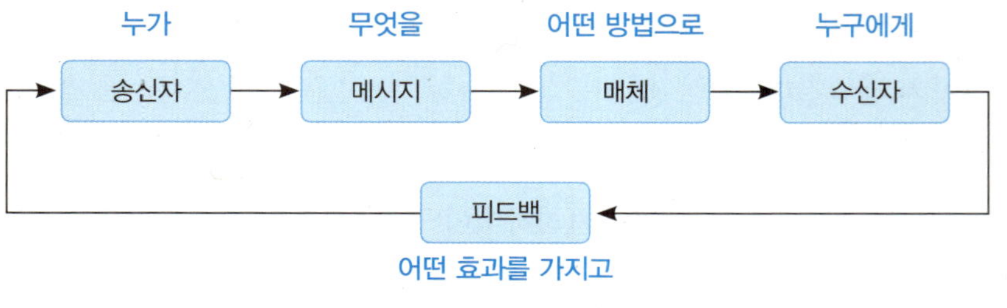

이다. 비언어적 메시지는 표정, 자세, 음성, 몸짓 등으로 때로는 유용하지만 정보를 왜곡시킬 수도 있다. 메시지의 전달매체(medium)의 선정은 수신자의 상황, 시간, 공간 등의 여건을 고려하여야 한다.

⑤ 수신자(receiver): 메시지를 받는 사람으로 집단이나 조직일 수도 있다.

⑥ 지각(perception): 부호화되어 전달된 정보는 수신자에 의해 지각되어야 한다. 지각은 오감(시각, 후각, 청각, 미각, 촉각 등)과 과거의 경험에 의존한다.

⑦ 부호의 해석(decoding): 수신자가 부호화되어 전달된 메시지를 자신의 신념이나 생각, 감정 등으로 변환시키는 과정이다. 메시지에 대한 수신자의 지식, 성격이나 준거의 틀(frame of reference), 송신자와의 관계 등에 따라 해석이 달라질 수도 있다. 수신자는 송신자의 의도에 부합하게 해석하여야 하고, 송신자는 수신자의 특성이나 상황을 고려해야 한다.

⑧ 이해(understanding): 부호화되어 전달된 정보를 해석하여 의미를 이해한다.

⑨ 피드백(feedback): 메시지를 정확하게 수신하고 이해하였다는 송신자에 대한 수신자의 반응이다. 일방적(one way) 커뮤니케이션은 수신자로부터의 피드백이 어렵지만 쌍방적(two way) 커뮤니케이션은 가능하다.

⑩ 방해요인(noise): 커뮤니케이션 과정에서 메시지의 내용이 상이하게 전달되도록 하는 것이다. 방해요인은 커뮤니케이션의 각 단계마다 발생할 수 있다. 송신자의 태도, 가치관, 인식 등은 부호화 과정에서 영향을 미칠 수 있으며, 송신자나 매체 등에 대한 수신자의 태도, 가치관 등은 부호의 해석 과정에 영향을 미칠 수 있다.

3. 대인간 커뮤니케이션 방법

대인간 커뮤니케이션에는 언어적 커뮤니케이션과 비언어적 커뮤니케이션이 있다.

(1) 언어적 커뮤니케이션

구두에 의한 커뮤니케이션은 정보가 수신자에게 직접 전달되고, 중요한 내용은 강조하고, 어려운 부분은 자세히 이해시킬 수 있다. 또한 자신의 의사에 동의하고 이해하는 정도를 언어적 반응, 표정, 몸짓을 통하여 알 수 있다. 그러나 부적절한 용어를 사용하거나 내용에 관한 기록이 없기 때문에 책임의 소재가 불분명할 수 있다.

또한 문서에 의한 커뮤니케이션은 정보전달이 정확하고, 수신자가 내용을 검토할 수 있으며 기록을 보존할 수 있다. 그러나 문서작성에 시간이 걸리며, 송신자의 표현능력과 수신자의 이해능력에 따라 영향을 받을 수 있다.

브루스 올마이티(2003)
언어의 효과를 더하기 위하여 하는 몸짓이나 손짓

(2) 비언어적 커뮤니케이션

표정, 눈빛, 몸짓 등과 같은 신체적 표현이나, 음성의 크기, 속도, 억양 등의 준언어적 표현방법이 있다. 또한 사무실의 크기, 가구의 배치, 대기시간, 의상의 형태 등 공간이나 거리 등으로도 표현된다.

제 3 절 커뮤니케이션의 유형

1. 커뮤니케이션 네트워크

(1) 커뮤니케이션 네트워크의 유형

커뮤니케이션 네트워크는 정보의 내용이나 흐름에 영향을 미치며 조직구조, 조직분위기, 조직문화 등에 의해 영향을 받기도 한다. 커뮤니케이션 네트워크의 유형은 다음과 같다.

① 원형(circle): 서열이나 지위가 비슷한 구성원들이 동등한 입장에서 정보를 공유하는 형태이다. 위원회(committee)나 태스크포스팀(task force team)은 리더가 있지만 자유스러운 분위기에서 정보공유가 이루어진다.

② 바퀴형(wheel): 구성원들 간의 정보공유는 허용되지 않으며, 모든 정보의 전달은 중심에 있는 리더에게 집중되는 형태이다. 여러 작업자가 한 사람의 감독자에게만 보고하는 형태이다.

③ 연쇄형(chain): 서열이나 지위에 의해서 수직적 경로를 통해 정보가 전달되는 형태이다. 경영자의 의사결정이 순차적인 업무지시에 의해 현장으로 전달되는 형태이다.

④ Y자형: 한 사람의 리더가 중심역할을 하여 상위집단과 하위집단을 연결하는 것으로 라인과 스탭의 혼합조직에서 볼 수 있다.

⑤ 완전연결형(all channel): 공식적인 리더가 없이 모든 구성원들이 자유롭게 정보를 공유하는 형태이다.

(2) 커뮤니케이션 네트워크의 평가

〈표 9-2〉는 커뮤니케이션 네트워크의 유형에 따라 평가한 결과이다. 신속성을 요구하는 조직에서는 바퀴형과 완전연결형이 바람직하며, 정확성에서 원형은 적합하지 않다. 리더의 존재가 필요할 때에는 바퀴형이 효과적이며, 구성원들의 만족도에 관심이 있다면 원형이나 완전연결형이 적합하다.

표 9-2 커뮤니케이션 네트워크 유형의 평가

평가기준	커뮤니케이션 네트워크 유형				
	원형	바퀴형	연쇄형	Y형	완전연결형
커뮤니케이션 신속성	느림	빠름	중간	중간	빠름
커뮤니케이션 정확성	낮음	높음	높음	높음	중간
리더의 출현 가능성	거의 없음	높음	중간	중간	없음
구성원들의 만족감	높음	낮음	중간	중간	높음

2. 커뮤니케이션의 유형

(1) 공식적 커뮤니케이션

공식적 커뮤니케이션(formal communication)은 조직이 정해 놓은 경로와 방법, 절차에 의해서 이루어진다([그림 9-7] 참조).

1) 하향적 커뮤니케이션(downward communication)

정보가 조직의 상위계층에서 하위계층으로 전달되는 형태로서 업무 관련 지시의 경우이다. 명령이나 지시, 안내방송, 규칙과 절차, 포스터, 공지사항 등이 있다. 그러나 조직계층이 길고 규모가 클수록 정보전달 과정에서 내용이 바뀌거나 왜곡될 수 있다.

2) 상향적 커뮤니케이션(upward communication)

정보가 하위계층에서 상위계층으로 전달되는 것으로 업무 보고의 경우이다. 집단회의, 제안함, 고충처리 절차, 상담실 운영 등이 있다. 그러나 하위자가 자신에게 유리한 정보만을 전달하고 불리한 정보는 삭제하거나 축소시킬 수 있어 정확성에 대한 문제가 있다. 또한 상위자에 대한 신뢰도가 낮거나 자신의 인사

그림 9-7 커뮤니케이션의 방향

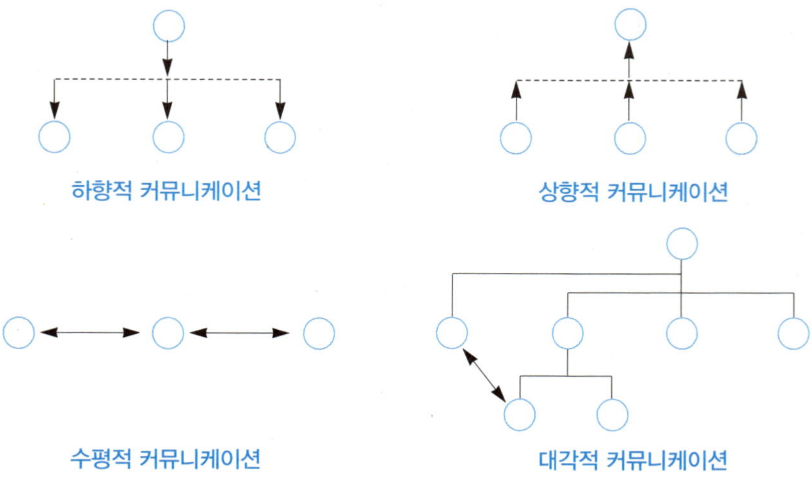

평가에 영향을 미치는 상황에서 정보는 전달과정에서 왜곡될 수 있다.

3) 수평적 커뮤니케이션(horizontal communication)

정보가 업무상 또는 부서간 협조를 필요로 하는 사람들끼리 전달되는 것으로 업무의 중복이나 갈등을 예방할 수 있다. 자유스럽고 개방적으로 정보가 전달되고 정확성이 높다. 그러나 자기 부서의 이익을 생각하고 경쟁의식을 유발하여 정보를 소극적으로 전달하기도 한다.

4) 대각적 커뮤니케이션(diagonal communication)

정보가 다양한 기능과 조직계층을 가로질러 전달되는 것으로 정상적인 명령체계가 아니라 필요에 의해 이루어진다. 시간과 비용을 절감시킬 수 있다.

(2) 비공식적 커뮤니케이션

비공식적 커뮤니케이션(informal communication)은 인간의 욕구충족을 위해 자생적으로 조성된 비공식조직에서 정보가 전달되는 것으로 그레이프바인(grapevine)이라고 한다. 정보의 확산속도가 빨라 근거 없는 정보의 통제가 어렵고, 정보의 출처와 흐름의 방향이 없기 때문에 책임소재가 불분명하다. 그러나 신속한 반응을 요구하는 정보에 효과적이며, 공식적 커뮤니케이션으로 전달되기 어려운 정보를 전달 가능하게 한다. 특히 자신과 관련되고 중요한 정보, 불안하고 애매한 상태의 정보는 대부분 이를 통해 전달된다.

제 4 절 커뮤니케이션 장애요인

1. 송신자와 관련된 요인

① 매체의 선택: 매체는 커뮤니케이션의 목적에 따라 달라져야 한다. 지침이나 공시, 정책변경 등 모든 구성원들에게 전달해야 하는 정보는 서면매체가 효과적이

그림 9-8 효율적인 매체 선택

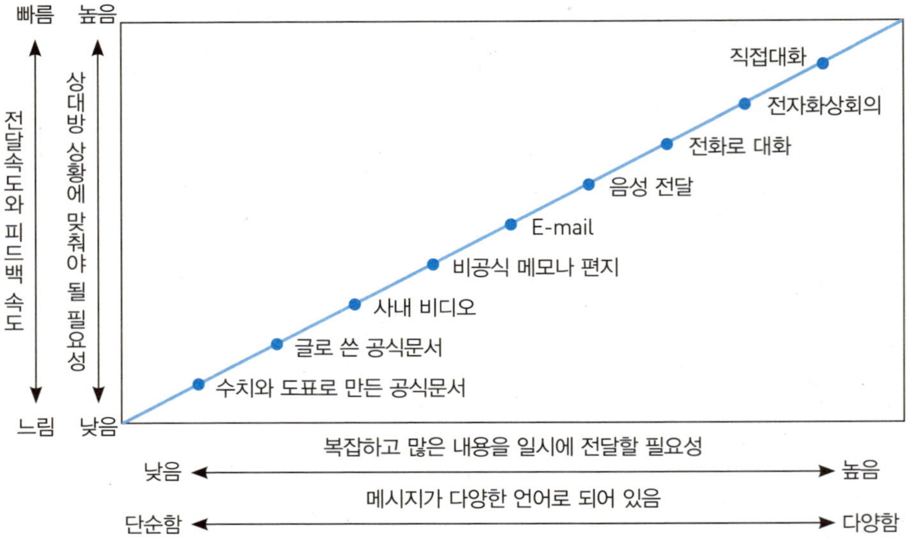

자료: 임창희, 『조직행동론』, 2014, 334면.

다. 즉각적인 반응이나 타인과의 상담이 필요한 경우, 대인간 갈등적 상황에서는 구두매체가 효과적이다. 또한 중요한 정보는 두 가지 매체를 동시에 사용하는 것이 효과적이다. [그림 9-8]은 상황에 따른 효과적인 매체를 나타내고 있다.

② 커뮤니케이션의 목적: 정확한 정보 전달을 위해서 송신자는 확고한 목표의식을 갖고 있어야 한다. 목표가 정확하지 않으면 수신자는 메시지의 내용을 정확히 이해하지 못해 혼란이 야기된다.

③ 신뢰성: 송신자의 신뢰는 신용, 전문지식, 행동특성 등에 영향을 받는다. 송신자가 정보에 대한 전문지식이 있으면 신뢰도는 증가하며, 송신자의 신뢰도는 커뮤니케이션에 영향을 미친다.

④ 커뮤니케이션 기술: 송신자는 전달하고자 하는 정보를 정확하게 정리하고 적절한 메시지로 변환시켜야 한다. 수신자가 이해할 수 있는 언어, 문자, 몸짓 등을 적절하게 선택하여야 한다.

⑤ 비공식 네트워크: 신속하게 전달하거나 직접 전달하기 어려운 정보는 비공식

네트워크를 사용하는 것이 좋다. 상부의 지시, 전달사항의 이행, 분위기 파악 등에 효과적이다. 그러나 오해의 가능성이 있으며 정당하지 않은 목적으로 활용하면 부정적 결과가 발생할 수 있다.

2. 수신자와 관련된 요인

① 평가적 경향과 선택적 지각: 평가적 경향은 수신자가 송신자로부터 메시지를 전부 전달받기 전에 평가하는 것이다. 선택적 지각은 수신자의 과거 경험이나 욕구 등에 의하여 자신에게 필요한 메시지만을 선택하는 것이다. 자신의 준거틀이나 신념과 일치하면 수용하고 모순이면 부정하거나 왜곡시킨다. 수신자가 이러한 반응을 보이면 송신자는 방어적이거나 공격적 태도로 돌변한다.

② 반응적 피드백: 무반응은 수신자가 송신자에게 관심이 없다는 의미이고, 부적절한 반응은 송신자의 감정을 침해하는 것이라고 할 수 있다. 효과적인 커뮤니케이션은 수신자가 청취자가 되는 것이다. 송신자의 말을 차단하지 않고 반응적 피드백을 적극 활용한다.

② 기타 요인: 수신자의 집중력 부족, 산만한 태도, 이해 부족과 같은 정신적인 능력과 육체적 피로 등이다.

3. 송신자와 수신자 관련 요인

① 지위의 차이: 지위의 차이가 클수록 관점과 지각의 차이가 발생한다.

② 의미의 차이: 동일한 정보나 단어도 송신자와 수신자가 상이하게 해석할 수 있다. 사용자에게 임금은 급여와 상여금, 복리후생비 등을 포함하지만 근로자는 급여만을 생각한다.

③ 피드백: 피드백은 메시지가 정확하게 도달되었는지를 알려 준다. 구두적 커뮤니케이션이나 쌍방적 커뮤니케이션은 피드백이 원활하게 이루어진다. 피드백을 위해서는 수신자의 감정이나 정서상태, 학력, 피로도 등을 고려한다.

④ 감정의 억제: 비정상적인 감정상태에서 이성적인 대화는 어렵다. 감정이 안정될 때까지 기다리는 것이 좋지만 감정을 억누르는 것이 좋은 것만은 아니다. 협조

를 구하기 위해 감정을 강하게 실어서 송·수신하는 것도 좋다.

4. 상황과 관련된 요인

① 잡음: 구두로 전달되는 상황에서 소음은 중요한 장애요인이다.

② 정보의 과중: 수신자의 능력을 초월한 과중한 메시지는 내용을 부호화하고 해독하는 과정에서 정확성을 기하기 어렵다.

③ 시간의 압박: 시간의 제약은 핵심정보의 전달과 메시지의 정확성을 저해한다.

④ 분위기: 신뢰적이고 개방적인 분위기에서 수신자는 정보의 내용이 불충분해도 호의적이지만 불신적 상황에서는 부정적으로 왜곡하기 쉽다.

제 5 절 설득적 커뮤니케이션

설득(1997)
타인이 자신의 뜻을 따르도록 깨우쳐 말하는 것

설득(persuasive)이란 언어를 통해 자신의 목표를 달성하기 위하여 상대에게 의도된 행동을 유발시키는 것이다. 설득적 커뮤니케이션은 의사소통을 통해 특정 개인이나 집단의 의견, 태도, 행동 등을 자신이 원하는 방향으로 변형시키는 것이다. 또한 이를 통해 그들이 원하는 목적을 달성할 수 있다고 확신시키는 것이다.

1. 설득커뮤니케이션의 방법

(1) 송신자의 활용방법

설득효과를 높이기 위해 송신자를 활용하는 방법은 다음과 같다.

① 전문성과 신뢰성: 설득과정에서 송신자의 전문성과 신뢰성은 중요하다. 전문성과 신뢰성이 인정된 사람을 선정한다.

② 매력: 매력은 신체적 매력과 심리적 매력이 있다. 신체적 매력은 관찰이 용이하지만, 심리적 매력은 복합적 요인으로 친근감, 유사성, 애호감 등이다.

③ 카리스마: 권력적 영향력이나 지도력 등으로 위엄을 가지고 타인을 리드하거나 설득시킬 수 있는 능력이다.

(2) 메시지

메시지 내용이 수신자의 신념과 일치하면 수용이 용이하다. 메시지를 효율적으로 전달하기 위해 다음과 같은 방식이 활용된다.

① 메시지 주장: 긍정적인 면을 강조하는 일면적 메시지와, 긍정적이며 부정적인 면을 동시에 제시하는 양면적 메시지가 있다. 일면적 메시지는 수신자가 정보원의 주장에 호의적이며 반대할 이유가 없고 교육수준이 낮을 때 효과적이다. 반면 양면적 메시지는 이와 반대인 경우이다.

② 결론의 제시: 메시지에 명확한 결론을 제시하는 명시적 결론과 스스로 결론을 도출하도록 하는 암시적 결론이 있다. 수신자의 즉각적인 반응이 필요하면 명시적 결론이며, 반복노출을 통해 스스로 결론을 도출할 수 있는 기회를 제공하려 한다면 암시적 결론이 효과적이다.

③ 초두성과 신근성 효과: 처음과 마지막에 제시한 메시지의 기억효과가 높다. 핵심내용을 첫 부분에 제시하는 것이 초두성 효과이고 마지막에 제시하는 것이 신근성 효과이다.

④ 위협과 공포 커뮤니케이션: 신체적, 심리적, 사회적 위협과 관련된 공포소구는 수신자의 불안이나 두려움을 향상시켜 설득효과가 높다. 그러나 지나치게 강한 공포심은 수신자의 방어반응으로 설득효과가 감소한다. 공포소구의 효과는 정보원의 신뢰도이며 강한 공포에 대한 해결책이 동시에 제시되어야 한다.

⑤ 설득단계: 처음에는 적은 요청을 하고 서서히 강도를 높여 많은 요청을 하면 메시지의 수용 가능성이 높아진다. 이것을 단계적 요청기법 또는 문간에 발 들여놓

기(foot-in-the-door technique)라고 한다. 작은 요청에 동의하면 그 문제에 개입한 상태이기 때문에 이후의 요청에 동의할 가능성이 높아지는 것이다. 반대로 처음에 수용되기 어려운 커다란 요청을 하고 이것이 거절된 후에 작은 요청을 하여 받아들이게 한다. 이것을 역단계적 요청기법 또는 문간에 머리 들이밀기(door-in-the-face technique)라고 한다. 처음에 큰 요청을 거절하면 이에 대한 미안함으로 이후의 작은 요청은 수용할 가능성이 높아지는 것이다.

⑥ 감성소구의 활용: 감성소구는 정서나 감정을 자극하여 관심이나 행동을 유발시키려는 것이다. 이를 위해서 긍정적 감성(positive appeal)과 부정적 감성(negative appeal)을 이용한다. 긍정적 감성소구는 인정, 사랑, 우정, 즐거움, 아름다움 등을 반영하는 것이며, 부정적 감성소구는 공포, 죄책감, 두려움 등을 강조하는 것이다. 합리적 판단으로 설득시키기 어려울 때 효과적일 수 있다.

2. 설득에 대한 저항

설득적 커뮤니케이션이 언제나 성공하는 것은 아니다. 수신자의 의견을 더욱 견고하게 하거나 저항하기도 한다. 설득적 커뮤니케이션에 대한 저항은 다음과 같다.

(1) 면역효과

지속적으로 설득을 받게 되면 저항이 증가한다. 이것을 면역효과(immunizing effectiveness)라고 하며, 면역효과가 발생하면 설득에 저항하고 기존의 태도를 유지하려 한다. 따라서 설득은 일시에 강하게 이루어져야 한다.

(2) 심리적 저항

설득이 행동의 자유를 억압하려 한다고 생각하면 심리적 반발과 더불어 위협당한 자유를 회복하기 위한 행동을 하게 되는데, 이를 심리적 저항(psychological reactance)이라고 한다. 설득은 본질적으로 일정 부분 상대의 자유를 위협하며, 이러한 위협에 대해 상대는 심리적으로 저항한다. 심리적 저항을 결정하는 상황요인은 다음과 같다.

① 메시지의 위협 강도가 높을수록 증가한다.

② 위협받는 자유가 중요하거나 위협받는 자유의 범위가 커질수록 증가한다.

또한 심리적 저항은 수신자의 특성에 따라 상이하며 다음과 같은 사람에게서 나타난다.

① 자기결단력이 높은 사람, 특히 자존심과 권위의식이 강한 사람에게서 크게 나타난다.

② 의사결정에 대한 정보를 충분히 갖고 있다고 생각하는 사람에게서 크게 나타난다.

③ 자기집단이 의도적으로 공격당하고 있다고 생각하면 집단적인 심리적 저항이 발생한다. 흡수 통합된다고 생각하는 집단을 설득하려는 경우이다.

심리적 저항의 결과는 다음과 같다.

① 설득 메시지를 무시한다.

② 메시지를 전달하는 정보원을 평가절하한다.

③ 자유가 침해된 행동 대신 다른 행동을 함으로써 자기통제력과 자기결정권에 대한 복원을 시도한다.

④ 부메랑 효과(boomerang effect)가 발생한다. 자유가 위협당하면 이를 복원하기 위한 행동을 더욱 강하게 한다. 부메랑 효과가 발생하면 수신자의 태도나 의견을 변화시킬 수 없고, 오히려 송신자의 의도와는 반대의 행동을 강화하게 된다.

3. 설득커뮤니케이션의 유의사항

송신자의 메시지를 수신자가 거부하면 태도변화는 없으며 오히려 기존의 성향을 강화시킬 수 있다. 설득적 커뮤니케이션의 효과를 위해서는 다음과 같은 요인에 주의하여야 한다.

① 수신자의 주의를 끌어야 한다.

② 메시지가 혼동되지 않고 이해될 수 있어야 한다.

③ 설득을 위해 제시된 아이디어가 수신자에게 의미가 있어야 한다.

④ 수신자가 충분한 시간을 갖고 정보의 내용을 습득해야 한다.

⑤ 효율적인 전달방법을 채택하고 수신자의 특성을 고려해야 한다.

⑥ 송신자의 신뢰성을 유지하고 수신자와의 피드백을 증대시켜야 한다.

⑦ 수신자는 적극적인 경청을 해야 하고, 선택적이고 평가적인 경청은 삼가야 한다.

⑧ 편견이나 개인특성, 의미의 왜곡을 최소화하기 위해 메시지에 대한 정보원의 중요성을 강조한다.

⑨ 메시지의 내용이 복잡하지 않아야 한다.

연구과제

1. 타인을 평가하는 과정에 개입할 수 있는 오류에 대하여 설명하시오.
2. 지각에 영향을 미치는 요인에 대하여 설명하시오.
3. 지각과 실제행동 사이의 관계에 대하여 설명하시오.
4. 인상형성이론과 귀인이론을 설명하시오.
5. 대인지각의 오류를 설명하시오.
6. 커뮤니케이션의 의의와 기능에 대하여 설명하시오.
7. 커뮤니케이션의 과정을 구체적으로 설명하시오.
8. 커뮤니케이션의 네트워크를 유형별로 구분하여 설명하시오.
9. 커뮤니케이션의 장애요인과 해결방안에 대하여 설명하시오.

Chapter 10

집단의사결정

제 1 절 의사결정의 개념과 유형

1.의사결정의 개념

의사결정(decision making)이란 문제해결을 위하여 가능한 대안을 설정하고 분석하여 가장 적합한 대안을 선택하는 것이다. 따라서 모든 분야에서의 계획, 조직, 통제 등에 대한 관리지침은 의사결정을 통해 구체화된다. 의사결정 과정은 다음과 같다.

작전(2009)
집단이 활동을 위한 방침을 결정하는 것

먼저 합리적인 의사결정을 위해서는 해결해야 할 문제를 확인한다. 다음으로 문제와 관련된 정보를 수집하고 분석하여 해결 가능한 대안을 설정한다. 대안을 분석하기 위한 기준을 설정하고 각 대안에 따른 긍정적 결과와 부정적 결과를 기준에 따라 평가한다. 평가결과에 따라 가장 적합한 대안을 선택하고 실행할 수 있는 계획을 수립한다. 이러한 과정에서 중요한 것은 문제해결을 위해 최적의 방법을 탐색하였으며, 의사결정에 구성원들의 합의가 되었는가 하는 것이다. 의사결정의 특징은 다음과 같다.

① 의사결정에서 가장 중요한 평가기준은 질적 수준이다. 의사결정은 조직활동과 미래의 계획을 결정하는 것으로 조직성과에 직접적인 영향을 미친다. 사업확장, 해외진출, 경쟁기업에 대한 대처 등에 대한 실패는 잘못된 의사결정에 따른 결과이다.

② 의사결정은 조직활동을 규정하고 방향을 제시하기 때문에 조직성과에 대한 직접적 원인은 아니다. 의사결정을 통해 구체화된 조직활동은 구성원의 업무수행에 의해 실현된다. 따라서 의사결정의 실천을 위해서는 구성원의 합의가 요구된다. 합리적이고 미래지향적 의사결정이라도 구성원의 참여 없이는 의미가 없다.

2. 의사결정의 유형

(1) 주체에 따른 분류

의사결정이 이루어지는 주체에 따라서 분류한 것이다.

1) 개인적 의사결정

이것은 ① 개인적인 문제나 업무를 분석하고 판단하는 과정을 거쳐 처리하는 경우, ② 조직과 관련된 문제를 개인적으로 처리하는 경우이다. 의사결정은 개인적 가치관, 성격, 문제의 특성 등에 의해 달라진다.

2) 집단적 의사결정

일반적으로 의사결정은 개인보다 조직의 위계구조나 관리집단을 통해 이루어진다. 집단적 의사결정은 전문가들이 다양한 자료와 정보를 기초로 선택 가능한 대안들을 검토하고 문제를 해결하는 것이다. 따라서 ① 개인적 의사결정으로 인한 독단성을 극복할 수 있고, ② 다양한 의견수렴이 가능하며, ③ 협력을 구하기가 용이하다. 그러나 ① 많은 시간이 필요하고 중심인물에 의해 이루어질 가능성이 있으며, ② 이에 따라 사전결정에 의해 의사결정이 왜곡될 수 있고, ③ 책임 당사자가 없다는 문제가 있다.

3) 조직적 의사결정

조직의 관리과정을 통하여 이루어지는 의사결정으로 조직형태와 관련이 있다. 집권조직은 상부에서 의사결정 권한을 행사하며, 분권조직은 하부의 각 부문에서 권한의 일부를 행사하는 것이다.

(2) 과정에 따른 분류

의사결정의 내용이 반복적이고 예측 가능성에 따른 분류이다.

1) 정형적 의사결정

반복적인 문제에 대한 의사결정이다. 규범화된 절차, 규정, 지침에 따라 규칙적으로 이루어진다. 안정된 상황에서 관행적으로 이루어지는 구조화된 의사결정이다.

2) 비정형적 의사결정

불규칙하고 동태적인 업무상황에서 관례나 절차 없이 이루어진다. 불확실한 상황에서 충분한 시간과 자료 없이 의사결정자의 직관과 판단에 의존한다. 최고경영자의 의사결정이 대표적이다.

(3) 계층에 따른 분류

조직계층에 따라 이루어지는 의사결정이다.

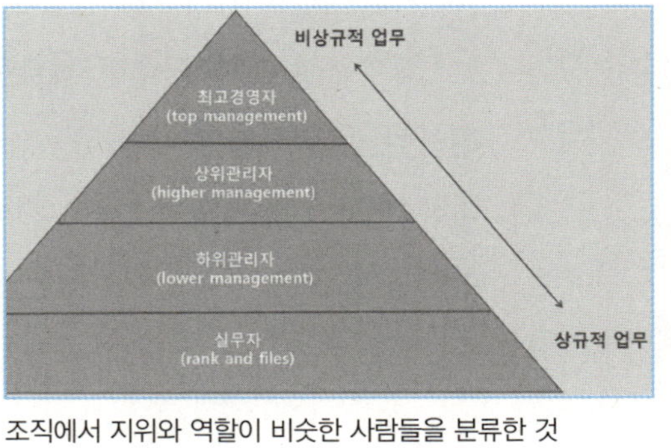

조직에서 지위와 역할이 비슷한 사람들을 분류한 것

1) 업무적 의사결정

일선감독층에서 이루어지는 정형적 의사결정이다. 현장의 직능적 업무에 대한 것으로 생산성과 능률의 극대화에 목적이 있다. 자원분배, 공정계획, 물량조달계획 등 부문의 기본 업무활동에 관한 것이다.

2) 관리적 의사결정

중간경영층에서 이루어지는 의사결정이다. 관리계층에서 발생하는 구조적 또는 비구조적 문제에 대한 판단기능으로 통합적 의사결정이라고도 한다. 권한과 책임, 작업과 정보의 흐름 등과 같은 구조적 활동에 관한 업무와 교육훈련, 자금조달, 시설 및 설비투자 등에 관한 것이다.

3) 전략적 의사결정

최고경영층에서 이루어지는 비정형적 의사결정이다. 신제품 개발, 장기투자계획과 같이 조직의 전체적인 방향이나 비전 설정에 목적이 있다. 다각화전략, 성장 및 확대전략, 재무전략 등에 대한 것이다.

(4) 불확실성에 따른 분류

상황에 따라 이루어지는 의사결정이다.

1) 확실한 상황 하의 의사결정

직면한 문제와 대처방안, 이에 따른 결과를 알고 있는 상태에서 이루어지는 것이다. 규칙적이고 외부의 영향요인이 낮기 때문에 실패확률이 적다. 정형적이고 일상적 의사결정으로 조직의 하위계층에서 이루어진다.

2) 위험 하의 의사결정

의사결정 결과에 대한 정보를 가지고 있으나 모든 상황을 파악하기에는 부족하여 실패 가능성이 있다. 문제에 대한 개괄적인 지식은 있지만 대응방안에 대한 결과가 명확하지 않다. 신제품 개발이나 중간규모의 투자계획, 해외진출, 합작사업, 조직개편 등에 대한 것이다.

3) 불확실성 하의 의사결정

자료도 부족하고 신뢰성도 없으며 상황이 매우 유동적인 경우이다. 자신의 경험과 직관, 소신과 같은 주관적 판단에 따른다. 대규모의 투자, 업종의 다각화, 시장변화에 따른 조직혁신 등에 대한 것이다.

(5) 권한의 분산에 따른 분류

권한의 행사에 따른 분류이다.

1) 집권적 의사결정

조직구조, 관리규정, 리더십 유형 등의 원인으로 최고경영층에 의해 이루어지는 것이다. 대처가 신속하고 결과에 따른 책임소재가 명확하다. 그러나 합의나 협력이 어려우며 문제에 대한 현실적 분석과 대응보다는 지시에 의해 진행된다.

2) 분권적 의사결정

하위부문의 자율적인 권한과 책임 하에 이루어지는 것이다. 구성원의 사기향상과 부문의 환경적응 능력이 높다. 그러나 전체적인 계획과 통제가 어렵고 신속성이 저하된다. 따라서 기획이나 장기전략 등은 집권화하고 일반적 관리사항은 분권화하는 것이 바람직하다.

제 2 절 집단의사결정의 특성

1. 집단의사결정의 특성

집단의사결정은 다양한 전문지식을 활용할 수 있고, 문제의 분석과 판단은 합의과정을 통해 객관적으로 이루어진다. 그러나 집단에 실력자가 존재하면 그의 의견과 지침을 합리화시키는 수단으로 이용될 수 있다. 또한 다수가 참여함으로써 확신이나 신념보다는 상호간의 이해관계를 조정하는 수준에서 결정할 수 있다. 이러한 집단의사결정의 특성은 다음과 같다.

① 정확성: 많은 시간이 소요되지만 오류의 가능성이 적다. 이를 위해서는 개방적인 조직문화와 이를 지원하는 최고경영자의 의지가 있어야 한다. 구성원 간에 대립적 요소가 있거나 지위상 신분관계로 인해 개방적인 논의가 불가능하면 개인의 독립적 의사 표현이 어렵고 문제에 대한 논의는 불가능하다.

② 문제해결: 집단은 복수의 집합체로서 경험, 아이디어, 비판적인 평가능력을 갖고 있다. 따라서 문제의 인식, 접근방법, 문제 해결에 효율적이다. 그러나 문제의 성격에 따라 의사결정 방식에 대한 효과는 상이하다.

③ 위험 부담: 개인적 의사결정은 책임소재가 명확하기 때문에 위험도 수용한다. 그러나 집단의사결정은 책임소재가 분산되고 다수의 의견을 충족시키는 원만한 방향에서 결정될 가능성이 있다.

2. 집단사고

I. Janis
(1918 – 1990)

집단의사결정의 부정적 결과로서 책임회피, 동조현상, 집단전염, 집단공포심의 조성, 집단사고 등이 있다. 재니스(Janis)는 합리적인 집단의사결정을 저해하는 중요한 요인은 집단사고라고 하였다. 집단사고는 토론이나 논쟁에 의해 결정하기보다는 한 방향으로 쉽게 의견의 일치를 보이는 현상으로 응집력이 높은 집단에서 합의에 대한 요구가 높아 현실적인 다른 대안의 모색을 방해하는 것이다. 집단압력으로 인해 현실에 대한 검토가 어려워 도덕적 판단이 흐려지는 것이다. 그는 집단사고의 선행조건과 이에 따른 증상 및 역기능을 다음과 같이 제시하고 있다.

1) 집단사고의 선행조건

집단사고는 다음과 같은 여건에서 발생할 수 있다.

① 집단응집력: 구성원들의 높은 체류의식, 직무만족, 조직몰입 등

② 집단구조의 결함: 비민주적인 지시적 리더십, 외부로부터의 고립, 토의절차의 부재, 구성원들의 다양한 사회적 배경과 이질성

③ 상황적 요인: 외부위협으로 인한 높은 스트레스, 효율적인 의사결정을 위한 노력 부재, 일시적인 자존감 저하

2) 집단사고의 증상

① 집단역량 과대평가: 취약성이 없다는 낙관적 착각과 자기집단에 대한 도덕적 착각

② 폐쇄적 고집: 집단적 자기합리화와 외집단에 대한 고정관념

③ 획일성 추구: 대안 제시에 대한 낮은 의욕, 만장일치가 최선이라는 착각, 반대자에 대한 압력, 지시나 규범에 대한 순종 요구

3) 집단사고의 역기능

① 대안에 대한 불완전한 탐색

② 목표에 대한 불완전한 탐색

③ 선호하는 대안에 대한 잠재적 위험성 간과

④ 초기에 기각된 대안에 대한 재평가 결여

⑤ 빈약한 정보 탐색

⑥ 유리한 정보만을 선택

⑦ 상황 대응계획의 수립 부재

3. 동조현상과 집단극화

집단사고 증상은 개인적 요소보다 집단역학적 요소가 많이 작용한다. 이로 인해 부정적 결과들이 발생하며 집단압력에 의한 동조현상과 집단극화 현상이 주요 원인이다.

(1) 동조현상(conformity)

P. Hearst(1954 -)
스톡홀름 증후군은 인질이 인질범에 동화되어 그들의 편을 드는 현상

집단압력으로 자신의 행동과 사고를 집단의 요구에 적합화시키는 것이다. 이로 인해 명시적인 압력이 없더라도 집단으로부터 도태되지 않기 위해 집단의 의견이나 규범에 따르게 되는 집단주의 문화가 나타난다. 그러나 만장일치가 아니라 개인의 의견이 인정되면 합리적 판단이 가능하고, 특히 익명성이 보장되면 동조현상은 약화된다.

(2) 집단극화(group polarization)

J. Stoner(집단극화, 1961)
집단의 의사결정이 개개인의 평균치보다 극단으로 치우치게 되는 현상

구성원들이 처음에 가지고 있던 견해의 평균반응이 집단논의 이후에 극단적으로 치우치게 되는 현상이다. 보수적 태도의 개인이 집단토론을 거치면서 보수적 성향이 더욱 강화되는 것이다. 집단의사결정은 개인의 의견을 극단적으로 강화하는 기능을 한다.

(3) 동조현상과 집단극화의 원인

동조현상과 집단극화의 원인은 설득 주장 이론과 사회적 비교이론에 의해 설명할 수 있다.

① 설득 주장 이론: 토의 진행 과정에서 정보를 지각하는 것이다. 토의과정에서 선호하는 의견이 나오면 구성원들의 태도도 변화한다. 타인으로부터 습득한 정보를 진실이라고 받아들이는 경향이 있기 때문이다.

② 사회적 비교이론(규범적 영향): 토의과정에서 내적으로 타인과 비교하여 자신의 견해가 정확한지 평가하고 집단 내에서 호의적인 인상을 유지하려 하는 것이다. 사람들은 자신의 견해가 사회적으로 바람직하다는 평가를 받고자 한다. 이를 위해

타인의 의견을 들은 후에 자신의 견해가 사회적으로 적합한지, 자신의 견해를 보다 극단으로 표현해야 하는지를 결정한다. 이 과정에서 자신의 의견을 변화시키고 의사결정의 왜곡이 발생한다.

4. 집단사고의 최소화

집단사고는 합리적 의사결정에 부정적 결과를 초래할 수 있다. 따라서 이를 최소화하기 위한 방안은 다음과 같다.

① 다양한 사고를 가진 사람들로 의사결정 집단을 구성한다.

② 타인의 영향을 받지 않고 자신의 의견을 제시하여 합리적 대안을 도출한다.

③ 다양한 제안에 대해 자유롭게 비판할 수 있는 분위기를 조성한다.

④ 동일한 문제를 다수의 소집단에서 토론한다. 최종 결정을 위해 타 부서나 외부 전문가의 조언을 구한다.

⑤ 악마의 대변자(devil's advocates)를 활용하여 다수의 의견에 반론을 제시하는 사람을 참여시킨다.

제 3 절 의사결정의 행동모형

인간의 신념·태도·행동 등은 상이하며, 활용할 수 있는 자원·정보·시간 등은 제한적이고, 미래에 대한 불확실성 등이 작용하여 다양한 의사결정 행동을 보이게 된다. 대표적인 의사결정 행동모형은 다음과 같다.

1. 합리적 모형

의사결정은 의사결정자의 합리적 판단과 분석에 의해 이루어진다는 것이다. 대체안과 이에 따른 결과에 대한 지식을 바탕으로 최적의 의사결정을 한다. 또한 의사결정자는 이익을 극대화하고 비용을 최소화하는 경제적 목적에 따라 합리적 결정을 내린다.

이 모형은 의사결정자를 합리적 사고의 소유자, 합리적 행동주체로 보기 때문에 규범적 모형이라고도 한다. 여기에서 제시하는 합리성은 경제적 요인이며 인간은 경제인으로서 최선의 의사결정을 지향한다고 본다. 과학적 관리나 OR 등의 합리적 모형에 해당된다.

2. 만족화 모형

경제적 모형이 지나치게 의사결정자를 합리적인 판단 주체로 설정하고 있다고 비판하면서 현실적인 인간관에 입각한 만족모형이 제시되었다. 경제적 모형에 의한 합리적 의사결정은 제한된 시간과 능력, 정보의 한계로 인해 불가능하다고 본다. 따라서 주어진 상황에서 가능한 제한된 의사결정을 할 수밖에 없다. 만족화 모형은 기본적으로 불완전한 합리성에 바탕을 두고 있으며, 합리적 의사결정을 제한하는 요인은 [그림 10 - 1]과 같다.

사이몬(Simon)은 이 모형의 인간관을 관리인(administrative man)이라 하여 경제인과 구분하였다. 따라서 손실이나 위험을 극복할 수 있

H.A. Simon
(1916 - 2001)

그림 10 - 1 합리적 의사결정을 제한하는 요인과 의사결정

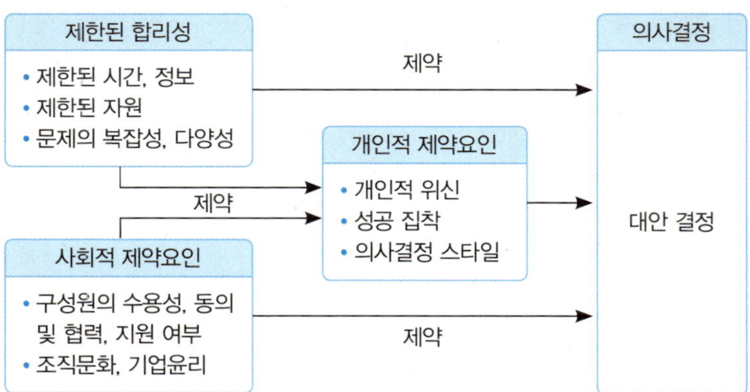

는 최적의 대안이 아니라 만족과 희생이 가능한 바람직한 대안을 모색하는 것이다. 만족의 기준은 시장점유율, 적정이윤, 공정가격 등이다.

3. 카네기 모형(Carnegie model)

회사모형(firm model)이라고도 하며 제한된 합리성의 개념에 기초한다. 의사결정은 최고 의사결정자의 개인적 선택이 아니라 다수 참여자의 연합에 의해 이루어진다. 환경의 불확실은 문제의 정의를 어렵게 하고, 구성원들의 목표, 견해, 가치관, 경험 등의 다양성으로 의사결정은 어려움에 직면한다. 이 경우 참여자들이 연합하여 토의를 통해 목표 및 문제를 해석하고, 다양한 견해들을 공유하고, 문제에 대한 우선순위를 정하고 분석하여 수용 가능한 대안을 결정한다. 따라서 타협과 갈등 해결의 방향으로 의사결정을 하며 최적의 대안보다 만족스러운 대안을 모색하는 것이다.

교섭(2023)
최선이 아닌 다양한 이해관계자들을 만족시킬 수 있는 대안이 선택된다는 것

이 모형은 문제 확인 단계에서 유용하다. 또한 핵심부서의 관리자들을 참여시키는 것은 구조조정과 같은 어려운 사안을 다른 관리자들의 동의 하에 유연하게 진행하고자 하기 때문이다. 그러나 이 모델은 ① 바람직한 목표가 아닌 내부 참여자들(세력집단)의 만족수준에 따라 결정될 수 있으며, ② 권한이 분산되고 자율성이 높은 조직을 전제로 하기 때문에 권위주의적 성향의 조직에 적용하기 어려우며, ③ 참여자들이 만족스러운 대안을 모색하는 과정에서 많은 시간을 필요로 한다는 문제가 있다.

4. 점진적 모형

대부분의 의사결정은 한 번에 이루어지는 것이 아니다. 의사결정 과정에서 어려움에 직면하기도 하고, 이전의 결정으로 회귀하기도 하면서 점진적으로 최

파라오 쿠푸의 피라미드
의사결정은 연속적인 작은 선택의 조합으로 이루어진다는 것

종 결정안에 접근한다. 인간의 지적능력의 한계와 의사결정수단의 기술적 제약으로 의사결정이 언제나 합리적으로 이루어지는 것은 아니다. 점진적 모형(incremental decision process model)은 의사결정을 위한 대안의 선택이 관례나 기존의 정책을 토대로 이전의 결정을 점진적이고 부분적인 수정을 통해 이루어진다는 것이다. 따라서 장기적 전망에 의한 계획적인 변화보다 현실적으로 당면한 문제를 점진적으로 해결하고 대처하는 것이다.

5. 혼합주사모형

A. Etzioni(1929 – 2023)
근본적 결정은 합리모형, 세부적 결정은 점증모형에 의한 결정을 선별적으로 적용

혼합주사모형(mixed-scanning model)은 합리적 모형의 이상적 합리성을 현실화하고, 점진적 모형의 보수성을 극복하여 장기적 시각에서 단기적 변화에 대처하기 위한 것이다. 이 모형은 기본적인 결정과 부분적인 결정으로 구분한다. 기본적인 결정은 합리모형, 단기적이며 전술적인 세부사항은 점진적 모형에 기초한다. 따라서 의사결정 과정을 차별화하고 문제의 분석과 판단과정을 거쳐 내용을 요약하고, 그 범위 내에서 부분적인 사항에 대한 전문가의 조언과 보완을 거쳐 의사결정이 이루어지는 것이다.

6. 최적모형

최적모형(optimal model)은 경영자의 과거의 경험, 직관, 판단력, 창의력과 같은 인적 요소까지 포함하여 의사결정을 전개하는 것이다. 이 모형은 경영자의 직관이나 선험적 판단이 우수기업으로 발전시킨 사례에 기초하여 형성되었다. 상황이 불확실하고, 의사결정을 위한 시간적 제약이 크고, 과거의 사례가 없고, 과학적 예측에 의한 방향 제시가 어렵고, 자료나 정보가 부족하여 우열을 가릴 수 없는 대안들이 존재할 때는 직관적 의사결정이 유용할 수 있다. 기본적으로 경제적 합리성을 중시하면서 초합리성(직관, 판단, 창의 등)도 중요시하는 것이다.

Y. Dror(1928 –)
경제성 및 합리성과 더불어 직관과 같은 초합리성을 고려한 의사결정

7. 쓰레기통 모형(garbage can model)

복잡하고 불확실한 상황으로 문제의 인식이나 해결대안을 결정하는 것이 쓰레기통에서 무엇인가를 선택하는 것과 같다는 것으로 무질서한 상태에서 의사결정을 위한 목적으로 개발되었다. 조직의 목표, 문제와 해결방안이 불명확하고 해결을 위한 지식과 경험이 부족하며, 참여자들의 합의도 어렵고, 대안에 대한 우선순위도 알지 못하는 상황이 발생할 수 있다. 또한 의사결정자가 교체되거나 제한된 시간과 바쁜 업무로 참여가 제한적인 경우가 있다. 이와 같은 환경에서 보편적 사고로 문제를 해결하기는 어렵다.

문제, 해결책, 선택기회, 참여자 등이 시간을 달리하여 모였다가 특정 계기로 결정이 이루어진다는 것

이 모형은 다양한 쓰레기가 우연히 쓰레기통에 모여지듯이 4가지 구성요소로서 문제, 선택, 해결, 참여자의 흐름이 제각기 시간을 달리하여 우연히 한곳에 들어와 모여질 때 통일된 하나의 의사결정이 될 수 있다고 본다. 문제의 흐름이란 사람들이 갖고 있는 관심사항을, 선택의 흐름이란 결정을 위한 기회(계기)를, 해결의 흐름이란 문제에 대한 해결책을, 참여자의 흐름이란 참여자들의 노력의 정도를 의미한다. 이것은 문제, 해결책, 참가자의 노력이 특정한 상황(선택의 기회)과 일치할 때 의사결정으로 실행된다는 것이다. 따라서 많은 중요한 의사결정이 우연이나 자의에 의해 이루어질 수 있으며, 의사결정자들이 자신의 이익을 위한 정치적 동기에 의해 참여할 수 있다.

제 4 절 집단의사결정 방법

집단의사결정의 효율성을 높이기 위해서는 태도, 행위, 관리적 측면에 대한 개선이 요구된다. 태도나 행위적 측면에서는 집단사고의 배제를, 관리적 측면에서는 효율적인 의사결정 기법의 개발이 중요하다. 이를 통해 집단사고로 인한 역기능을 극복하고 상황과 시기에 적합한 의사결정 방법을 찾아야 한다. 효율적인 집단의사결정 방법은 다음과 같다.

1. 지명반론자법

집단사고의 문제를 예방하기 위해 의식적으로 반대 의견을 제시하는 역할을 하도록 하는 것

악마의 옹호자법(devil's advocate method)이라고도 한다. 천주교의 성인추대 심사에서 관련 자료를 근거로 추천후보에 대한 반대역할을 공식적으로 부여받은 사람을 악마라고 하는 것으로부터 기원한다. 한 집단이 제시한 의견과 지명된 집단의 반론에 대한 토론에 의해 본래의 안을 수정·보완하여 최종 대안을 도출한다. 지명반론자가 반드시 집단일 필요는 없으며 의무적으로 제안에 대한 문제점과 보완점을 지적하는 것이 중요하다. 전략적 의사결정을 위해 유용하고 결과에 대한 효과가 높게 나타난다. 또한 발생 가능한 문제점들을 고려할 수 있고, 실행과 예측이 가능한 의사결정을 할 수 있고, 수월하게 사용할 수 있으며, 구성원을 활용하면 내부의 문제를 쉽게 파악할 수 있다. 그러나 정당한 의견에도 반론을 위하여 고의적으로 문제를 만들어 지적해야 하며, 참여자가 전문적 지식이 부족하면 비효율적인 해결 방법이 제시될 수 있다.

2. 델파이법

델파이법(delphi method)은 전문가들의 의견 수렴, 중재, 타협의 반복적인 피드백에 의한 문제 해결 기법이다. 여러 전문가의 경험적 지식을 수집하고 조직화하여 문제 해결과 미래 예측을 위한 의사결정 기법으로 전문가 합의법이라고도 한다. 명목집단법과 유사하지만 구성원들이 직접 접촉하거나 토의를 하지 않으며 다양한 지역에 있는 전문가로부터 의견을 수렴하는 데 효과적이다.

전문가들이 문제에 관한 설문지에 의견을 제시하도록 하고, 설문 결과는 담당부서에서 수집·정리하여 전문가에게 피드백하고, 새로운 의견이나 이의가 없으면 하나를 투표하고, 투표 결과에 따라 의견을 채택한다.

제 5 절 창의적 의사결정

1. 창의력의 개념

집단적 사고는 경쟁력 확보를 위한 창의적 의사결정을 어렵게 한다. 창의적인 제품, 서비스, 기술, 경영기법 등은 경쟁력을 확보하기 위한 수단이다. 창의력(creativity)이란 기존의 아이디어나 개념을 새롭게 결합하거나, 새롭고 유용한 아이디어나 개념을 산출하는 능력이다. 창의적 성과는 특정인의 능력이 아니라 여건에 따라 누구나 창의적 아이디어를 산출할 수 있다.

창의력은 전문성, 상상력, 내적 동기의 세 가지 요소로 구성된다. 창의적인 사람은 내적 동기가 높아 직무를 즐기는 성향이 있다. 이러한 내적 동기가 특정 분야에 전문성을 높이고, 이것이 상상력과 상호작용하면서 창의적인 아이디어를 산출한다. 창의력은 지능, 다면적 사고, 연상과 유추능력을 활용하는 능력과 관계가 있다. 그러나 지능이 높다고 창의력이 높은 것은 아니다. 창의적인 사람들은 자신감, 유연성, 도전이나 위험감수, 직관력, 열정 등의 특성을 보인다.

2. 창의적 의사결정의 접근법

창의력은 의사결정을 위한 문제를 인식하고, 효율적인 해결방안을 제시하고, 혁신을 유발하며, 동기부여와 몰입을 활성화시킨다. 이러한 창의력에 영향을 미치는 촉진요인과 저해요인은 다음과 같다.

촉진요인은 유연한 조직구조, 학습조직, 개인의 의견 존중, 다양한 배경으로 구성된 집단, 자율적 분위기, 충분한 자원, 직무의 도전성, 새로운 아이디어를 제시하고 실천하는 조직문화, 동료들과의 교류, 직무에 대한 즐거움 등이다. 반면 저해요인은 집단적 사고, 동질적으로 구성된 집단, 경직된 조직구조, 규칙이나 규율에 대한 높은 의존도, 직무의 정형화, 논리와 정답을 요구하는 조직문화, 지시나 통제, 실패에 대한 높은 두려움, 직무에 대한 불만 등이다. 창의적 의사결정을 위한 방안을 순서에 따라 설명하면 다음과 같다.

(1) 오스본의 창의과정

A.F. Osborn
(1888 – 1966)

오스본(Osborn)의 창의적 의사결정 과정(creativity process)은 창의성과 혁신에 대한 다양한 장애를 극복하도록 설계되었다. 자유로운 사고, 새로운 아이디어, 호기심, 협동 등을 유발시켜 혁신적인 결정을 할 수 있기 때문에 모든 유형의 집단에 사용할 수 있다. 이 모델이 원활하게 적용되기 위해서는 충분한 시간이 요구되며 어느 정도의 외부 압력이나 자발적 긴장감이 주어져야 한다.

① 사실 발견 단계: 이슈나 문제를 정의하고 관련 자료를 수집하고 분석한다. 여기에서 이슈나 문제의 증상이 무엇인지를 구별한다.

② 아이디어 발견 단계: 아이디어 발견은 시험적인 아이디어와 가능한 수행방법을 창출한다. 다음으로 아이디어 가운데 가장 유효한 것을 선택하고 필요에 따라 수정하고 보완한다. 효과적인 아이디어의 창출을 위해 고려해야 할 원칙은 다음과 같다. 첫째, 판단을 유보하여 참가자들이 해결 가능한 많은 아이디어를 제시하도록 한다. 둘째, 양에서 질이 나온다. 가능한 많은 아이디어를 제시할수록 최선의 해결방안이 나올 가능성이 높다.

③ 해결안 발견 단계: 가능한 행동대안을 제시하고 분석하며, 선택한 행동대안에 대한 실행방법을 결정한다. 여기에서 판단, 분석, 비판이 이루어진다.

(2) 드보노의 수평적 사고

드보노(de Bono)의 수평적 사고방법(lateral thinking method)은 정보를 인지하고 해석하는 방법을 변화시켜 새로운 아이디어를 창출하는 과정이다. 이것은 현재의 아이디어와 관행을 개선시키고, 문제에 대한 접근방법을 변화시키고, 새로운 아이디어를 개발하기 위한 다양한 기법을 포함하고 있다. 새로운 아이디어 개발을 위한 기법은 다음과 같은 것들이 있다.

E. de Bono
(1933 – 2021)

① 역발상법(reversal technique): 문제에 대해 안과 밖, 위와 아래를 완전히 전환하여 검토한다.

② 유추발상법(analogy technique): 문제를 비유되는 상황으로 바꾸고, 비유된 상황을 정비·개선하고, 원래의 문제에 대하여 이러한 비유가 적절한지를 판단한다. 유추에 대한 세부적인 내용은 시넥틱스(synectics, 관련이 없어 보이는 요소를 결부시킴) 방법을 참고한다.

③ 교차발상법(cross-fertilization technique): 다른 분야의 전문가들이 문제를 검토하고 문제 해결 방법을 제안하도록 한다. 외부 전문가는 그 문제와 관계가 없어야 문제 해결을 위해 새로운 방법을 응용하려는 시도가 이루어진다.

수직적 사고는 정보를 하나씩 연속적으로 고려하면서 아이디어를 단계별로 개발해 가는 과정이다. 수직적 사고는 사물을 판단할 때 절대성을 추구하려 하며, 흑백의 관점에서 보려 하고, 명백한 사실에 관심을 갖는다. 그러나 수평적 사고는 사물을 옳고 그름이 아니라 차이를 관찰하고 동적인 변화에 관심을 갖는다. 이러한 방법은 장·단점이 있기 때문에 상호 보완적으로 활용하여야 한다.

3. 창의적 의사결정 방법

(1) 브레인스토밍

브레인스토밍(brainstorming)은 오스본(Osborn)이 창의적 사고와 제안을 위해 개발하였으며 문제 해결을 위한 집단적 아이디어 창안기법으로 발전하였다. 이것은 연상을 통해 아이디어를 창안하는 것으로 참가자들의 독창적인 사고를 자극시켜 다양하고 많은 양의 아이디어를 도출하려는 것이다. 광범위한 대안이 필요하거나 창조적이고 독창적인 아이디어가 요구될 때, 집단 전체가 문제 해결에 참여할 때 이용되며, 아이디어 창출과 평가는 엄격히 분리시킨다. 브레인스토밍에서 지켜야 할 원칙은 다음과 같다.

① 자유분방: 현실적이지 않은 아이디어라 할지라도 모두 수용한다.
② 비판 금지: 타인의 아이디어에 대한 평가나 비난을 하지 않는다.
③ 수량 추구: 많은 수의 아이디어를 제시하도록 한다.
④ 결합·개선: 아이디어를 제시하고, 타인의 아이디어를 개선하고, 다수의 것을 결합해서 더 좋은 아이디어로 만들어야 한다. 구체적인 운영절차는 [그림 10-2]와 같다.

이것은 구성원간 의견 제시가 자유롭고 소수의 의견이 무시되지 않는다. 타인의 아이디어를 통해 새로운 것을 학습할 수 있다. 단기간에 많은 양의 아이디어를 효율적으로 도출할 수 있다. 소수 구성원의 의견에 지배되지 않는다는 장

그림 10-2 브레인스토밍의 구성요소

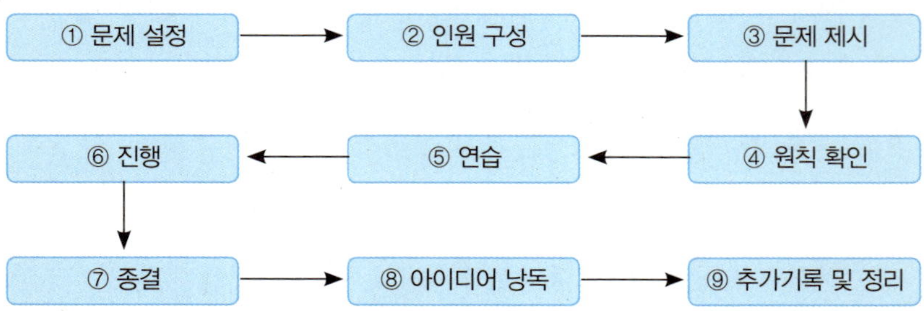

점이 있다. 그러나 자유로운 분위기를 조성하거나, 합의를 도출하기 어려우며, 개별적인 아이디어들을 정리하기가 쉽지 않고, 복잡한 문제를 심도 있게 논의하기 어렵다는 단점이 있다. 또한 많은 수의 아이디어 가운데 문제 해결에 적합한 것이 있을 것이라는 가정에 기초하기 때문에 아이디어의 질보다는 수를 우선시한다는 한계가 있다.

(2) 브레인라이팅

브레인라이팅(brainwriting)은 브레인스토밍의 단점을 보완한 것이다. 브레인스토밍의 규칙을 따르지만 참가자들이 자신의 아이디어를 기록하여 제출하는 방식이다. 자신의 아이디어를 기록하여 옆 사람에게 건네 주면, 개선을 위한 아이디어를 고안해 기록하고, 다음 사람에게 건네 주는 방식으로 진행한다. 이 기법은 타인의 아이디어에 착안하고 이를 개선하기 위한 새로운 방안을 제시한다. 리더가 참가자들에게 영향력을 행사할 수 없다는 장점이 있다. 그러나 참가자들의 수동적인 자세와 자발성 결여라는 단점이 있다.

(3) 명목집단법

명목집단법(nominal group technique)은 브레인스토밍과 브레인라이팅의 장점을 기초로 한 것이다. 의견이 서로 교환되지 않기 때문에 명목집단이다. 참가자들이 아이디어를 제시하고 이에 대해 합의를 해야 할 때 사용한다. 이 기법은 문제 해결을 위해 참가자들이 위원회처럼 모이기는 하지만 아이디어를 서로 제시하거나 교환하지 않고 기록하여 제출하도록 한다. 제출된 아이디어는 누구의 제안인지 알지 못하게 한다. 제출된 아이디어는 장·단점을 분석하고 평가한다. 참가자들은 최고의 순위를 받은 아이디어를 최종 확정한다.

이 기법의 장점은 ① 구성원들의 갈등을 해소하고 소수의 영향력을 배제한다, ② 아이디어의 도출과 평가 과정이 분리되어 창조적인 아이디어 탐색과 개발이 가능하다, ③ 과업과 사회적 감정이 동시에 고려되어 만족도가 높다, ④ 의견 불일치로 인한 논란이 발생하지 않는다, ⑤ 하나의 아이디어에 집착하지 않는다, ⑥ 판단의 객관성을 위해 비밀투표로 의사결정이 이루어진다.

그러나 단점은 ① 의사결정 과정에서 확실한 리더가 필요하다, ② 자신의 아이디어를 서면으로 정확히 표현할 능력이 요구된다, ③ 문제에 대한 정보와 자료가 사전에 준비되어야 한다, ④ 의사결정 과정이 구조화되어 융통성이 없으며 진행과정에 문제를 바꾸거나 수정할 수 없어 한 번에 하나의 문제만을 다루어야 한다.

(4) 시넥틱스

W.J. Gordon
(1919 – 2003)

고든(Gordon)이 개발한 시넥틱스(synectics)는 연관이 없어 보이는 요소들을 유추를 통해 결합시키는 것이다. 이것은 집단토의가 이루어지는 것에서 브레인스토밍과 같다. 그러나 브레인스토밍은 리더나 참여자가 문제의 성격을 인식하고 단시간의 토의를 하지만, 시넥틱스는 리더만 주제를 인식하고 참여자에게는 제시하지 않으며 장시간의 자유로운 토론을 통해 문제 해결에 접근한다. 문제를 제시하지 않는 것은 아이디어 산출 노력을 계속하기 위해서이고, 시간을 충분히 제공하는 것은 급하게 문제를 해결하지 않기 위해서이다. 고든은 다음과 같은 방법을 통해 창의적인 아이디어를 도출하고자 하였다.

① 직접 유추: 두 가지 사물, 현상, 개념의 직접적인 비교를 통한 유추

② 의인유추: 자신이 특정 사물이나 이것의 일부분이 되었다고 생각하고 감정을 이입

③ 상징유추: 모순되거나 반대되는 단어를 하나의 의미 있는 문장으로 완성시키는 방법

④ 환상유추: 창조적인 상상력을 발휘하여 유추

이것은 아이디어의 수보다는 질을 중요시하며 문제에 대한 새로운 시각을 갖도록 함으로써 정신활동의 상호작용을 촉진시키고 사고의 창조성을 자극한다. 따라서 리더는 참가자들이 토론시간에 상상력을 발휘할 수 있도록 분위기를 조성하고, 토론을 실제 문제와 연관시켜야 하며, 토론의 범위를 좁혀 가면서 신중하게 결론을 도출하여야 한다.

연구과제

1. 기업조직에서 의사결정의 중요성에 대하여 설명하시오.
2. 의사결정의 종류에 대하여 설명하시오.
3. 집단사고의 위험성을 설명하시오.
4. 동조현상과 집단극화 현상을 설명하시오.
5. 의사결정의 행동모형에 대하여 설명하시오.
6. 집단의사결정 방법에 대하여 설명하시오.
7. 창의적 의사결정 방법에 대하여 설명하시오.

Chapter 11

리더십

제 1 절 리더십의 본질

1. 리더십의 개념

불멸의 이순신(2004)
목표 달성을 위해 개인이나 집단의 행위에 영향력을 행사하는 것

경영자는 구성원들이 조직목표를 달성하는 데 공헌하도록 직무만족을 높여주고 잠재적 능력을 개발시킬 수 있는 리더십을 발휘하여야 한다. 이는 우수한 인적자원을 확보하였어도 적절한 리더십을 발휘하지 못한다면 조직성과와 직무만족을 기대하기 어렵기 때문이다. 리더십(leadership)이란 특정 상황에서 목표달성을 위하여 개인이나 집단의 행위에 영향력을 행사하는 과정으로서 리더(leader), 추종자(follower), 상황(situation)과의 함수관계인 $L = f(L, F, S)$로 나타낼 수 있다. 이러한 리더십은 특정 권력으로부터의 영향력이 아니라 구성원들의 자발적 협력을 확보할 수 있는

영향력으로 인식되어야 한다. 자신의 권력으로 타인을 지배하는 것이 아니라 자발적으로 집단목표를 자신의 것으로 받아들이도록 하는 것이다.

2. 리더십의 관점과 기능

현대사회에서 리더십에 대한 의미는 광범위하게 사용되고 있다.

(1) 사회·정치적 관점과 기능

사회적 관점에서 리더십은 정치가나 경영자의 역할로 본다. 이것은 조직의 외부환경에의 적응과 내부의 안정, 조직의 기본성격을 형성하는 것을 주요 역할로 보는 것이다.

(2) 관리적 관점과 기능

관리적 관점에서 리더십은 조직의 내부관리를 위한 계층의 관리기능으로 본다. 따라서 기획·조직·지휘·통제기능을 포괄하는 기능이며, 지휘기능을 리더십과 동일시한다.

(3) 행동과학적 관점과 기능

행동과학적 관점에서 리더십은 구성원들(리더, 부하, 상황)의 상호작용이며,

그림 11-1 행동과학적 관점에서의 리더십의 기능

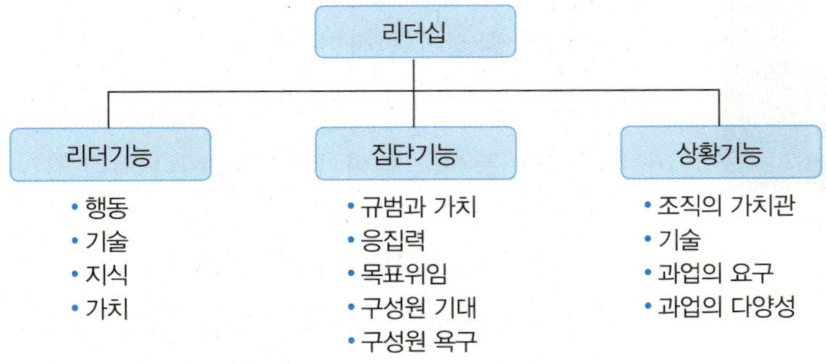

리더십의 기능은 최고경영층의 문제가 아니라 구성원 전체의 기능으로 본다. 따라서 공식적 지위가 없어도 구성원들과의 상호작용 과정에서 영향력을 미치면 리더십과 관련이 있다. 리더십의 기능은 [그림 11－1]과 같다.

제 2 절 리더십 이론의 접근방법

리더십 이론의 접근방법과 내용은 다음과 같다(〈표 11－1〉).

표 11－1 리더십 이론의 비교

이론	주요 내용	특성
특성이론 (1940~1950)	효율적인 리더의 특성 추구	성공적인 리더와 그렇지 못한 리더를 구분할 수 있는 특성이나 특징이 존재한다.
행위이론 (1950~1960)	리더의 행위유형 기술	리더의 어떤 행위유형 또는 몇 개의 복합적인 행위유형이 모든 상황에서 언제나 효과적이다. 즉 성공적인 리더와 비성공적인 리더는 그들의 리더십 유형에 의해 결정된다.
상황이론 (1970 이후)	리더십 유형과 상황의 관계 기술	모든 상황에 언제나 적합한 유일한 리더십 유형은 없다.

1. 리더십 특성이론

G. Allport(1897－1967)
많은 사람들에게 공통된 특성을 찾아 인간을 이해하려는 것

리더십 특성이론(trait theory)은 우수한 자질이나 특성만 있으면 상황이나 환경이 변하더라도 리더가 될 수 있다는 것이다. 누구나 리더가 되는 것이 아니라 특별한 자질이나 특성을 가지고 있어야 하며, 이들이 갖추어야 할 특성이나 자질은 다음과 같다.

① 신체적 특성: 활동성, 에너지, 연령, 신장, 체중, 외모 등이다. 그러나 리더의 신체적 특성과 리더십의 관계에 대한 상관관계는 불확실하다.

② 사회적 배경: 사회적 신분, 교육수준, 이동성(mobility) 등이다. 높은 사회·경제적 신분은 리더십 유지에 유익하며 높은 직위로의 승진비율이 높다.

③ 지능과 능력: 판단력, 결정력, 지식, 지능, 화술 등이다. 그러나 리더의 지능이나 능력이 높으면 자기중심적이기 때문에 부하에 대한 배려심, 사고방식, 의사소통 등에 문제가 발생한다.

④ 성격: 적응성, 신념, 독립성, 객관성, 자신감, 지배성, 창조성, 기민성, 조정력, 추진력, 열성, 외향성, 지구력 등이다. 그러나 성격특성은 환경이나 부하의 특성에 따라 상이하다.

⑤ 과업지향성: 과업에 대한 성취욕구, 책임감 등이다. 리더는 높은 성취욕구와 책임감으로 과업지향적이며 문제에 직면하여 좌절하지 않고 목표를 추구한다.

⑥ 사회적 특성: 원만한 대인관계와 적극적인 참여 등이다. 리더는 탁월한 대인관계 능력이 있고, 타인으로부터 협동심을 불러일으키며, 목표달성을 위해 적극적으로 참여하도록 한다. 또한 매력적이고 인기가 있으며 부하들을 보살피는 능력이 있다.

⑦ Big 5 모델: 성실성, 외향성, 개방성, 동조성, 신경질적 성질이다.

그러나 특성이론은 다음과 같은 한계가 있다. 첫째, 상황요인을 고려하지 않고 있다. 어떤 특성이나 자질이 어떤 상황에서도 리더가 될 수 있는 것은 아니다. 둘째, 특성이나 자질이 특정 상황에서 어떻게 행동하는지 설명하지 않고 있다. 자질에 의해 리더를 확인할 수 있어도 부하의 행동에 영향을 미치기 위한 행동유형은 확인할 수 없다.

2. 리더십 행위이론

리더십 특성이론의 한계점을 극복하기 위한 관점에서 리더의 행위유형을 규명하려는 것이다. 효율적인 리더는 특정 행위를 통하여 목표를 달성하고 부하들의 사기를 유지시킨다는 가정에 기초한다. 리더의 행위유형은 다음과 같다.

정주영(1915 – 2001)
길이 없으면 찾고, 찾아도 없으면 만들라

(1) 1차원적 관점

리더의 행위유형을 한 직선상의 양 극단으로 구분할 수 있다고 가정하고 어떤 행위가 바람직한가를 설명하는 것이다.

1) 권위형·민주형·자유방임형 리더십

권위형은 자신의 권력을 이용하여 부하에게 명령·지시하며 과업에 높은 관심을 갖는 유형이다. 민주형은 과업에 대한 계획과 수행에 대해 부하와 함께 책임을 공유하고 사람에게 높은 관심을 갖는 유형이다. 권위형은 정책이 리더에 의하여 결정되지만, 민주형은 집단 토의에 의해서 이루어진다. 권위형은 부하의 불만이 높고 사기는 낮지만, 민주형은 성과와 사기가 높다. 그러나 한 직선상의 민주적 리더의 행위를 넘어서면 자유방임형이 된다. 자유방임형은 자신의 직위를 유지하는 데 관심이 있고 부하들이 원하는 것을 하도록 한다. 리더에게 적대감은 없으나 상호간에 협조심이 적고 방관한다.

2) 종업원중심적·과업중심적 리더십

미시간 대학에서는 작업집단의 성과와 만족을 증진시키는 리더십 유형으로 종업원중심적 리더십과 과업중심적 리더십을 제시하였다. 종업원중심적 리더십은 인간중심적이며 권한을 위임하고 부하들의 복지, 욕구, 성장에 관심을 갖는 관계지향적 리더십이다. 반면 과업중심적 리더십은 계획수립과 수행평가를 위해 폐쇄적인 감독, 합법적이고 강압적인 권력을 행사하는 과업지향적 리더십이다. 종업원중심적 리더십이 과업중심적 리더십보다 성과와 직무만족이 높게 나타나고 있다.

(2) 2차원적 관점

1차원적 관점에서의 리더십 유형은 현실적으로 적합하지 않다는 인식이 높아지면서 2차원적 관점에서의 새로운 리더십 유형이 제시되고 있다.

1) 배려주도 리더십·구조주도 리더십

오하이오 대학에서는 리더십 유형으로 배려(consideration)와 구조주도(initiating

structure) 리더십을 제시하였다. 배려주도 리더십은 관계지향적·인간중심적으로서 인간관계, 신뢰, 부하의 의견 수렴과 같은 행동유형이다. 구조주도 리더십은 리더가 과업을 확정하고, 작업을 할당하고, 의사소통 네트워크를 수립하고, 과업수행 성과를 평가하는 행동유형이다. 오하이오 대학 리더십 연구 결과를 요약하면 다음과 같다.

① 배려주도는 결근율이나 고충 등의 부정적 결과와는 관련성이 낮다.

② 구조주도는 성과와 높은 관계가 있다.

③ 배려주도와 구조주도가 높으면 성과와 만족이 높게 나타난다. 그러나 높은 성과에 결근율과 고충의 문제가 수반되기도 한다.

2) 매니지리얼 그리드(managerial grid)

블레이크와 모우턴(Blake & Mouton)은 1964년 인간중심과 과업중심의 리더십 유형을 조화시켜 리더의 행위를 개발하였다. 다음 [그림 11 - 2]와 같이 리더의 행위를 가로 축에는 생산에 대한 관심의 정도를, 세로 축에는 인간에 대한 관심의 정도를 9등급으로 나누었다. 따라서 이론적으로 81가지의 리더십 유형이 있으나, 이 중에서 기본적인 리더십 유형으로 다음과 같이 제시하고 있다.

R.R. Blake (1918 - 2004) J.S. Mouton (1930 - 1987)

① 무기력형(1.1 형): 과업달성과 인간관계에 관심이 없는 리더십 유형이다. 자신의 지위 유지를 위한 최소한의 노력만을 한다.

② 컨트리 클럽형(1.9 형): 과업달성에는 낮은 관심을, 인간관계에는 최대의 관심을 보이는 리더십 유형이다. 구성원의 만족과 친밀한 관계 유지를 위해 최대한 노력한다.

③ 과업형(9.1 형): 인간관계에는 낮은 관심을, 과업달성에는 높은 관심을 보이는 리더십 유형이다.

④ 중도형(5.5 형): 과업달성과 인간관계에 적당한 수준의 관심을 보이는 리더십 유형이다.

그림 11-2 매니지리얼 그리드

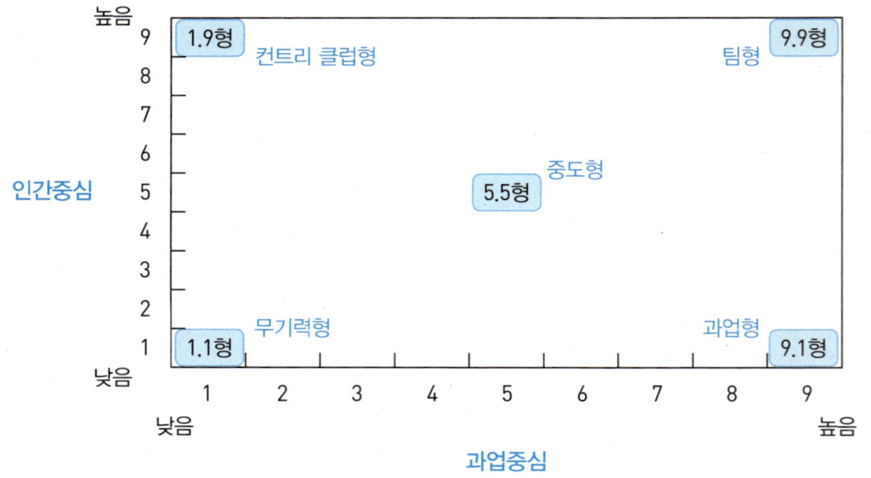

자료: F. Luthans, *Organizational Behavior*, McGraw-Hill, 1981, p.435.

⑤ 팀형(9.9 형): 과업달성과 인간관계에 모두 높은 관심을 보이는 리더십 유형이다. 구성원의 자아실현의 욕구를 충족시키고, 신뢰와 지원의 분위기를 조성하고, 과업달성을 위해 노력한다.

이 가운데 이상적인 리더십 유형은 [9.9]형이다. 따라서 한 리더의 리더십을 조사한 결과 [2.7]이라면 그는 과업달성보다는 인간에 대한 관심이 높은 것이다. 이러한 리더는 과업에 대한 관심을 높여 [9.9]형으로 변화시켜야 한다는 것이다.

그러나 상황에 따라 효율적인 리더십 유형은 변화하는데, 집단의 단결력, 개인특성 및 과업특성과 같은 상황적 요소를 리더십 행위이론은 고려하지 않았다는 한계가 있다. 이러한 문제를 극복하기 위하여 상황적 요인을 고려한 리더십 유형이 제기되고 있다.

3. 리더십 상황이론

리더십 특성이론이나 행위이론은 이상적인 리더십 유형을 발견하려는 것이었다. 그러나 이 이론들은 어떤 리더십이 효율적인지에 대해 설명하지 못하고 있어 리더십 유효성을 상황과 연결시키려는 상황이론(contingency theory)이 등장하게 되었다. 상황이론은 리더가 특정 상황에 부응하면 효율적인 리더십을 발휘한다는 것이다.

(1) 피들러의 상황이론

피들러(Fiedler)는 리더십의 유효성은 리더와 집단 간의 상호작용 그리고 상황의 호의성에 따라 결정된다고 하였다. 그는 리더십 유형을 LPC 점수(least preferred co-worker score)에 따라 관계형과 과업형 리더로 구분하였다. 또한 리더와 부하의 관계, 과업구조, 리더의 직위권한을 상황변수로 하여 이에 적합한 효과적인 리더십을 발견하려 하였다. 상황의 호의성은 특정 상황이 리더로 하여금 어느 정도 영향력을 행사하도록 하는지를 나타내며 3가지 상황변수의 조합에 의해 결정된다. 이 모델에서는 상황요소의 결합방법에 따라 리더에게 가장 호의적인 상황으로부터 가장 비호의적인 상황까지 8가지의 조합이 제시된다. 이 가운데서 리더에게 가장 호의적인 상황은 부하와의 관계가 좋고(양호한 리더-구성원관계), 직무가 명확하게 규정되어 있으며(높은 과업구조), 강력한 권한을 행사할 수 있는(강력한 직위권한) 상황을 의미한다. 피들러의 이론은 다음 [그림 11-3]과 같다.

F. Fiedler
(1922-2017)

LPC 점수가 낮은 리더, 즉 과업지향적 리더는 Ⅰ, Ⅱ, Ⅲ과 같이 상황이 매우 호의적이든가 아니면 Ⅷ과 같이 비호의적인 상황에서 효과적인 리더십을 발휘한다. 반면에 LPC 점수가 높은 리더, 즉 관계지향적인 리더는 Ⅳ, Ⅴ와 같이 중간 정도인 상황에서 효과적인 리더십을 발휘한다. 중간 정도의 호의적인 상황이란 ① 과업은 구조화되었으나 부하들이 리더를 좋아하지 않기 때문에 그들의 감정을 중요시해야 하는 상황, ② 부하들이 리더를 좋아하지만 과업이 구조화되어 있지 않아 그들의 창의성과 참여를 요구해야 하는 상황이다.

그림 11-3 피들러의 상황이론

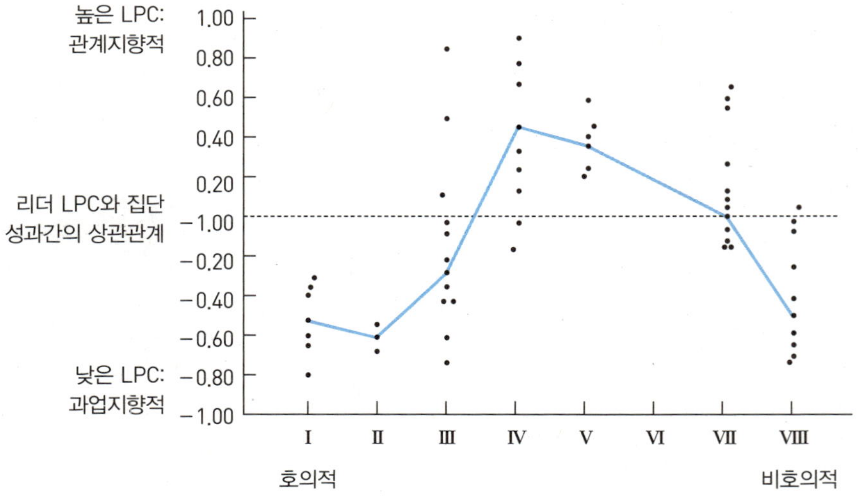

리더-성원관계	양호	양호	양호	양호	적당히 나쁨	적당히 나쁨	적당히 나쁨	적당히 나쁨
과업구조	구조적	구조적	비구조적	비구조적	구조적	구조적	비구조적	비구조적
리더의 직위권한	강함	약함	강함	강함	강함	약함	강함	약함

자료 : C.R. Milton, *Human Behavior in Organization*, Prentice-Hall, 1987, p.315.

이와 같이 특정 상황에 따라 효율적인 리더십 유형은 상이하다. 따라서 효율적인 리더십을 위해서는 상황적 요소를 리더에게 적합하도록 변경시키거나, 상황에 적합한 리더로 교체해야 한다.

(2) 경로-목표이론

R.J. House
(경로-목표이론, 1971)

경로-목표이론은 에반스(Evans)와 하우스(House)가 제시하였으며 부하들이 동기부여할 수 있도록 하는 리더의 행위에 관한 것으로서 기대이론에 기초한다. 성과는 부하들에 의해 달성되는 것으로 리더는 이들이 열심히 일할 수 있도록 영향력을 행사해야 한다. 따라서 리더가 부하들의 목표를 인식하고 이를 달성할 수 있는 방법을 제시하여야 한다([그림 11-4]).

그림 11-4 리더십의 경로-목표이론

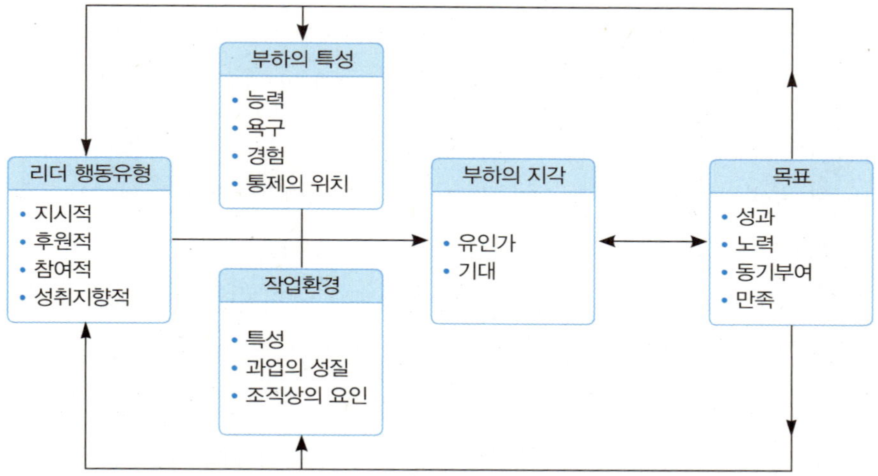

자료: A.D. Szilagyi, Jr. and M.J. Wallance, Jr., *Organizational Behavior and Performance*, 3rd ed., Glenview, Ill.: Scott Foresman and Co., 1983, p.285.

1) 리더십 유형

이 이론은 리더의 행위에 초점을 두고 있으며 다음과 같이 구분한다.

① 지시적 리더십: 수단적 리더십이라고도 하며 부하들의 작업을 계획·조정하고, 기대하는 것을 제시하고, 작업을 지시하고, 규칙과 절차를 따르도록 한다.

② 지원적 리더십: 부하들의 복지와 안녕, 욕구에 관심을 보이고, 원활한 인간관계를 위해 노력한다.

③ 참여적 리더십: 의사결정을 위해 부하들과 논의하고 그들의 의견과 제안을 고려한다.

④ 성취지향적 리더십: 도전적인 목표를 설정하고, 성과개선을 추구하고, 부하들의 능력발휘를 위해 노력한다.

2) 상황요인

효과적인 리더십은 리더와 상황요인과의 상호작용으로서, 리더십 효율성에 영향을 미치는 상황요인은 다음과 같다.

① 부하특성: 부하들은 리더에 대한 만족감과 기대에 따라 행위를 형성한다. 이러한 행위는 다음과 같은 요인에 의해 영향을 받는다. 첫째, 부하의 능력이다. 직무수행 능력이 충분하면 지시적 유형보다 성취지향적 유형을 선호한다. 둘째, 통제의 위치이다. 어떤 결과의 원인이 자신이라고 생각하는 내재론자는 참여적 유형을, 자신과는 무관한 외적 요인이라고 생각하는 외재론자는 지시적 유형을 선호한다. 셋째, 부하의 욕구이다. 친교욕구가 높으면 후원적이거나 참여적 리더십 유형을, 성취욕구가 높으면 성취지향적 리더십 유형을 선호한다.

② 작업환경특성: 과업과 공식적 권위체계, 작업집단 등이 있다. 부하들은 과업의 구조화가 높을수록 후원적이거나 참여적 리더십을, 비구조화가 높을수록 지시적인 리더십을 선호한다. 또한 리더의 지위권한이 높을수록 지시적 리더십을 선호한다. 집단의 형성 초기에는 지시적 리더십이 효과적이지만 정착된 상태에서는 후원적이고 참여적 리더십이 효과적이다.

따라서 리더는 부하들의 특성과 작업환경의 특성을 고려하여 적절한 리더십을 발휘하여야 한다. 그 결과 부하들의 목표에 대한 유의성과 기대감으로 동기수준, 노력, 성과, 만족도를 높일 수 있다. 그러나 이 이론은 복잡하여 검증이 어렵고, 명확하게 추구하는 목표가 없기 때문에 실무 응용에 문제가 있다.

(3) 허시와 블랜차드의 상황모형

P. Hersey
(1931 – 2012)

K. Blanchard
(1939 –)

허시(Hersey)와 블랜차드(Blanchard)는 1969년 리더십 유형을 과업지향적 행위와 관계지향적 행위로 구분하고 상황변수로서 부하의 성숙도를 고려한 리더십 상황모형을 제시하였다. 이 이론은 리더십 유형이 한 가지 상황요인으로 부하의 성숙도에 의해 결정되며, 두 가지 리더십 유형이 연속선상에 있지 않고 독립적 차원에서 동시에 공존하고 있다는 특징이 있다.

그림 11-5 허시와 블랜차드의 상황모형

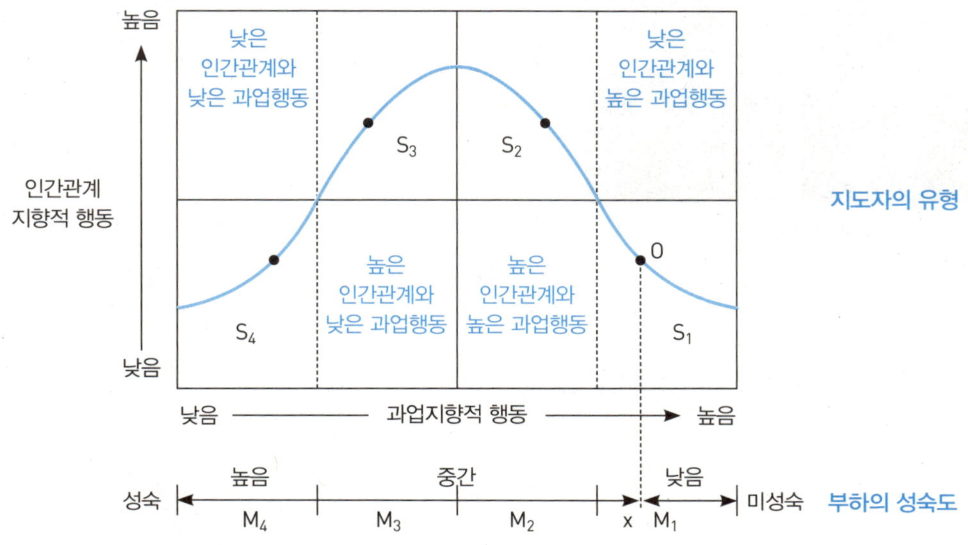

부하의 성숙도는 자질과 책임의식, 자신감 등이다. 과업수행 과정에서 부하의 성숙수준이 지속적으로 증가하면 리더는 과업지향적 행위를 줄이고 인간관계지향적 행위를 증가시켜야 한다. 부하의 성숙도가 높은 수준에 이르면 과업지향적 행위뿐만 아니라 인간관계지향적 행위도 줄여야 한다. 그리고 성숙도가 최고에 달하면 부하에게 영향력을 행사하지 않아야 한다. 이러한 내용이 [그림 11-5]에 나타나 있다.

부하들의 성숙수준이 미성숙에서 성숙의 연속선을 따라 높아짐에 따라 거기에 알맞은 리더십 유형도 그 곡선의 방향을 따라 움직여 가야 한다. 하급자의 성숙도 수준이 M_1상의 x에 있을 때 그 점으로부터 종 모양의 곡선과 교차하는 점까지 수직선을 그어보면 교차점이 S_1(지시적 리더십)의 상한에 놓이게 되어, 그 부하에게는 낮은 인간관계와 높은 과업의 리더십 유형이 적합하다. 이러한 기준에 따른다면 성숙수준이 M_1인 경우는 S_1의 리더십 유형이 바람직하고, 성숙수준이 M_2인 경우는 S_2(지도적 리더십), 성숙수준이 M_3인 경우는 S_3(지원적 리더십), 성숙수준이 M_4인 경우는 S_4(위양적 리더십)의 리더십 유형이 바람직하다.

V.H. Vroom & P.W. Yetton
(규범모형, 1973)

(4) 브룸과 예튼의 규범모형

브룸과 예튼(Vroom & Yetton)은 의사결정자로서 리더의 역할에 기초하여 상황에 따라 의사결정에 대한 부하의 참여수준을 결정하기 위한 모형을 제시하였다. 그들은 부하를 참여시키는 정도에 따라 A_1(순수 독단형), A_2(참고적 독단형), C_1(개별 협의형), C_2(집단 참여형), G_2(위임형)로 구분하였다. 그리고

그림 11-6 Vroom과 Yetton의 규범모형

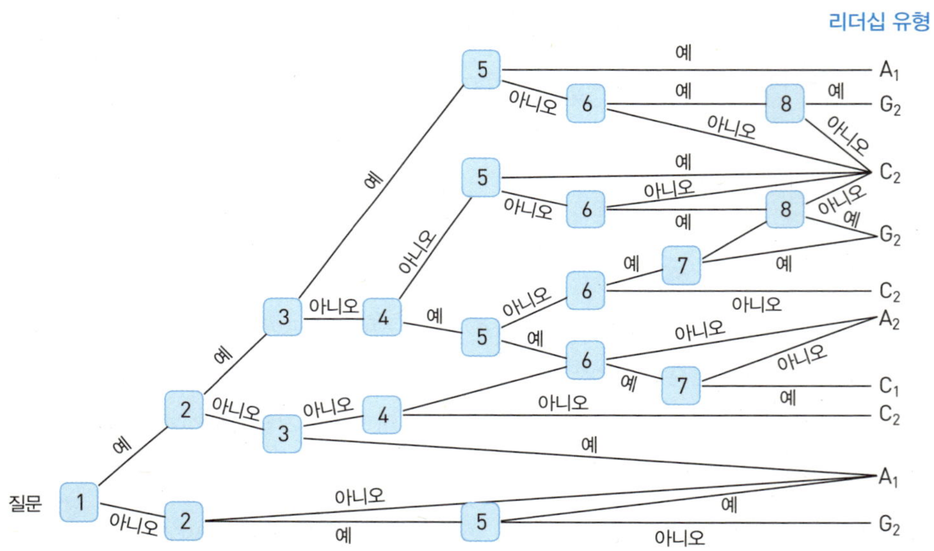

의사결정의 성격과 관련된 항목

1. 의사결정의 질 : 의사결정의 결과가 중요한 것인가?
3. 리더의 정보 : 리더는 충분한 정보와 기술을 가지고 있는가?
4. 문제의 질 : 결정해야 할 문제가 확실히 정의되어 있는가?
8. 부하들의 정보 : 부하들이 충분한 정보를 가지고 있는가?

의사결정의 수용성과 관련한 항목

2. 부하들의 참여 : 의사결정 과정에 부하들의 참여가 중요한가?
5. 부하들의 순종 : 부하들이 리더의 지시를 잘 따르는가?
6. 부하들의 이해 : 부하들이 조직의 목표를 잘 이해하고 있는가?
7. 부하들의 갈등 : 부하들의 의견 대립 가능성은 높은가?

자료 : H. Vroom & P. W. Yetton, *Leadership and Decision Making*, The University of Pittsburgh Press, 1973.

의사결정 나무(decision-making tree)를 활용하여 의사결정의 성격과 의사결정의 수용도에 따라 특정 상황에 적합한 리더십 스타일을 제시하였다([그림 11-6]). 또한 의사결정을 위해 리더는 질 높은 대안을 선택하고 선택된 대안을 부하들이 수용하도록 하는 규칙을 다음과 같이 제시하였다.

① 규칙1(리더 정보의 규칙): 의사결정의 질이 중요하고, 리더가 문제 해결을 위한 정보나 지식이 없을 경우 A_1 방식은 배제

② 규칙2(목적 합치의 원칙): 의사결정의 질이 중요하고, 부하들이 자신의 이익을 우선하여 조직목표 달성을 위해 노력하지 않는 경우 G_2 방식은 배제

③ 규칙3(구조 부재의 원칙): 의사결정의 질이 중요하고, 리더가 문제 해결을 위한 정보를 갖고 있지 않으며 상정된 문제도 구조화되어 있지 않는 경우 A_1, A_2, C_1 방식은 배제

④ 규칙4(수용의 규칙): 결정사항의 실천을 위해 부하들의 수용이 요구되고, 리더의 독단적 결정을 부하들이 수용할지 확실하지 않는 경우 A_1, A_2 방식은 배제

⑤ 규칙5(갈등의 규칙): 결정사항에 대한 수용이 중요하고, 리더의 독단적 결정에 대한 수용이 불확실하며, 의사결정에 대해 부하들 간에 갈등이나 의견 불일치가 발생할 가능성이 있는 경우 A_1, A_2, C_1 방식은 배제

⑥ 규칙6(공평성의 규칙): 의사결정의 질은 중요하지 않지만 부하들의 수용은 중요하며, 독단적 결정에 대한 수용 가능성이 낮을 경우 A_1, A_2, C_1, C_2 방식은 배제

⑦ 규칙7(수용우선의 규칙): 결정사항에 대해 수용이 중요하고, 독단적 결정이 수용될 가능성은 없으나 부하들이 조직의 목표를 자신의 목표로 공유하고 있는 경우 A_1, A_2, C_1, C_2 방식은 배제

이 모형은 복잡한 조직 내 인간현상을 지나치게 단순한 변수로 설명하는 문제가 있으나, 리더십 이론에 대한 논리가 명확하고 쉽게 이해할 수 있다는 장점이 있다.

(5) 카리스마적 리더십

카리스마적 리더십(charismatic leadership)은 리더의 카리스마적 특성을 제시

M. Weber(1864 – 1920)
타인을 매료시키고 높은 영향을 미칠 수 있는 능력

하는 것으로부터 시작하였지만, 리더의 특성, 부하의 특성 및 상황의 특성을 고려하고 있다.

1) 리더의 특성

카리스마적 리더는 다음과 같은 특성을 가지고 있어야 한다.

① 추종자에게 비전을 제시할 수 있어야 한다.

② 비전을 전달할 수 있는 능력을 가지고 있어야 한다.

③ 추종자들로부터 신뢰를 얻어야 한다.

④ 개인적 매력을 가지고 있어야 한다. 또한 눈 접촉, 제스처, 억양, 표정 등의 비언어적 감정 표현을 할 수 있어야 한다.

2) 부하의 특성

카리스마적 리더가 되기 위한 부하들의 반응은 다음과 같다.

① 리더에 대한 강한 애정과 리더의 신념을 자신의 것으로 하여야 한다.

② 리더의 권위에 순종하여야 한다.

③ 리더의 비전을 따르면 자신의 목표를 달성할 것이라는 기대감을 보여야 한다.

④ 리더의 매력에 정신적으로 몰입하여야 한다.

3) 상황의 특성

카리스마적 리더가 효율적인 리더십을 발휘할 수 있는 상황적 요인은 다음과 같다.

① 부하들이 위기의식을 지각하게 되면 자신들을 구해 낼 수 있는 리더를 찾게 된다.

② 업무처리 과정에서 구성원간 상호의존도가 높은 상황이다.

카리스마적 리더는 부하들의 자아개념을 변화시키고, 그들의 정체성과 집단적 정체성을 연결시킨다. 외적 보상보다는 내적 보상을 강조하고, 부하에 대한 높은 기대감을 나타내며 자기효능감과 자신감을 갖도록 도와준다.

(6) 리더십 대체이론

커와 저미어(Kerr & Jemier)에 의해 1978년 제시된 리더십 대체이론은 리더의 지도행위가 없더라도 부하들의 역할과 임무를 명확하게 하고 행동을 통제하여 조직목표를 달성할 수 있다는 것이다. 리더의 행동은 부하의 성과와 만족에 영향을 미치는 태도, 성격, 능력, 집단규범 등과 같은 요인의 하나이다. 그러나 리더의 행동이 부하들의 성과나 만족과 관련되지만 상황에 따라 그렇지 않다고 하면서 리더십 대체요인과 중화요인을 제시하였다.

리더십 대체요인(substitutes for leadership)은 리더의 행동이 불필요한 상황요인으로 부하들이 자신의 역할과 작업방법을 명확하게 인지하고 있으며 고도로 동기화되고 직무만족이 높은 수준에 있는 경우이다. 또한 리더십 중화요인(neutralizer for leadership)은 리더의 행동이 부하의 목표 달성에 기여하지 못하고 도리어 좌절시키는 상황요인으로 리더가 보상권한이 없거나 보상을 제시해도 부하들이 관심이 없는 경우이다. 리더십 대체요인과 중화요인에 영향을 미치는 요인은 다음과 같다.

① 부하의 특성: 경험과 훈련, 전문적 성향, 낮은 보상가치 등

② 직무특성: 구조화된 과업, 피드백 제공, 내재적 만족 등

③ 조직특성: 명확하고 공식화된 목표, 엄격한 규칙과 절차, 집단응집력 등

리더십의 대체요인과 중화요인을 관계지향적 리더십과 과업지향적 리더십으로 나누어 살펴보면 다음 〈표 11-2〉와 같다.

이에 대한 시사점으로는 ① 리더십 대체요인과 중화요인으로 인해 리더의 영향력이 약해질 수 있다. ② 리더십을 대체할 수 있는 요인을 적절히 활용해야 한다. ③ 리더십 중화요인이 확인되면 권력구조를 재검토해야 한다.

이와 같이 상황이론에 의하면 최선의 리더십은 존재하지 않는다. 리더는 개인이나 집단의 욕구나 상황의 특수성을 고려하여 리더십을 행사해야 한다. 리더십 유효성은 리더, 부하, 환경과의 함수로서 상황변수에 의해 좌우된다. 따라서 상황변수를 정확하게 진단하고 분석할 수 있는 능력이 요구된다.

표 11-2 리더십 대체요인과 중화요인

	특성의 정의	관계 지향적 리더십	과업 지향적 리더십
부하특성	경험 / 훈련	영향 없음	대체 요인
	전문가 성향	대체 요인	대체 요인
	낮은 보상 가치	무효화 요인	무효화 요인
과업특성	구조화된 과업	영향 없음	대체 요인
	자동적 피드백 제공	영향 없음	대체 요인
	내재적 만족	대체 요인	영향 없음
조직특성	명확히 공식화된 목표	영향 없음	대체 요인
	엄격한 규칙과 절차	영향 없음	대체 요인
	작업 응집력	대체 요인	대체 요인
	리더와의 물리적 거리	중화 요인	중화 요인

제 3 절 리더십 연구의 이슈

1. 리더십의 전범위 모형

B.M. Bass
(전범위 모형, 1991)

B. Avolio

1980년대 경쟁력 확보를 위해 조직을 새롭게 변화시켜야 한다는 인식에 따라 변혁적 리더십(transformational leadership)이 등장하였다. 전통적인 거래적 리더십의 한계로 인해 현실적 상황에 적합한 새로운 리더십이 요구되었기 때문이다. 그러나 배스(Bass)와 아볼리오(Avolio)는 비거래적 리더십(자유방임형 리더십)에서 거래적 리더십, 변혁적 리더십까지 리더십의 전범위(full-range) 모형을 제안했는데, 자유방임형 리더십은 지양해야 하지만 거래적 리더십과 변혁적 리더십은 모두 활용해야 한다고 하였다.

1) 비거래적 리더십(자유방임적 리더십)

리더로서의 책임을 다하지 않고, 의사결정을 지연시키고, 피드백을 제공하지 않고, 부하들의 욕구충족을 위한 노력을 하지 않는다.

2) 거래적 리더십(transactional leadership)

부하들의 요구를 개별화하지 않으며 개인적 발전에도 관심이 없다. 부하와 리더가 자신의 업적 달성과 그에 따른 보상을 위한 거래적 교환이 있을 뿐이다. 거래적 교환은 부하의 업적에 대한 보상과 문제 발생에 대해 수정 조치하는 예외관리를 내용으로 한다.

3) 변혁적 리더십(transformational leadership)

부하들의 정서, 가치관, 윤리, 행동규범, 장기적 목표 등을 변화시켜 기대 이상의 업적을 성취하도록 한다. 부하들의 동기와 욕구에 관심을 보이고 능력을 최대한 발휘하도록 한다. 변혁적 리더에 대하여 부하들은 신뢰감, 존경심, 충성심을 갖게 된다. 리더는 부하들이 과업결과의 중요성을 인식하도록 하고, 조직을 위해 자신의 이익을 초월하게 하고, 그들의 상위욕구를 충족시켜 준다. 변혁적 리더십의 구성요소는 다음과 같다.

① 이상적 영향력: 부하들에게 비전과 사명감을 심어주며, 높은 도덕적 행동과 카리스마를 통해 신뢰를 유지하며, 리더와 동일시하고자 하는 모델이 된다.

② 영감적 동기부여: 부하에게 미래에 대한 매력적인 기대를 심어준다. 정서적으로 호소하거나 상징적 행동을 통해 공동의 비전을 실현하는 데 최선을 다하도록 의욕을 고무시킨다.

③ 개별적 배려: 개개인의 이질적 요구를 인정하고 수용한다. 개인의 문제에 관심을 갖고 도전적 조언과 지도를 한다. 과업과 권한위임을 통해 동기부여하도록 한다.

④ 지적 자극: 부하들의 창의성과 혁신성을 자극한다. 부하들의 신념과 가치를 바꾸어 문제 해결을 위한 혁신적 방법을 개발하도록 지원한다.

변혁적 리더십은 높은 수준의 내적 동기부여, 신뢰, 몰입, 충성도를 자극하기 때문에 조직변화에 적합하다. 그러나 거래적 리더십이 전제가 되므로 이를 결합하여 행사하여야 한다.

2. 섬김의 리더십

H. Hesse
(1877 – 1962)

1970년대 그린리프(Greenleaf)는 헤세(Hesse)의 『동방순례』에서 레오(Leo)의 이야기를 통해 섬김의 리더십을 제시하였다. 섬김의 리더십은 레오와 같이 구성원들이 공동의 목표를 추구하는 과정에서 정신적으로나 육체적으로 지치지 않도록 환경을 조성하고 도와주는 것이다. 인간존중을 바탕으로 구성원들이 잠재력을 발휘할 수 있도록 도와주고 이끌어 주는 것을 내용으로 한다. 최근 조직이 경쟁력을 확보하기 위해서 새로운 리더십이 요구되며, 이에 대한 대안으로 섬김의 리더십(servant leadership)이 주목받고 있다. 섬김의 리더십은 봉사에 초점을 두고 구성원, 고객, 커뮤니티를 우선으로 그들의 욕구를 만족시키기 위해 헌신한다. 섬김의 리더십의 특성은 다음과 같다.

① 경청(listening): 부하에 대한 존중과 수용적 태도이다. 적극적 경청을 통해 부하의 욕구를 명확히 한다.

② 공감(empathy): 차원 높은 이해심이다. 부하의 감정을 이해하고 부하가 필요로 하는 것이 무엇인지 인식한다.

③ 치유(healing): 부하들에게 보살펴 주어야 할 문제가 있는가를 관찰한다.

④ 스튜어드십(stewardship): 부하들을 위해 자원을 관리하고 봉사한다.

⑤ 성장을 위한 노력: 부하들의 개인적 성장, 정신적 성숙, 전문분야에서의 발전을 위한 기회와 자원을 제공한다.

⑥ 공동체 형성(building community): 구성원들이 서로 존중하며 봉사하는 진정한 의미의 공동체를 조성한다.

3. 리더 – 구성원 교환이론

리더 – 구성원 교환이론(leader-member exchange theory: LMX 이론)은 리더와 구성원 간의 개별적 상호작용에 기반한다. 전통적 리더십은 리더의 영향력에 초점을 두고 리더와 구성원의 관계를 집단적 관계로 보았다. 그러나 LMX 이론은 리더는 구성원 개인과 서로 다른 관계를 구성함으로써 구성원 수만큼 리더 – 구성원의 관계가 형성되며 이런 관계가 개인과 조직의 성과에 영향을 미친다. LMX 이론의 발전과정은 평균적 리더십 유형(average leadership style: ALS), 수직쌍 연결(vertical dyad linkage: VDL) 이론, 리더 – 구성원 교환(LMX) 이론으로 볼 수 있다([그림 11 – 7]).

(1) 평균적 리더십 유형(ALS)

전통적 리더십은 리더가 구성원들에게 행사하는 리더십을 평균적인 개념에 기초하여 리더의 행위나 특성을 제시하는 평균적 리더십이다. 그러나 ALS 이론은 리더와 구성원 개인 간의 관계를 반영하지 못한다는 문제가 있다. 리더는 모든 구성원에게 동일한 리더십을 발휘하지 않으며, 구성원도 리더의 리더십을 동일하게 인지하지 않음에도 불구하고 리더의 영향력을 일반화시켰다는 것이다.

그림 11 – 7 LMX 이론의 발전단계

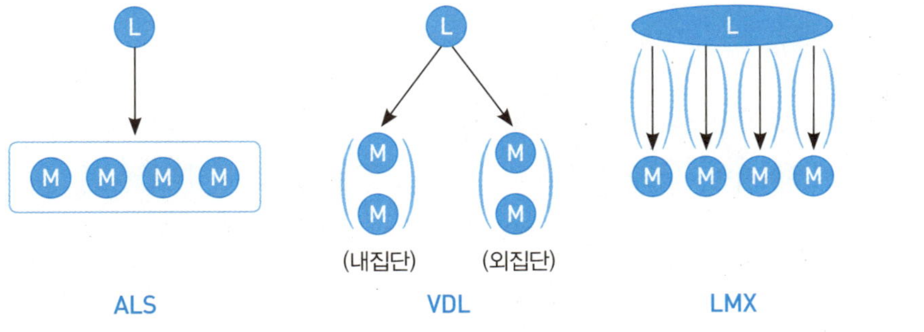

자료: 강정애 외 4인, 『리더십론』, 시그마프레스, 2010, 176면

(2) 수직적 쌍 연결(VDL) 이론

리더의 인지에 따른 집단적 관계를 리더와 구성원 개인의 수직 쌍 관계로 보는 것이다. 또한 수직 쌍 관계는 동일한 집단 내에서도 리더와 구성원 간의 관계수준에 따라 호의적으로 인지하는 내집단(in-group)과 비호의적으로 인지하는 외집단(out-group)이 존재하며 이들 집단에 대해서 리더는 상이한 리더십을 행사한다.

① 내집단: 상호간에 신뢰, 존경, 공동운명 의식 등 리더와의 긴밀한 관계를 통하여 자신의 역할을 비공식적으로 재정립하게 된다.

② 외집단: 리더는 일방적이고 하향적인 영향력 행사, 공식적인 역할과 관계 유지, 상호 결속력의 약화 등의 행동을 하게 된다.

(3) 리더－구성원 교환(LMX) 이론

VDL 이론이 내·외집단의 차이에 대한 것이라면 LMX 이론은 리더－구성원 관계의 수준과 리더, 구성원, 조직성과의 관계에 대한 것이다. LMX 이론은 리더와 구성원 간의 역할 형성 과정과 사회적 교환관계에 관심이 있으나, 최근에는 리더가 모든 구성원과 높은 수준의 교환관계로 발전하기 위한 리더십 만들기에 관심을 두고 있다. 리더십 만들기란 리더가 몇 사람의 부하보다는 모든 부하들과 양질의 교환관계를 개발해야 한다는 것이다. 모든 부하들이 자신은 내집단의 일원이라고 인식하도록 해야 한다는 것으로 다음과 같은 과정으로 이루어진다.

① 이방인(낯선) 단계: 리더와 구성원 간의 교류가 규정이나 공식적 범위 내에서 이루어지며 구성원은 집단보다는 자신의 이익을 먼저 생각한다.

② 면식(친선) 단계: 리더나 구성원이 사회적 관계를 제안하여 친숙한 관계를 형성하고 서로에 대한 검증이 이루어진다. 상호간에 자원, 직무, 개인적 정보를 공유하며 구성원은 집단의 문제에 관심을 갖게 된다.

③ 파트너(협동) 단계: 리더-구성원 간에 신뢰와 의무감이 형성되고, 구성원은 팀이나 집단을 이해하고 중요시하여 긍정적인 결과가 나타난다.

리더십 만들기는 처방적 접근법으로 내·외집단에 따른 부정적 관계를 제거하고 파트너 관계를 조성하여 직무만족과 직무몰입을 향상시키려는 것이다.

4. 글로벌 리더십

(1) 글로벌 리더의 중요성과 역량

세계화의 진전에 따라 글로벌 리더십이 중요시되고 있으며, 글로벌 리더에게 요구되는 역량은 다음과 같다.

① 자민족의 문화적 우월성이 아니라 이문화권 사람들을 평등하게 대할 수 있는 능력

② 다문화적 관점, 취향, 추세 등에 대한 학습능력

③ 글로벌 차원에서 경영·정치·문화적 환경을 이해할 수 있는 능력

④ 초문화적 비전을 설정하고 이문화권 사람들과 협력해서 직무를 수행할 수 있는 능력

⑤ 이문화권에서 비전 실현을 위한 의사소통과 실생활에 대한 적응능력

(2) 글로벌 리더십 유형

하우스(House) 등은 글로벌 리더십 유형을 다음과 같이 제시하고 있다.

1) 카리스마/가치중심적 리더십

영감(활력)을 불어넣는 능력, 동기유발능력, 핵심가치를 실현하기 위해 높은 성과를 요구하는 리더십이다. 이 같은 유형의 리더는 비전을 설정하고 활력을 고취하며, 자기희생적이고, 신뢰할 수 있고, 결단력과 업적지향적인 행동특성을 보인다.

2) 팀지향적 리더십

팀 구축과 팀원 간의 공동목표를 강조한다. 이 같은 유형의 리더는 협동과 통합을 위한 노력, 절충과 협상, 숙련된 행정능력을 발휘하는 행동특성을 보인다.

3) 참가적 리더십

의사결정과 실행에 부하들을 참여시키는 리더십이다. 이 같은 유형의 리더는 참가적이고 비독재적인 행동특성을 보인다.

4) 인간지향적 리더십

지원적이며 배려적 행동, 관대한 행동의 리더십이다. 이 같은 유형의 리더는 겸손하고 타인의 사고와 감정에 따라 민감하게 대응하는 행동특성을 보인다.

5) 자율적 리더십

자주적이고 독자적인 리더십이다. 이러한 유형의 리더는 자율적이고 독특한 창의적 행동특성을 보인다.

연구과제

1. 리더십 이론의 발전과정을 설명하시오.

2. 리더십이 조직행동에서 차지하는 비중에 대하여 설명하시오.

3. 리더십의 상황이론에 대하여 설명하시오.

4. 변혁적 리더십과 거래적 리더십의 관계를 설명하시오.

5. 리더십 전범위 모형을 설명하시오.

6. 리더와 구성원의 교환관계의 수준을 높일 수 있는 방안에 대하여 설명하시오.

7. ALS 이론, VDL 이론, LMX 이론을 비교하여 설명하시오.

Chapter 12

권력과 조직정치

제 1 절 권력의 개념과 유형

1. 권력의 개념

권력은 인간관계의 상호작용 과정에서 존재하며 구성원들의 행동양식과 의사결정의 인과구조를 분석할 수 있는 개념이다. 일반적으로 권력에 대한 인식은 정치권력이나 정당정치구조에 대한 것이다. 이로 인해 부정적 시각도 있지만 학문적으로는 집단과 조직 구성원의 행동양식을 예측할 수 있는 중요한 요인이다. 또한 권력과 유사한 개념으로 권위와 권한이 있으며 이에 대한 개념적 차이는 다음과 같다.

징기스칸(1162 – 1227)
자신의 의지대로 상대방을 움직이거나 지배할 수 있는 힘

① 권력(power): 타인을 복종시키거나 지배할 수 있는 공인된 힘

② 권한(authority): 조직계층에서 정당성이 승인되어 행사할 수 있는 권리나 권력의 범위

③ 권위(dignity): 특정 분야에서 인정을 받아 타인을 통솔하여 이끄는 힘으로 권력의 하위개념

인간의 행동에 대한 이해와 분석은 권력이라는 개념에 의해 접근할 수 있다. 베버(Weber)는 권력을 사회적 관계에서 한 행위자가 다른 행위자의 저항에도 불구라고 자신의 의사를 관철시킬 수 있는 가능성이라고 하였다. 타인을 자신의 뜻대로 움직이거나 지배할 수 있는 공인된 힘이라는 것이다. 따라서 권력은 대등한 입장이 아니라 불균형적 상황에서 존재하고, 타인의 행동을 변화시킬 수 있는 강제력의 크기이다.

2. 권력의 유형

권력의 유형은 다음과 같이 제시할 수 있다.

① 보상권력(reward power): A가 B를 보상(임금, 승진, 휴가 등)할 수 있는 관리적 권한이 있고, B가 이를 원한다면 B는 A의 영향력에 지배될 수 있다.

② 강압적 권력(coercive power): A가 B를 처벌(감봉, 좌천, 징계 등)할 수 있는 관리적 권한이 있고, B가 이를 피하고자 하면 B는 A의 영향력에 지배될 수 있다.

③ 합법적 권력(legitimacy power): A가 B의 공식적 상위자이면 B의 업무적 행동은 A의 영향력에 지배될 수 있다.

④ 전문적 권력(expert power): A가 B의 활동영역에서 전문적 지식과 경험을 소유하고 있고, B가 이를 얻고자 하면 B는 A의 영향력에 지배될 수 있다.

⑤ 준거적 권력(referent power): A가 B에게서 존경과 지지를 받을 때 B의 행동은 A의 영향을 받게 된다.

⑥ 정보적 권력(information power): A가 B에게 필요한 중요한 정보를 소유할 때 B는 이를 얻기 위해 A의 영향을 받게 된다.

⑦ 연대권력(connection power): A가 B에게 중요한 인물을 알고 있고 B는 그 인물에 대한 접근경로가 존재하지 않으면 B는 A에게 의존하게 된다.

⑧ 자원권력(resource power): A가 B에게 중요한 자원의 통제력을 확보하고 있고 B가 이를 필요로 한다면 A의 영향을 받게 된다.

권력의 유형은 조직 내 지위나 개인적 속성에 따라 상이하다. 이러한 인식에서 권력유형을 재분류하면 다음과 같다.

① 지위적 유형: 합법적 권력, 강압적 권력, 보상권력

② 개인적 유형: 전문적 권력, 준거적 권력

③ 기타 유형: 정보권력, 자원권력, 연대권력

조직에서 권력의 원천과 증감요인은 다음과 같다.

① 공식적 지위는 그 자체가 권력의 원천이다. 예산, 설비, 인적자원 등을 통제할 수 있도록 명시된 권한이 권력의 원천이다.

② 정보는 조직에서 중요한 가치가 있다. 일반적으로 상사가 많은 정보를 소유하여 자신의 권력을 유지하게 된다. 그러나 상사가 원하는 정보를 부하가 소유하여 상사에 대한 자신의 영향력을 새로이 개발시킬 수도 있다.

③ 불확실성은 권력증대의 원천이 될 수 있다.

④ 지식은 권력의 원천이 될 수 있다.

제 2 절 권력의 수용과 권력특성

1. 권력의 수용과정

권력의 행사와 수용과정에 대한 것으로 상황모델과 권력과정 모델이 있다.

(1) 상황이론적 접근

권력이 성공적으로 행사되기 위해서는 다양한 요인들이 호의적이어야 한다. 권력의 원천과 행사에 영향을 미치는 요인으로 피권력자의 특성과 상황적 요인이 있다([그림 12-1]). 피권력자의 특성과 관련된 요인은 다음과 같다.

그림 12-1 권력에 관한 접근법

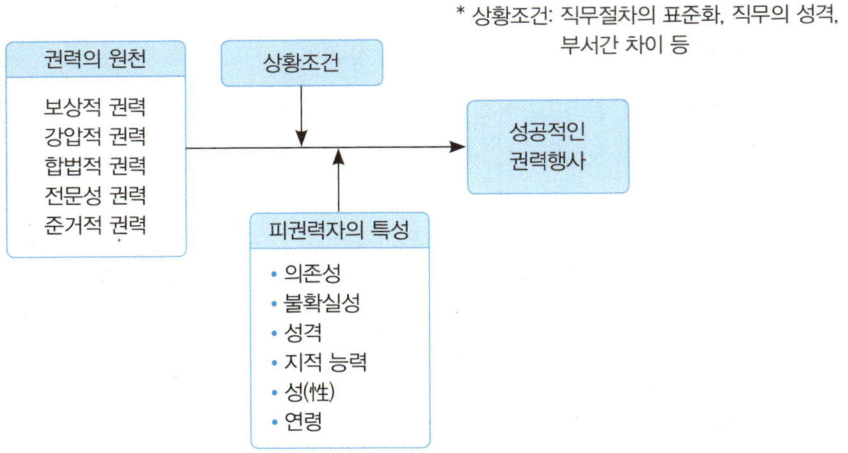

자료 : 박기복, 『조직행동연구』, 2014, 311면

① 상대에 대한 의존성이 높을수록 권력 행사에 영향을 받기 쉽다.

② 행동이 불분명하거나 불안정할수록 행동변화에 대한 영향을 받기가 쉽다.

③ 성격에 따라 영향력은 상이하다. 성급한 성격일수록 상대로부터 영향을 받기 쉽다.

④ 지적 수준이 높으면 상대의 주장에 깊은 관심을 보이지만 영향력에 대한 저항도 강하다.

⑤ 연령이 낮을수록 권력의 영향을 받기 쉽다.

또한 상황요인으로 직무나 문화적 특성이 있다.

① 직무 수행 절차가 표준화될수록 전문적 권력의 행사는 어렵고, 연구·개발과 같이 자율적이고 창의력을 요구하는 경우에는 강압적 권력이나 합법적 권력의 행사는 주의해야 한다.

② 개인주의적이고 경쟁지향적인 조직문화에서 권력의 영향력은 낮으나 집단지향적 문화에서는 높은 영향을 미친다.

(2) 권력과정 모델

권력행사자가 강력한 권력을 가지고 있어도 수용자가 받아들이지 않으면 영향력을 발휘할 수 없다. 켈만(Kelman)은 수용자가 권력행사자의 영향력을 받아들이는 원인과 과정을 제시하였다. 그는 권력의 원천을 보상성, 강압성, 통제성, 준거성, 존경심, 전문성, 합법성, 신뢰성으로 분류하고 순종과 동일화, 내면화의 과정을 통하여 권력이 행사된다고 하였다(〈표 12-1〉).

H. Kelman
(1927-2022)

① 순종: 수용자는 권력행사자로부터 보상을 기대하거나 처벌을 회피하기 위해서 영향력을 수용한다. 이 경우 다음과 같은 요건을 필요로 한다. ① 보상과 자원을 통제할 수 있는 능력이 있고, ② 수용자의 행동이나 결과를 관찰하고 평가할 수 있어야 한다. 순종 여부를 관찰하여 보상이나 벌을 주어야 하고, 권력행사자가 관찰하고 있다는 것을 인식하도록 해야 한다.

② 동일화: 개인이나 집단과 원만한 관계를 유지하기 위하여 타인의 지시나 명령에 따라 행동한다. 수용자는 동일화 과정을 통해 권력행사자의 영향력을 수용한다. 권력행사자의 도덕성이나 인간관계와 같은 개인적 자질에 매력을 느끼게 되어 호의적인 관계를 유지하기 위해 영향력을 수용한다.

③ 내면화: 권력행사자의 유도된 행동이 수용자의 가치체계에 부합하여 수용되

표 12-1 Kelman의 권력모델

권력수용 과정	권력의 원천	상황적 요건	피권력자의 영향력 수용이유와 반응	권력소유자의 대안
순종	보상적 권력 강압적 권력 정보적 권력	권력행사자가 보상과 처벌을 할 수 있는 자원통제 능력 소유	보상의 획득과 처벌을 회피하기 위해 조심스런 행동으로 대응	피권력자에 대한 철저한 감시
동일화	준거적 권력	권력행사자에게 매력을 느끼며 존경	권력행사자와 우호적인 관계를 유지하면서 자신의 만족을 높히려 함	권력소유자는 피권력자보다 우위적인 행동을 보임
내면화	전문성 권력 합법적 권력	권력행사자의 신뢰성과 지식이 필요	지속적인 내면적 가치 때문에 권력소유자와의 관계를 좋게 하고자 함	피권력자와의 깊은 관계 유지

어질 때 발생한다. 권력행사자의 주장이나 요구가 자신의 가치체계와 일치하거나 합당한 것으로 인정되고, 또 그것이 내재적 보상을 가져 온다고 생각하면 내면화 과정을 통해 영향력을 수용한다.

2. 계층에 따른 권력특성

조직은 수직적 차원에 따른 관리적 책임과 권한의 관계를 형성한다. 이를 계층구조 또는 명령계통이라 한다. 계층은 하향적으로 지시나 통제가 전달되고, 상향적으로 보고와 복종의 특성을 가지고 있다. 따라서 [그림 12－2]와 같이 조직계층에 따라 상이한 권한과 영향력을 소유하고 있다. 이에 따른 권력특성은 다음과 같다.

(1) 최고경영자의 권력특성

최고경영자는 강력한 권력을 소유한 조직의 책임자이며 의사결정권자이다. 물론 조직에 따라 권력 소유의 정도는 상이하다. 목표가 명확한 행정이나 기업조직은 비영리조직의 최고경영자들에 비해 높다. 또한 이들의 권력은 구성원들의 반응에 따라 상이하다. 그러나 최고경영자는 조직의 전반적 활동에 대한 공

그림 12－2 관리계층에 따른 영향력의 정도

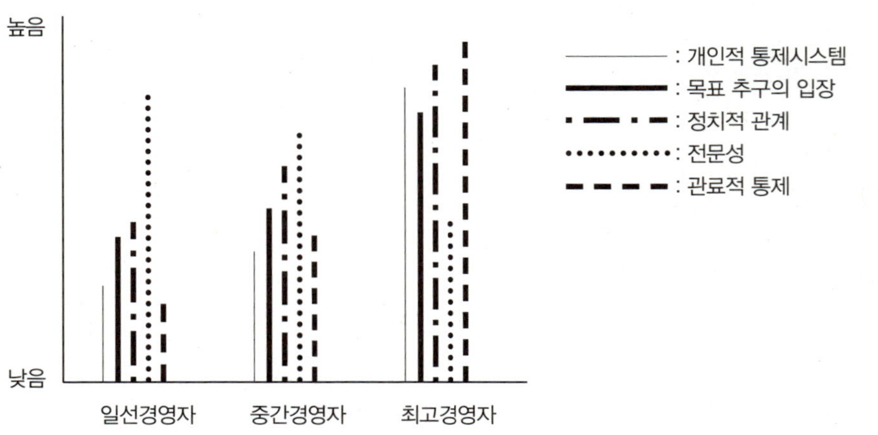

식적 권력을 부여받는다. 최고경영자는 구성원들에게 복종과 보상능력을 소유하고 자원과 정보에 대한 통제력을 가지고 있으나, 준거적 권력은 이들의 인간적 차원에 따라 상이하다.

(2) 중간경영자의 권력특성

중간경영자는 조직 내 특정 부문(사업부, 과, 공장)을 관리하기 때문에 해당 부문에서는 최고경영자의 역할을 한다. 따라서 최고경영자로부터 위임된 권력을 가지게 된다.

(3) 일선감독자의 권력특성

일선감독자는 현장근로자들을 관리하기 때문에 과업감독이나 기술지도 등을 한다. 이들은 현장에 대한 경험과 기술을 바탕으로 계량적인 일정목표 달성에 주력한다. 따라서 기술과 기능 등의 전문적 권력은 있으나 관료적 통제와 권한, 의사결정 재량권은 중간관리자에 비해 낮다.

(4) 스탭(staff)의 권력특성

스탭은 계층상의 관리자가 아니므로 보상권력, 합법적 권력, 강압적 권력 등을 소유하지 못한다. 또한 자기통제 하의 부하나 부서가 없어 계층상의 관리자에 비해 권력 형성에 어려움이 있다. 그러나 업무결과에 대한 직접적 책임을 지지 않으면서 조직활동에 개입할 수 있다. 특히 계획과 평가기능에 영향을 미친다. 또한 최고경영자와 같은 조직의 상부활동을 지원하기 때문에 정보, 자원의 배분과 중요한 의사결정 과정에 참여한다. 그들은 일반관리자와의 연대를 통해 협조와 영향력의 유지를 중시한다.

계층상 권력분포는 구성원의 행동을 분석하는 데 중요한 정보를 제시한다. 따라서 계층이나 지위라는 의미와 더불어 경영자의 차별적 권력특성을 파악할 수 있다([그림 12-3]).

그림 12-3 조직의 계층별 업무특성과 권력관계

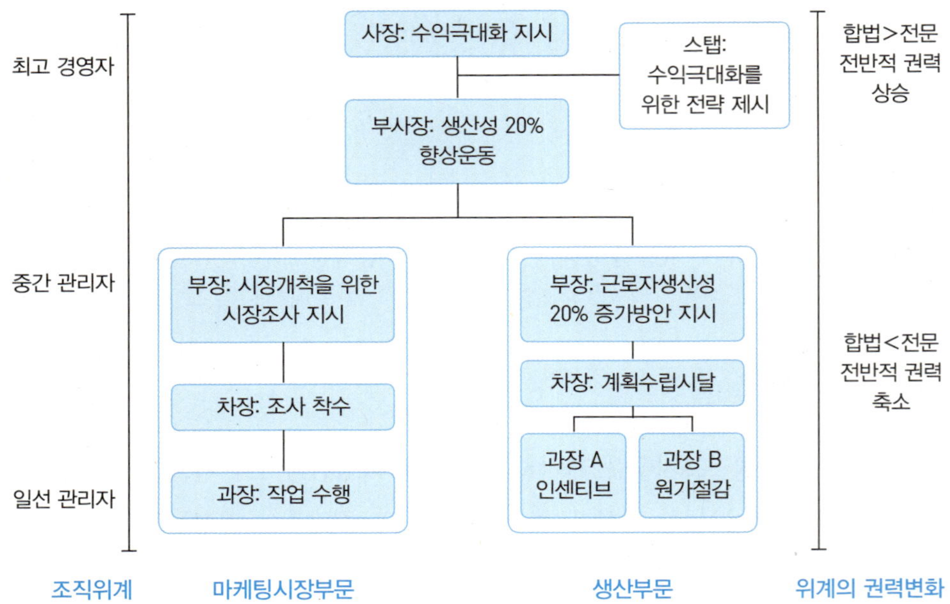

(5) 노동조합 지도자의 권력특성

로렌스섬유 파업(1912)
노동조합은 근로조건의 개선과 경제적·사회적 지위향상을 목적으로 자발적으로 결성한 조직

노사관계는 사용자와 노동자의 이익을 둘러싼 역학관계로 다음과 같은 특징이 있다.

① 사용자와 노동자는 단일조직에 존재하지만 집단에 따라 다른 리더의 영향력으로 관리된다.

② 노사관계와 조직관리에 대한 문제는 양 집단의 협력 없이 해결하기 어렵다.

③ 실질적인 리더가 노동자와 사용자 집단에 개입하지 않으면 문제 해결은 어렵다.

④ 협상에서 강력한 권한을 행사할 수 있는 사람은 각 집단의 실력자들이다.

사용자와 직접 교섭을 하는 노조대표는 조합원을 단결시키고 합의를 도출해야 하는 책임이 있다. 따라서 노조대표의 조합원에 대한 영향력이 중요하다. 그들은 노동운동에 대한 전문가라기보다 비공식적 인간관계에서 주도적인 정보전달자이며 의견수렴의 중심인물이다. 노조를 통해 리더십과 정치력을 공개적으로 행사하고 최고경영자와 대등한 위치에서 협상할 수 있는 지위를 보장받는다. 따라서 노조지도자는 신분상승과 사회적 욕구를 실천하기 위한 권한과 능력이 부여되고 권력지향적이며 사명감과 명분이 강한 특징을 나타내게 된다. 노조지도자의 특징은 다음과 같다.

첫째, 한시적인 권력보유자이다. 선거를 통해 선출된 대표로서 원만한 타협보다는 공약의 실천이 자신의 역량이라고 생각한다. 선거공약은 실제보다 과도하게 책정되기 때문에 그들의 행동에는 단기적이며 승부적 요인이 존재한다.

둘째, 그들이 조합원에게 제공할 관리적 보상과 동기부여의 수단은 제한되어 있다. 관리자는 보상과 통제적 권한을 소유하지만, 노조지도자는 관리대상은 많으나 관리적 권한은 미비하다. 보상권력과 강압적 권력의 부족으로 그들은 다음과 같이 행동할 가능성이 있다.

① 보상권력을 충족하기 위하여 보상을 사용자측에 요구하며, 사용자의 보상권력 행사의 불공정성에 관심을 가진다.

② 강압적 권력의 부족으로 조직관리를 위한 통제수단이 제한되기 때문에 선명성의 문제가 발생할 수 있다.

③ 합법적 권력의 부족으로 경영권에의 참여를 선호하고 인사권의 행사에 관심을 가진다.

셋째, 임기 후에 대한 보장이 없으면 투쟁이나 타협을 선택할 가능성이 있다. 따라서 협상자로서의 역할보다는 투쟁을 선택하거나 노조의 영향력을 이용해서 적당히 타협하여 이익을 확보하려 할 수 있다.

특히 조합원의 지지를 확보하지 못한 노조지도자는 협상의 대표성까지 위협받는다. 조합원을 통합하고 단결을 유도하기 위한 권력적 수단이 결여된 노조지도자는 다음과 같은 행동을 할 수 있다.

① 더욱 강경한 요구를 함으로써 자신의 대표성과 선명성을 확보하고자 한다.

② 자신의 협상안에 대한 조합원들의 합의 도출에 한계가 있다.

③ 조합원의 의견수렴에 분파적 행동이 발생할 가능성이 있다.

제 3 절 조직 내 정치행위

1. 조직 내 정치행위의 개념

상앙(B.C.390 – B.C.338)
개인 또는 집단이 자신들의 이익과 권력을 위하여 교섭하고 정략적으로 행동하는 것

조직 내 개인이나 집단이 목적달성을 위하여 권력을 획득하고 증가시키기 위한 다양한 활동을 조직정치(organizational politics)라 한다. 모든 계층의 관리자들은 승진에 의해 높은 영향력을 갖게 되고 의사결정에 자신의 의견이 채택되도록 구성원들을 정치행위에 참여시킨다. 또한 높은 수준의 급여와 제한된 자원을 확보하기 위해 정치행위를 활용한다. 그러나 조직정치가 일정 수준을 초월하게 되면 조직 고유의 목적 추구가 방해될 수 있다. 이 경우 구성원들의 직무만족은 감소하고 불안과 스트레스가 증가하여 이직률은 상승하고 조직성과는 감소한다. 따라서 조직정치에 대한 이해와 관리가 필요하다.

2. 정치행위의 유형

마일즈(Miles)는 조직 내 정치행위의 활성화 요인들을 다음과 같이 제시하였다.

① 자원: 중요한 자원, 새로 유입된 주인 없는 자원의 획득

② 의사결정: 애매하고, 합의에 이르지 못하고, 장기전략적 의사결정

③ 목표: 애매하고 복잡한 목표

④ 기술과 외부환경: 조직운용상 필요한 기술의 복잡성과 외부환경의 가변성

⑤ 변화: 재조직이나 조직개발, 비계획된 변화에 의한 권력형성

불안정하거나 조직활동이 단순하게 구성된 조직에서 정치행위는 활성화된다. 안정된 조직은 규칙과 절차에 따라 업무가 진행되어 개인적 영향력의 임의적 사용이 어렵다. 또한 조직활동이 단순한 조직은 구성원의 행동이 쉽게 파악되고 공개될 가능성이 크기 때문이다. 정치행위의 가능성이란 차원에서 조직의 특성을 살펴보면 다음과 같다.

첫째, 조직은 자원, 에너지, 영향력 등의 확보를 위해 경쟁하는 개인과 집단으로 구성되어 있다.

둘째, 개인과 집단은 경쟁과 협력을 통해 자신의 이익과 영향력을 보전하고자 한다.

셋째, 조직에는 권력의 불균형이 존재한다.

조직에서 정치행위는 당연히 존재하며 상황과 환경이 불안정하고 구성요소의 네트워크가 증가할수록 활성화된다. 조직계층에 따른 경영자들의 정치행위는 다음과 같다.

① 공격이나 비난: 경쟁자를 제어하기 위해 그들의 활동을 비판하거나 반대한다.

② 정보의 선택적 사용: 우호적이면 확실하고 긍정적 정보를, 경쟁자에게는 반대의 정보를 제공한다. 또한 경쟁자의 잘못은 공개한다.

③ 이미지 구축: 이해관계가 없는 사람에게는 중립적이고 객관적인 행동으로 자신의 이미지를 구축한다. 이에 의해 신뢰를 확보하고 지원을 요청하거나 자신의 결정이 객관적임을 설득한다.

④ 지지기반의 구축: 지속적인 지지와 후원을 하고 필요시 자신의 입장을 대변할 수 있는 기반을 구축한다.

⑤ 타인에 대한 칭찬: 중요인물이나 자신에게 도움이 되는 인물은 칭찬과 공감으로 자신에 대한 인식을 좋게 한다.

⑥ 강력한 인물과의 제휴: 실질적인 인물에게 충성과 헌신하여 후원자로 발전시킨다.

⑦ 타인과의 협약: 상호의존적인 인물과는 협력하여 도움이 되는 관계를 유지한다.

이러한 정치행위는 타인과의 상호작용 과정에서 경쟁자를 극복하고 우호적인 지원집단을 구축하기 위한 노력이다. 타인과의 관계 구축은 다음과 같은 형태로 나타난다.

① 연대: 경쟁이 아니라 협력하면서 지원
② 협약: 파트너의 입장에서 포괄적인 지원과 협력을 약속하고 득실을 분할
③ 공동전략: 협약을 초월하여 공동운명체로서 활동

또한 정치행위에 적극적인 인물의 특성은 다음과 같다.

① 강한 권력욕: 승진과 권력의 강화를 조직활동의 성패기준으로 인식한다. 또한 대인관계를 의도적으로 조성하며 정보와 타인의 행동에 관심이 많다. 권력자의 주변에서 일하고자 하며 관심이 없는 일은 하지 않는다. 비공식집단을 결성하여 주도적 역할을 한다. 부하에 대하여 관심과 지원을 하고 그들의 문제를 적극적으로 해결한다.

N. Machiavelli
(1469 – 1527)
자신의 이익을 위해 타인을 희생하면서 그들을 조작하는 사회적 행동

J.B. Rotters
(1916 – 2014)
직면하는 모든 일들을 스스로가 통제할 수 있다고 믿는 사람

② 마키아벨리언: 확실한 신념이나 철학이 없으며 의사결정은 개인의 이해득실에 따라 이루어진다. 특정 상황을 직접 조성하지는 않지만 이에 개입하여 영향력을 행사하려 한다. 정보에 민감하지만 결단력은 없다. 책략과 간섭을 타인에 대한 영향력의 수단으로 사용한다.

③ 내재론자: 호(好)·불호(不好), 찬성과 반대를 표현하지 않으며 상황을 직접 조성하지 않는다. 공식조직의 인간관계와는 별도의 비공식집단을 결성하여 일을 추진하려 한다. 전면에 나서거나 자신의 책임 하에 일이 추진되는 것을 회피한다. 상황분석을 좋아하고 신속한 의사결정은 하지 않는다.

④ 적극적인 위험 수용: 결정된 일은 주도적으로 참여하고 주도적으로 참여할 수 없는 일에는 관심이 없다. 의사결정 과정에서 자신의 주장을 강하게 표현하며, 설득을 통해 지지를 얻고자 한다. 모험과 도전을 선호한다.

또한 정치행위자들은 인물유형에 관계없이 다음과 같은 공통적 특

성이 있다.

① 일을 추진하는데 자신의 영향력을 확보할 수 있을 때에만 관심을 가진다. 영향력을 확보할 수 없거나 일의 주도자가 아니라면 무관심하거나 반대자의 입장에서 비판과 문제점을 제기한다. 갈등과 대립의 원인이 된다.

② 공식적 절차나 규정에 의한 일 처리를 무시한다. 객관적 절차와 규정에 대해 문제점을 부각시키며, 주관적 판단에 의한 의사결정을 선호하고 자신의 권한을 확보하려 한다.

이와 같이 조직정치행위는 조직의 본질적 속성에 기초하고 구성원의 개인적 속성에 의해 활성화된다. 정치행위는 권력을 확보하기 위한 적극적인 행동과정으로서 인간의 본능이며 기본적 욕구이다. 따라서 정치행위 자체보다는 수단과 목적이 정당한가에 중점을 두어야 한다. 정당한 목적을 합법적 수단을 통해 추구해야 한다. 수단과 목적의 차별화에 의해 이루어지는 정치행위의 유형은 다음과 같다.

(a) 조직에서 용인된 수단에 의해 용인된 목표를 추구하는 행위
(b) 조직에서 용인되지 않은 수단을 이용해 용인된 목표를 추구하는 행위
(c) 용인된 수단에 의해 용인되지 않은 목표를 추구하는 행위
(d) 용인되지 않은 수단에 의해 용인되지 않은 목표를 추구하는 행위

다음 [그림 12 - 4]에서 (a)는 영향력의 수단과 목적이 용인된 방법을 사용하기 때문에 가장 바람직한 유형이다. 열심히 직무를 수행하여 승진하려는 행위이다. (b)는 용인된 수단을 이용하여 불법적인 목적을 추구하는 것으로 부정적인 유형이다. 직무수행 과정에서 취득한 정보와 기술을 경쟁사에 파는 행위이다. (c)는 공식적 규범에 허용되지 않은 수단을 이용하여 조직에 긍정적인 목표를 추구하는 유형이다. 절차를 무시한 정보수집과 업무추진을 통해 직무를 성공적으로 수행하는 행위이다. (d)는 허용되지 않은 수단을 이용하여 조직에 부정적인 목표를 추구하는 것으로 가장 바람직하지 않은 유형이다. 경쟁자의 직무수행을 방해하여 불이익을 받게 하고 자신은 호의적으로 평가받는 행위이다.

그림 12-4 메이즈와 알렌의 정치행위 유형

영향력의 수단 \ 영향력의 목표	조직에 의해 용인됨	조직에 의해 용인 안됨
조직에 의해 용인됨	비정치적 과업행위 (a)	조직에 잠재적으로 역기능적인 행위 (b)
조직에 의해 용인 안됨	조직에 잠재적으로 기능적인 행위 (c)	조직에 역기능적 행위 (d)

자료: B.T. Mayes and R.W. Allen, "Toward a Definition of Organizational Politics," *Academy of Management Review*, Vol. 2, 1977, p.677.

3. 정치행위의 본질

조직에 순응적이라면 관리시스템에 동의하고 직무지시에 불만이 없다는 의미이다. 따라서 상부의 권위를 존중하고 조직의 목표달성에 공헌한다. 조직의 지시나 경영자의 관리방침에 순응하는 것이 이익이 된다면 불법적이고 비규칙적인 정치행위를 할 필요가 없기 때문이다. 그러나 자신이 원하는 목표달성이 어렵거나, 공식적 규범과 절차에 의해 해결할 수 없다면 순응하는 것보다 정치행위로 해결하려 한다. 정치행위는 다음과 같은 내용을 포함하고 있다.

① 합법적 체계를 벗어난 행동이다. 불법적이고 비밀스러운 행동이기도 하다.

② 조직 차원에서 희생을 감수해서라도 개인과 집단의 이익을 추구하는 행동이다.

③ 분파적이고 갈등을 유발하는 행동이다.

이와 같이 정치행위는 비공식적이고 불법적 행동으로 개인과 집단의 이익에 집착하는 이기적 행동이다. 이러한 행위는 조직의 영향력이 약하거나 조직의 영향력에 대한 저항으로 나타날 수 있다. 그 결과 조직의 목표나 절차가 왜곡되기도 한다.

정치행위는 합법적 권력을 대체하기 위한 연대에서 발생한다. 연대는 조직의 영향력 체계에 문제가 있고, 구성원이 이러한 체계에 만족하지 않는 경우에 발생한다. 구성원의 충족되지 않은 욕구는 임의적 행동을 가능하게 하며, 이러한 경우 조직의 공식적 권한을 무력화시키기도 한다. 정치행위의 본질적 요인은 다음과 같다.

① 목표의 왜곡: 관료적 통제체계의 목적은 공식목표를 계층에 따라 할당하는 것이다. 이를 통해 하부단위들의 목표와 절차가 명확해지고 성과에 대한 계량적 평가도 가능하다. 그러나 이 과정에서 임의성과 재량적 행동이 개입할 가능성이 있다.

목표의 계량화는 경쟁을 유발한다. 계량화된 목표를 달성하기 위한 경쟁과 갈등은 부정적 결과로 나타난다. 판매액에 따라 평가가 이루어지면 자신이나 가족들이 구매할 수 있다. 또한 단기적 목표는 서로 상충되기도 한다. 장기적 차원에서 이러한 목표들은 기여도에 따라 평가가 달라질 수 있다. 성장만을 강조하면 수익성이 감소하며, 수익성의 감소는 미래의 재무구조에 영향을 미치게 된다. 이러한 현상이 성장과 안정에 대한 해석을 두고 갈등이 유발될 수 있다.

② 하위최적화: 조직목표는 하부목표들의 원활한 진행으로 확보될 수 있다. 그러나 구성원들은 전체적인 조화 속에서 자신의 목표를 생각하는 것이 아니라 자신의 목표달성만을 중요시하는 경향이 있다.

③ 목표–수단의 전도: 이것은 하부최적화와 관계가 있다. 자신의 과업달성을 전체적인 목표달성의 조화로서 생각하는 것이 아니라 자신의 이익추구를 위한 수단으로 인식하는 현상이다. 이들에게서 조직은 물론 단위부서의 목표도 자신의 목표에 우선하지 못한다.

또한 이것은 관료적 절차와 관계가 있다. 절차는 유연하게 운영되어야 한다. 그러나 조직활동에 대한 책임규명이 어렵기 때문에 대부분의 인사평가가 규칙이나 절차를 위반했는지에 의해 이루어진다. 따라서 유연성보다는 규칙이나 절차의 준수가 중요한 행동기준이 된다. 이러한 현상은 계층상의 관리집단에서 자주 발생한다. 그들은 공식조직의 규칙과 규정에 따라 평가받기 때문이다.

④ 집단압력: 인간은 집단 속에서 보호받으려는 본능이 있다. 그러나 조직의 공

식적 시스템은 이들의 이익을 완전하게 보호하지 못한다. 따라서 위기적 상황에서 비공식 조직을 이용하여 자신의 이익을 위해 노력하며 이러한 과정에서 집단압력이 발생한다. 집단압력은 조직구조와 관련이 있다. 부문화에 의한 집단형성과 운용은 다양한 비공식집단을 발생시키며 이 과정에서 경쟁과 갈등이 나타난다. 라인과 스탭 갈등, 계층간 갈등이 대표적이다.

⑤ 외부관계자와의 연대: 외부관계자와의 연대는 공식적 명령계통을 벗어날 수 있다. 외부 이해관계자는 비공식적 관계를 통해 조직내부자와 연대를 형성하며 이를 통해 협상과 거래를 하려 한다. 협상과 거래는 공식적 조직목표를 이탈하기 쉽고, 내부자는 상사의 지시보다 외부인을 중요시한다. 연대는 그들이 추구하는 목표에 대한 동맹관계이다. 따라서 내부자는 조직목표의 수행보다 외부인과의 연대를 통해 자신의 이익을 얻을 수 있다.

⑥ 조직내부자의 본질적 욕구: 조직내부자는 자신의 이익을 위해 합법적 권한을 대체할 정치적 연대를 탐색한다. 또한 조직에 애정과 소속감이 낮은 사람이 소극적 노력을 통해 공식적 권위에 저항하며, 내부의 경쟁자가 찬성하기 때문에 반대하는 행동을 하기도 한다.

4. 정치행위의 활용

정치행위는 개인적 이익을 위한 것이라는 사고가 일반적이다. 그러나 조직의 공식적 목표 달성을 위해 유용하게 사용될 수 있다. 경영정책과 조직구조의 변화, 경영자 승계, 자원할당 등 불확실성이 높은 문제는 정치적 행동이 필요하다. 부서의 목표 달성을 위해 관리자는 연대 구축, 네트워크 변화, 합법성 제고, 강력한 주장 등 정치적 행동을 활용한다. 이를 통해 정치적 역량을 개발하고 자신의 지위와 상황에 적합한 전술을 습득한다. 조직에서 권력을 향상시키고 발휘하는 방법은 다음과 같다.

(1) 권력향상을 위한 전략

조직을 정확하게 이해하고 통제하면 권력을 향상시킬 수 있다. 조직의 불확실성을 예방하고, 자기 부서에 대한 의존성을 증가시키고, 희소자원을 확보하고, 자신이나 자신의 부서만이 성공요인을 보유하고 있다면 권력은 증가한다.

(2) 권력 행사를 위한 전략

권력을 행사하기 위해서는 능숙함과 의지가 있어야 한다. 원활한 권력 행사를 위한 방법은 다음과 같다.

① 세력집단을 형성하기 위해 원만한 인간관계를 유지하고 유익한 협력과 동맹관계를 구축한다. 네트워크를 확대하여 새로운 사람이나 비호의적인 사람과도 긍정적 관계를 구축한다.

② 목표달성과 관련된 중요한 지위에 충성스러운 사람을 배치한다.

③ 의사결정에 유용한 정보는 선별적으로 수용하고 장애가 되는 정보는 제한한다.

④ 조직 내·외의 전문가를 활용하여 과업에 대한 합법성과 전문성을 제고한다.

⑤ 자신의 제안 이외에 다른 대안은 없다는 것을 부각하고 이를 단호하게 추진한다.

5. 조직정치에 대한 대처

조직정치는 자연적이며 필연적인 현상이지만 지나치면 부정적 결과가 나타난다. 조직의 합리성이 정치에 의해 대체되고, 높은 직무에 대한 전문성이나 능력을 가진 사람이 정치적 능력을 가진 사람으로 인해 인정받지 못하거나 희생양이 되기도 한다. 그 결과 구성원들은 소외나 불만을 지각하고 조직분위기는 물론 성과도 위협받게 된다. 이를 예방하기 위한 관리방안은 다음과 같다.

① 개방과 신뢰의 조직분위기를 조성한다. 상사가 조직보다 자신의 이익을 위해 권력을 추구하면 존경과 신뢰를 상실한다. 또한 의견 제시에 불이익이 없다면 구성원들은 솔직해지고 정치적인 행동은 감소한다.

② 공정한 승진기준을 시행한다. 상사가 자신의 이익을 위하여 불공정한 승진시스템을 운영하면 구성원의 정치행동은 증가한다.

③ 객관적 기준에 의한 성과평가를 시행한다. 성과평가가 객관적으로 이루어지면 정치행위는 감소한다.

④ 예측 가능하고 상식적인 조직운영이다. 예측 불가능한 조직문화에서는 자신을 보호하고 이익을 확보하기 위해 정치행위가 활성화된다. 또한 비상식적 조직운영은 비공식 집단을 통해 자신의 이익을 추구하려는 정치행동을 증가시킨다.

⑤ 조직구조의 변경이다. 조직계층이 증가하면 조직의 비민주화와 권력집중 현상이 나타난다. 권력집중은 자연적인 현상이지만 조직구조는 가능한 수평이 되어야 한다. 이것은 조직민주화와 권력의 분산을 의미한다. 권력이 분산되면 정치행동은 감소한다.

⑥ 경영자의 솔선수범이다. 경영자가 정치행위를 하지 않으면 구성원의 정치행위도 감소한다.

연구과제

1. 권력의 정의와 유형에 대하여 설명하시오.
2. 권력, 권한, 권위의 차이점에 대하여 설명하시오.
3. 권력의 작용과정을 설명하시오
4. 조직계층에 의한 권력분포에 대하여 설명하시오.
5. 노동조합 지도자의 권력특성을 설명하시오.
6. 조직정치행위의 유형에 대하여 설명하시오.
7. 권력을 획득하기 위한 전략을 설명하시오.
8. 조직 내 정치행위는 긍정적인가, 아니면 부정적인가를 설명하시오.

P/A/R/T

04

조직행동수준

Chapter 13 조직구조와 직무설계

Chapter 14 조직문화

Chapter 15 조직변화와 조직개발

Chapter 13

조직구조와 직무설계

제 1 절 조직구조의 개념

조직구조(organization structure)는 목표달성을 위하여 조직활동을 기능별·위계별로 세분화하고, 이에 대한 관리적 책임과 통제의 범위를 조직화한 것이다. 로렌스와 로쉬(Lawrence & Lorsch)는 구조적 상황이론을 제시하면서 조직구조는 환경의 불확실성에 따라 분화와 통합이 이루어져야 한다고 하였다. 따라서 조직구조는 다양한 요소들로 이루어진 조직의 구조적 관계, 구성원들의 상호관계, 권력과 지위, 구성원의 활동에 대한 관리체계 등이 포함된다. 조직구조의 형성에 영향을 미치는 요인은 다음과 같다.

1. 복잡성

복잡성이란 조직 내 분화의 정도로서 구성원들이 과업과 이에 대한 책임을 어떻게 나누는지에 대한 것이다. 복잡성은 수평적 분화와 수직적 분화로 설명할 수 있다.

(1) 수평적 분화

수평적 분화(horizontal differentiation)는 분업과 전문화의 원리에 의해 세분화된 조직활동을 구성원의 직무에 결합하고 이를 집단화한 것으로, 근로자의 수 및 교육훈련, 과업의 질과 양의 정도에 따른 분화이다. 따라서 동일한 위계의 수준에서 유사하거나 관련이 있는 직무를 통합하여 직무수행과 관리적 효율성을 향상시키려는 목적이 있다. 이것은 기본적으로 기능, 제품, 지역 및 고객별로 이루어진다.

1) 기능별 분화

조직이 생산, 마케팅, 재무, 인사 등의 기능부문으로 분화되는 것이다. 부문별로 전문화를 촉진하고 능률을 향상시키며 부문간 조정이 용이하다. 그러나 조직규모가 커지면 의사결정이 지연되고 효율적인 통제와 전반관리자의 육성이 곤란하다는 문제가 있다.

2) 제품별·고객별·지역별 분화

제품별 분화는 판매하는 제품의 종류에 따른 분화이다([그림 13-1]). 고객별 분화는 특정 고객층이나 시장별로 분화되는 것이다. 지역별 분화는 조직활동을 지역별로 세분화하여 분화하는 것이다. 각 부문이 단일관리체계로 운영되기 때문에 의사결정이 신속하고 전문적 능력을 가진 경영자의 지휘가 용이하다. 또한

그림 13-1 제품별 부문화의 형태

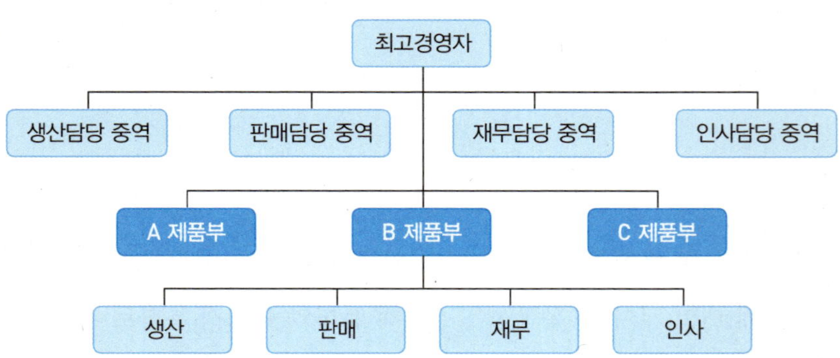

각 부문별 활동목적과 성과기준이 명확하고 자율성 확보라는 장점이 있다. 그러나 부문별 경쟁으로 협력 가능성이 감소하고 조직 차원에서 자원의 배분과 전략목표가 분산된다는 문제가 있다.

(2) 수직적 분화

수직적 분화(vertical differentiation)는 상하관계에 의해 이루어지는 것으로 계층이나 위계의 수가 증가하는 것이다. 계층은 직무를 수행하는 개인에게 공식적인 권한과 역할을 부여하며 통제와 보고의 경로를 제공한다. 따라서 조직의 역사가 길고 구성원의 수가 증가함에 따라 수직적 분화를 하게 된다.

2. 공식화

공식화는 구성원들의 행동을 규제하는 조직운용 규칙, 정책, 절차가 명문화된 정도이다. 따라서 조직이 공식적으로 특정 직무를 누가, 언제, 어떻게 수행해야 한다는 것을 명확하게 정해 놓은 정도이다. 구성원의 행동을 정형화하고 예측 및 통제가 가능하도록 하는 데 목적이 있다. 이것은 관리적 차원에서 불확실성을 감소하고 동일한 조건과 기준에서 평가가 이루어지기 때문에 정형적 업무, 관례적 절차에 의한 조직관리에 효율성이 있다. 그러나 지나친 공식화는 규칙과 절차의 준수가 업적평가의 중요한 기준이 되어 조직은 경직되고 환경적응력과 창의적 활동은 상실된다. 또한 구성원의 재량권과 의사소통이 감소하고 유기적인 직무수행이 어렵게 된다. 따라서 비일상적인 업무나 의사결정, 외부요인을 고려해야 하는 경우에는 공식화의 정도를 완화하는 것이 바람직하다.

3. 집권화

집권화는 의사결정권한이 상층부에 집중되어 있고 중간관리자나 하위부문에는 제한되어 있는 정도이다. 의사결정권한은 최고경영자나 부문의 책임자가 행사하는 고유권한이다. 따라서 안정적인 환경에서 내부효율성에 의해 경쟁우위를 확보할 수 있는 사항이면 집권화에 의한 조직관리가 효율적이다. 그러나 조직환경이 불확실하고 기술집약적이라면 내부효율성보다는 품질우위나 다양성, 차별화에 의한 경쟁력이 요구되기 때문에 분권화가 적합하다. 따라서 상층부의 의사결정권한을 인정하면서 의사결정 과정에 구성원을 참여시켜 이에 대한 공감대를 확보하고 환경변화에 신속하게 대응할 수 있어야 한다.

제 2 절 조직구조의 결정요인

1. 조직규모

조직규모를 이루는 요인은 자산, 업종, 구성원 등이지만 대표적인 요인은 구성원의 수이다. 구성원이 많으면 수직적 및 수평적 분화의 가능성이 있기 때문이다. 그러나 조직규모에 따른 분화는 산업에 따라 상이하다. 노동집약적 산업은 구성원이 많아도 분화의 정도가 낮지만, 장치나 첨단기술집약적 산업은 구성원의 수가 적어도 분화의 가능성은 높다.

2. 기 술

기술은 산업특성, 구성원의 수 및 수직적·수평적 분화와 관련성이 있는 요인이다. 기술은 조직의 수명주기에 따라 변화과정을 거치게 된다. 창업 초기에는 단순기술에 의한 단일제품을 생산하고 성숙기에는 복합기술에 의한 다양한 제품생산으로 발전한다.

(1) 우드워드의 연구

우드워드(Woodward)는 조직구조와 성과의 관계에서 기술이 중개역할을 한다고 하였으며, 기술의 유형을 생산기술을 중심으로 다음과 같이 분류하였다.

Structural Characteristic	Unit based	Mass based	Continuous based
Number of management levels	Low	Medium	High
Supervisory span of control	Low	High	Low
Ratio of managers to total workforce	Low	Medium	High
Skill level of workers	High	Low	High
Overall structure	Organic	Mechanistic	Organic

기술적 복잡성에 따라 소량, 대량 및 연속공정 생산체제로 구분하고 이에 적합한 조직구조를 적용

① 단위생산기술: 제품은 주문생산 방식이며 생산공정은 반복적이지 않다. 기술의 복잡성은 낮다.

② 공정생산기술: 제품은 원자재로부터 연속적인 공정을 거쳐 생산된다. 전체적으로 기술의 복잡성은 높지만 공정의 각 단계는 전문화되어 있다. 화학과 정유산업이다.

③ 대량생산기술: 제품은 조립공정 방식에 의해 생산된다. 생산과정은 반복적이고 규칙적이기 때문에 생산공정이 안정되어 있다. 기술의 복잡성은 높지 않다.

대량생산기술을 적용하는 조직은 고도로 공식화되었으며 집권적 조직구조를 가지고 있다. 원가절감과 가격경쟁력을 지향하며, 소품종 대량생산체제이기 때문에 통제가 용이하고 신속한 의사결정이 가능하다. 따라서 권한의 위양은 이루어지지 않는다. 그러나 단위생산기술과 공정생산기술을 적용하는 조직에는 낮은 공식화와 분권화가 이루어진다. 다품종 소량생산체제에서는 분권적 조직관리가 효과적이다. 각 제품계열에 대한 책임관리를 가능하게 하고 환경변화에 신속히 대응할 수 있다.

(2) 페로우의 연구

C. Perrow(1925-2019)
과업다양성과 문제 분석 가능성에 따라 일상적, 비일상적, 공학 및 장인기술로 구분하고 이에 적합한 조직구조를 적용

페로우(Perrow)는 기술을 과업변화성과 분석 가능성으로 분류하였다. 과업변화성은 과업수행 과정에서 발생하는 우발적 변화의 빈도이다. 안정적인 과업일수록 조립공정이나 표준화·규격화된 제품을 생산하기 때문에 우발적 변화의 가능성은 낮다. 그러나 주문생산기술과 같이 과업다양성이 높으면 이에 대한 가능성은 높다. 분석 가능성은 과업수행 과정에서의 우발적 변화에 적절하게 반응할 수 있는 피드백이다. 생산과정이 안정되어 있는 일상적 기술은 이러한 변화에 대한 가능성이 낮기 때문에 소품종 대량생산이나 노동집약적 산업에서 채택한다. 가전제품을 생산하는 공학

적 기술은 이에 대한 빈도는 높으나 체계적인 방법으로 처리될 수 있다. 장인의 기술은 이에 대한 빈도는 낮으나 문제의 분석이 어려운 공예산업이다. 비일상적 기술은 우발적 변화의 빈도도 높고 문제의 분석이 어려운 산업으로서 첨단기술 집약적 산업이다. 따라서 일상적 기술을 활용하는 조직은 공식화와 구조화가 적절하지만, 비일상적 기술을 활용하는 조직은 분권적 관리가 적절하다.

(3) 톰프슨의 연구

J.D. Thompson(1920 – 1973)
작업 간 상호의존성에 따라 중개적, 연계 및 집약적 기술로 구분하고 이에 적합한 조직구조를 적용

톰프슨(Thompson)은 공식조직에서 발견될 수 있는 기술을 다음과 같이 제시하였다.

① 장치적 기술(long linked technology): 연속적으로 여러 부서의 상호의존성에 의해 수행되는 기술이다. 조립공정에 새로운 공정을 추가하는 방식으로, 이러한 기술은 여러 활동들 간의 조정이 요구된다. 관리자가 직면하는 불확실성은 각각의 공정투입 단계에서의 적시성과 적합성이며, 다단계로 구성되는 생산공정을 관리하기 위해서는 수직적 통합이 필요하다.

② 중개적 기술(mediating technology): 금융기관과 같이 양 고객을 연결시켜 주는 기술이다. 이 기술은 상호의존성을 필요로 하며, 불확실성을 극복하기 위해서 가능한 서비스의 수를 증가시킨다.

③ 집약적 기술(intensive technology): 고도의 조립생산기술을 채택하는 조직에서 외주에 의한 부품의 조립을 수행하는 경우이다. 의료기관에서 개개 부서간 진료활동과 이를 통합한 진료활동이 이루어진다. 이러한 조직은 부문간 원만한 상호관계가 성과향상의 중요한 요인이다.

3. 환 경

조직구조와 상황론적 관점에서 환경과의 관계에 대한 것이다.

(1) 번즈와 스테커의 연구

T. Burns
(1913 – 2001)

번즈와 스테커(Burns & Stalker)는 서로 다른 환경조건을 고려하여 기계적 구조와 유기적 구조로 분류하였다. 기계적 구조(mechanistic organization)는 공식화, 집권화, 권한과 책임의 명확화, 수직적 명령계통, 계층적 지배관계를 특성으로 하는 조직이다. 유기적 구조(organic organization)는 수평적 상호작용, 분권화와 비관료제적 조직이다. 안정적 환경에서는 기계적 조직구조가 효과적이고, 동태적 환경에서는 유기적 조직구조가 효과적이며, 효율적인 조직구조는 환경에 적응할 수 있는 조직구조이다.

(2) 로렌스와 로쉬의 연구

P. Lawrence(1922 – 2011) &
J. Lorsch(1932 –)

로렌스와 로쉬(Lowrence & Lorseh)는 안정적 환경에서는 기계적 조직구조가, 불확실한 상황에서는 유기적 조직구조가 성과를 향상시킨다고 하였다. 또한 하위부서의 조직구조에서도 안정적인 환경에서 생산부서는 공식화의 수준이 높지만 연구개발부서에서는 낮다.

4. 전 략

M. Porter
(1947 –)

포터(Porter)는 시장침투전략으로서 총괄적 비용우위전략, 차별화전략, 집중화전략으로 구분하고 이에 적합한 조직구조를 제시하였다(다음 [그림 13 – 2]).

일반시장을 표적으로 하는 총괄적 비용우위전략은 비용을 낮게 유지하여 많이 파는 전략으로 기계적 구조가 유리하다. 차별화전략은 경쟁사보다 질이 높고 독특한 감각의 제품으로 경쟁우위를 추구하는 전략으로 유기적 구조가 적당하다. 특정 시장에서는 고객에 적합한 집중화전략을 실시하되 필요에 의해 유기적 구조와 기계적 구조의 특성을 혼합 사용하여야 한다.

그림 13-2 포터의 시장침투전략

	저비용 지위	고객에 의해 인지된 특이점
시장일반	총괄적 비용 우위 전략	차별화 전략
특정시장	집중화 전략	

제 3 절 조직구조의 유형

W.G. Bennis
(1925-2014)

베니스(Bennis)는 전통적인 관료제의 문제점을 지적하였다. 관료제 조직은 개인과 조직목표 사이의 갈등을 해결할 수 없고 환경변화에 적응이 어렵다는 것이다. 기계적 조직은 환경변화가 단순하거나 예측이 가능하며 정형화된 직무에 효과적이다. 그러나 조직활동이 다양화하고 불확실한 환경 하에서 융통성을 발휘할 수 없다. 따라서 급변하는 환경변화에 적응하기 위하여 과거의 전형적인 조직구조에서 유기적 조직으로, 개인중심 조직에서 팀중심 조직으로 전환하여야 한다.

1. 전형적 조직구조

집권적 조직은 일반적으로 관료제(bureaucracy)의 원리에 기반을 두고 있다. 관료제 조직의 특성은 분업과 명확한 권한계층, 고도의 공식화이다. 분업은 직무를 단순화하고 명확하게 세분화하는 것이며, 명확한 권한계층은 위계에 따른 권한과 통제의 범위를 설정하는 것이고, 고도의 공식화란 조직활동의 절차와 의사결정 과정을 명시적인 제도로써 운영하는 것이다.

관료제의 장점은 ① 분업에 의한 전문화와 표준화에 의해 운영되기 때문에 효율성이 높다. ② 관리적 활동을 공식화·제도화함으로써 객관적이고 공정한 기준에 의해 운영된다. ③ 직무수행 방법과 절차, 승진과 징계의 사유가 명확하여 안정적인 조직활동을 수행할 수 있다. 따라서 공개적인 반발과 저항의 가능성이 감소한다. 반면에 단점으로는 ① 공식화로 인하여 규칙과 절차에 위반되지 않는 과업활동만을 중요시한다. ② 표준화로 인해 다양성과 창의적 조직활동이 위축된다. ③ 분업과 전문화로 인해 자신 및 자기 부서의 활동에만 관심이 있어 전반적인 조직활동에 대한 협력을 어렵게 한다. 관료제 조직의 원리를 기반으로 한 조직구조는 다음과 같다.

(1) 직계식 조직

직계식 조직(line organization)은 수직적 위계와 수평적 부문화에 의해 구성되고 하위부문은 명령과 통제로 구성되는 조직이다. 조직의 수명주기에서 창업 초기단계인 중소기업에서 볼 수 있다. 초기의 조직은 제품의 수가 단순하고 구성원이 적기 때문에 기본적인 조직의 구성요소만을 형성하게 된다.

장점으로는 ① 신속한 의사결정이 이루어진다. 초기의 조직은 최고경영자의 강력한 권한과 책임이 중시된다. ② 구성원의 통제가 용이하다. 조직이 상하관계로 형성되어 정책의 전달과 복종이 효율적으로 이루어진다. ③ 직무의 중복이나 잉여인력의 발생 가능성이 낮다. 단점으로는 ① 최고경영자에게 의존하기 때문에 다양한 의견 수렴이나 개방적 의사결정이 어렵다. ② 구성원의 자율성이 결여된다. ③ 지시에만 따르기 때문에 하위부문 간 협력과 조정이 어렵다.

(2) 직계식 참모조직

직계식 참모조직(line and staff organization)은 직계식 조직에 지원기능의 참모가 추가된다(다음 [그림 13-3]). 조직의 수명주기에서 창업 이후 어느 정도 시장성과가 확보된 중소기업에서 볼 수 있다. 제품이 다양화되고 수요가 확보되어 구성원이 증가하고 판매, 인력, 재무 등의 관리적 업무도 증가한다. 이 과정에서 최고경영자의 역할에 대한 한계로 전문분야에는 참모의 지원이 이루어진다.

장점으로는 ① 전문가의 지원으로 최고경영자의 업무가 경감한다. ② 하부

그림 13-3 직계식 참모조직의 형태

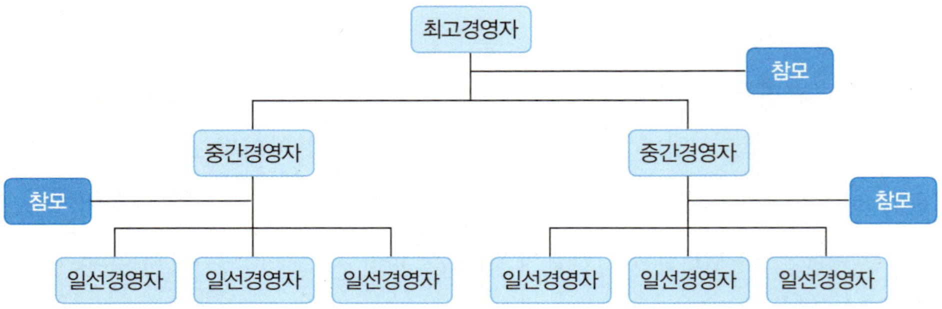

관리자들도 전문적 지식과 판단이 요구되는 문제에 대한 참모의 지원으로 업무가 경감한다. ③ 분석과 평가 등의 기획기능이 강화되어 과학적인 관리가 가능하다. 단점으로는 ① 관리자들과 참모 간 불분명한 업무영역으로 갈등이 발생한다. ② 참모는 기존의 관행과 방식을 새롭게 하려하기 때문에 관리자의 반발이 야기된다.

2. 유기적 조직구조

분업과 명확한 계층, 공식화를 특징으로 하는 관료제 조직으로는 급변하는 환경에 적응할 수 없다. 따라서 유기적 조직구조의 필요성이 대두되었다.

(1) 사업부제 조직

사업부제 조직(divisional organization)은 기능적이며 집권적인 전통조직과는 달리 사업단위를 기반으로 조직을 편성하고 각 단위에 생산, 마케팅 등에 대한 관리권한을 부여하는 것이다(다음 [그림 13-4]). 각 사업부가 운영에 관한 권한과 의사결정을 독립적으로 수행하기 때문에 개별 조직을 운영하는 것과 같이 자율성이 확보된다. 이를 통해 신속한 의사결정과 책임경영을 확립하고 본부는 기본적인 방침과 계획을 전담함으로써 개별 사업단위에 대한 관리업무를 최적화할 수 있다.

그림 13-4 사업부제 조직의 형태

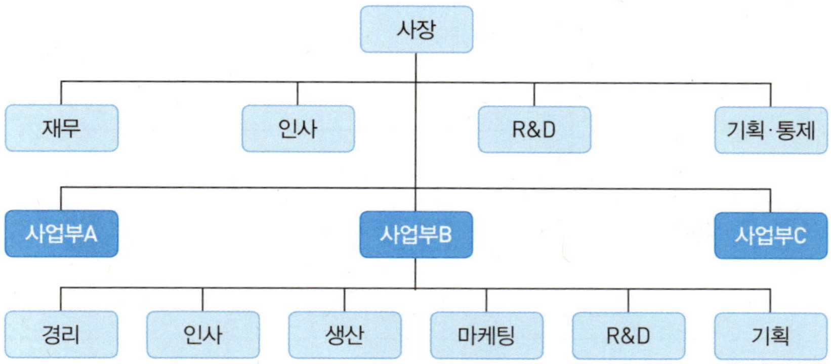

장점으로는 ① 사업단위의 활동을 강화하여 사기가 향상된다. ② 사업단위에 대한 비용-수익 분석이 용이하고 이에 따른 통제와 평가가 용이하다. ③ 사업부 구성원에 대한 인사관리가 용이하고 관리자의 능력개발이 가능하다. 단점으로는 ① 각 사업부에 대한 독립적인 조직편제로 관리비와 인건비가 증가한다. ② 독자적으로 운영되기 때문에 사업부간 조정과 통제가 어렵다. ③ 최고경영자가 각 사업부에 의사결정권한을 위양하지 않을 가능성이 높다.

(2) 프로젝트팀 조직

프로젝트팀 조직(project team organization)은 특정 과제를 수행하기 적합한 자원과 인력을 여러 부서에서 차출하여 팀을 구성하고, 프로젝트가 완료되면 자신의 부서로 돌아가는 과제중심적 임시조직이다(다음 [그림 13-5]). 따라서 일상적으로 수행되는 것이 아닌 일시적인 특정 과제를 위해 채택한다.

장점으로는 ① 과업의 발생과 더불어 팀이 형성되고, 과업의 진행에 따라 복귀시킴으로써 탄력적인 인력운영이 가능하다. ② 팀의 목표가 과제달성이기 때문에 구성원의 관심도 과제달성이다. ③ 환경변화에 신속하게 대처할 수 있다. 단점으로는 ① 여러 라인 부분을 통해 프로젝트를 관리하는 과정에서 갈등이 발생할 수 있다. ② 다양한 부서에서 차출된 전문인력으로 구성되기 때문에 협조를 구하는 데 어려움이 있다. 또한 프로젝트팀을 구성하기 위해서는 ① 프로젝트의

그림 13-5 프로젝트팀 조직의 형태

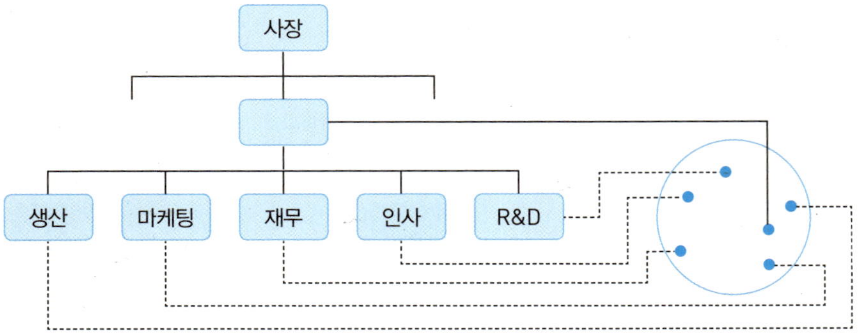

성격을 명확하게 규정하여야 한다. ② 프로젝트가 조직의 발전에 중요하며 지대한 노력이 요구되어야 한다. ③ 개별 전문가의 공동노력이 이루어져야 한다.

(3) 매트릭스 조직

매트릭스 조직(matrix organization)은 프로젝트팀 조직과 전통적 직능조직을 결합한 형태이다(다음 [그림 13-6]). 구성원은 종적 계열로 형성된 원래 조직의 일원이면서, 횡적으로는 프로젝트팀의 일원으로서 임무를 수행한다.

장점으로는 ① 모든 문제를 처리하는 책임자를 두기 때문에 조직활동에서 프로젝트의 성공이 강조된다. ② 직능조직인 횡적 계열에 전문가를 두기 때문에 전문지식이 활용된다. ③ 전문적 지식을 공동으로 이용하고, 프로젝트의 성공에 대한 지식과 경험이 다른 프로젝트로 이전될 수 있다. ④ 프로젝트가 완료되어도 구성원이 복귀할 직능부문이 있다. ⑤ 명확한 의사소통 네트워크가 유지되고, 의사결정권한의 집중화로 효율적인 과제수행이 가능하다. 단점으로는 ① 기존에 유지되던 조직의 권한을 약화시킬 수 있다. ② 조정과 통제가 곤란하다. ③ 공식부문의 관리자와 프로젝트팀 책임자와의 원만한 관계가 어렵다. ④ 복수의 부문에 소속되기 때문에 일체감과 충성심이 약화될 수 있다.

그림 13-6 매트릭스 조직의 형태

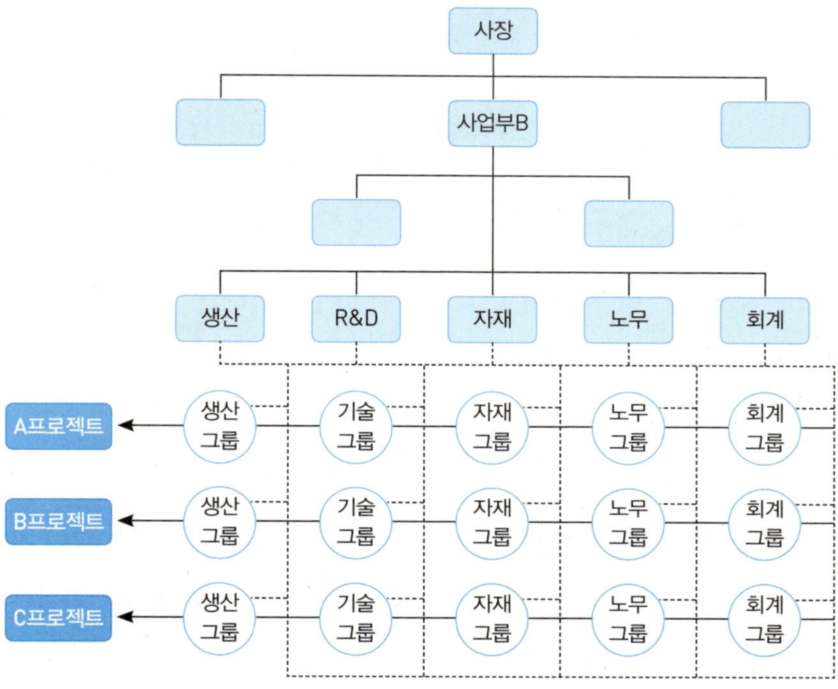

(4) 팀 조직

팀(team)이란 공동의 목표를 달성하기 위하여 협력하며 직면한 문제를 해결하고 직무계획과 통제의 책임을 지는 조직단위이다. 따라서 상이한 개성과 능력을 가진 사람들이 공동의 목표를 달성하기 위하여 구성된 조직이다. 급변하는 환경에 대응할 수 있는 유연한 조직구조로서 높은 수준의 동기부여와 직무몰입을 위한 목적을 가지고 있다. 일반적인 팀 조직과 특수한 형태의 팀 조직으로 아메바형과 프로세스 조직구조 등이 있다.

1) 일반적인 팀 조직

팀 조직은 슬림화된 조직구조를 목표로 하며 구성원간 민주화를 추구한다. [그림 13-7]과 같이 조직구조의 기본 틀에 중간계층을 추가하는 형태이다. 팀

그림 13-7 팀 조직의 기본틀

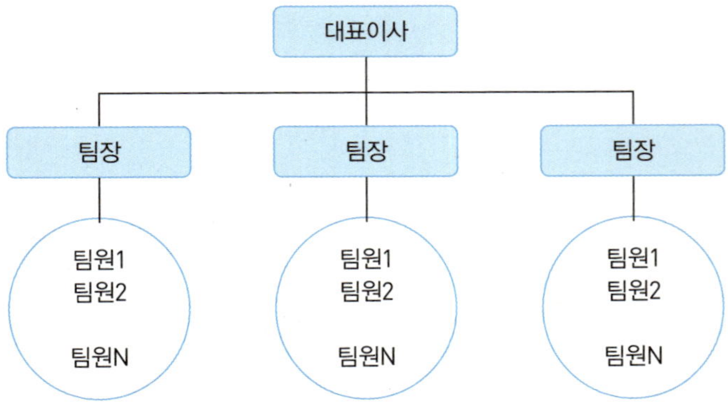

은 과업의 상호의존성과 프로세스에 따라 구성한다. 팀의 업무는 자기완결성이 있어야 한다. 완결성이란 성과를 명확하게 파악하기 위하여 업무의 시작에서 종료까지 모든 책임을 팀이 지는 것이다. 따라서 스스로 목표를 결정하며 업무를 통제한다. 팀장은 관리자가 아닌 리더로서 참여적 리더십을 발휘하며 지시나 통제가 아닌 코치나 조정자의 역할을 한다. 자율성이 보장되어 창의성이 증대되며 직무충실화와 직무확대가 가능하여 직무만족과 조직몰입이 증가한다. 성과에 따라 팀별 또는 개별 보상이 이루어진다.

업무중심의 조직으로 의사결정과 직무수행이 신속하며, 이질성과 다양성을 활용하여 시너지효과를 촉진하고 정보를 공유하여 효율적으로 활용할 수 있다. 그러나 성과가 팀장의 능력에 의존하기 때문에 조직운영이 비효율적일 수 있다. 또한 팀원의 전문능력이 부족하면 팀을 원활히 유지할 수 없다.

급변하는 환경에 적응하기 위한 수단으로 팀 조직이 활용되고 있지만, 팀 조직이 모든 부문에서 효율성을 향상시키지 않는다. 조직상황, 업무특성, 인력구성, 환경특성 등을 고려하여 팀제를 결정하여야 한다.

2) 아메바형 조직

아메바형 조직은 환경변화에 따라 능동적으로 과업을 수행하기 위해 임시적으로 활용되는 조직이다. 직무기술서에 따른 직무를 수행하는 것이 아니라 고객의 욕구에 따라 수시로 변한다. 따라서 환경에 적응할 수 있는 업무를 창조하고 유연하게 대처하기 위한 조직이다. 아메바는 일반적으로 2명부터 10여명 정도로 구성된다. 조직에 대한 모든 권한이 아메바에 위양되어 독립채산제로 운영된다. 아메바들 간에 의견이 대립되면 상부에서 조정하지 않고 자유로운 경쟁을 통해 강한 사람의 의견을 따르게 한다.

(5) 프로세스 조직구조

비즈니스 프로세스 리엔지니어링(business process reengineering: BPR)에 의해 기존의 업무처리 절차를 재설계하여 획기적인 경영성과를 목적으로 설계된 조직이다. BPR이란 수직적 구조를 고객과 관련한 업무프로세스에 따라 근본적으로 재구조화하는 것이다. 수평적 조직으로 재설계하면 고객불만과 주문처리 등에 대한 구성원들의 의사소통과 조정이 원활하게 이루어진다. 이러한 변화는 정보통신을 통해 가능하다.

장점으로는 조직의 유연성으로 고객에게 신속하게 대응할 수 있다. 또한 기능부서간 경계가 없기 때문에 특정 부서의 목표에 집중하는 것이 아니라 팀워크와 협력을 촉진시켜 조직목표를 추구할 수 있다. 단점으로는 고객 관련 업무처리를 위한 정보시스템을 구축하기 위하여 비용이 수반되며 빠른 시스템의 진부화에 대한 문제가 있다.

3. 진취적 조직구조

(1) 사내벤처·분사조직

1) 사내벤처·분사조직의 의의

기업가적(entrepreneurial) 조직이라고도 한다. 구성원의 기업가정신을 고취시켜 조직 내·외부에 자율적인 사내기업을 운영하여 혁신과 변화를 촉진하려는 것이다. 혁신적이며 창의적인 기업가적 정신을 가진 구성원에 의해 독립적으로 사업단위를 운영한다. 따라서 중앙조직에 의해 통제나 보호를 받지 않으며 자체 성과에 대해 책임을 지도록 한다.

2) 사내벤처·분사조직의 형태

사내벤처는 조직 내부에서 신규사업에 대한 아이디어를 가진 사람에게 자금이나 인력을 지원하여 독립회사처럼 운영하도록 하는 조직형태이며, 분사조직은 동일사업장 내에서 생산라인별 또는 공정별 책임자가 조직으로부터 도급을 받아 자기의 책임 하에 독립적으로 생산하는 소사장제와 조직 외부에 분사(독립법인)를 두는 조직형태이다.

장점으로는 ① 인사적체 문제를 해결하여 중간관리자들의 사기가 높아진다. ② 자기책임 하에 운영되기 때문에 품질향상과 원가절감 효과를 기대할 수 있다. ③ 납기단축과 적기조달이 가능하다. ④ 창의력과 도전감이 향상되어 지속적인 혁신이 이루어진다. ⑤ 노사관계관리에 대한 부담이 감소한다. 단점으로는 ① 본사와 사내벤처·분사 간에 갈등이 발생할 수 있다. ② 제한된 사업영역에서만 활용할 수 있다. ③ 이러한 조직구조를 구성원들이 신뢰하는지에 대한 문제이다.

(2) 네트워크 조직

1) 네트워크 조직의 의의

네트워크 조직(network organization)은 독립조직이나 사업부서들이 독립성을 유지하고 자신의 전문분야를 추구하면서도 상호 협조하여 보유하고 있는 자원을 공동으로 활용하는 것이다. 구성원의 전문적 지식과 자율권을 기초로 능력발휘와 사업부문간 의사소통의 활성화를 도모하기 위한 신축적 조직이다.

2) 네트워크 조직의 형태

조직이 실제 공간에 존재하지 않고 특정 영역이나 기능이 외부와 네트워크화하기 때문에 가상조직(virtual organization)이나 모듈조직(module organization)이라고도 한다. 핵심영역은 보유하며 이 외의 영역은 외부에 두고 필요에 따라 내부화하는 형태이다([그림 13-8]). 각 부문은 시장의 경쟁원리에 의해 거래하며, 조직의 핵심부문은 연구개발, 성과평가, 조정 역할을 맡는다. 이러한 개념을 세계적으로 적용하면 글로벌 네트워크 조직이라고 한다.

그림 13 - 8 네트워크 조직의 형태

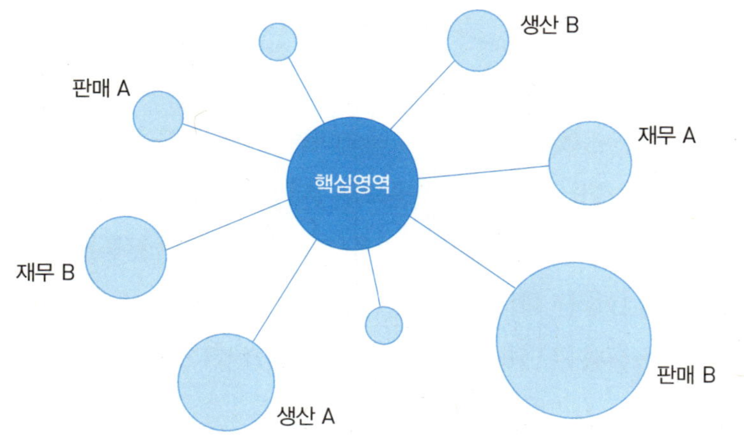

장점으로는 ① 자원의 중복투자를 예방하고 시장의 변화에 신속히 대응한다, ② 소규모 자산과 인원으로 조직을 운영한다, ③ 정보통신을 활용하여 시간과 공간의 제약을 극복한다, ④ 다양한 통신네트워크를 통해 정보를 축적하고 신속하게 처리하는 조직학습 능력을 제고한다. 단점으로는 경영자가 통제력을 행사할 수 없기 때문에 생산과정에 왜곡이 발생할 수 있다.

4. 새로운 형태의 조직구조

1) 역피라미드형 조직

역피라미드형 조직(upside-down structure)은 고객주도형 조직이라고도 하며, 경영자보다 고객의 요구에 따라 설계되고 운영되는 것이다. 전통적 조직에서 구성원은 고객보다 상사에 대한 관심과 자신의 부서에 대한 이익을 우선시하였다. 그러나 욕구 다양화에 따른 고객만족이 생존을 위한 핵심과제가 되면서 외부자로 인식해 왔던 고객을 내부자로 인식하도록 조직구조를 재개념화한 것이다([그림 13 - 9]).

그림 13-9 역피라미드형 조직의 형태

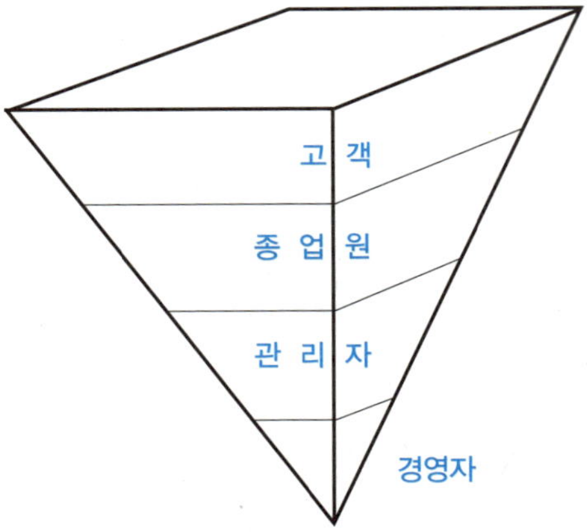

2) 심포니 오케스트라형 조직

심포니 오케스트라형 조직(symphony orchestra organization)은 구성원들의 높은 자율성과 팀워크를 기반으로 한 수평적이고 슬림화된 조직으로 심포니 오케

그림 13-10 심포니 오케스트라형 조직

스트라단이 연주하는 형태이다([그림 13-10]). 성공적인 공연을 위해서는 구성원들이 동등한 입장에서 조화를 이루어야 한다. 부서나 구성원들은 상호 협동하고 동등한 지위와 책임감을 가진다. 경영자는 지시와 통제가 아니라 지휘자처럼 지원과 후원 역할을 한다. 불필요한 부문을 축소하는 것이 아니라 최적의 성과를 위해 필요한 부문들로 구성하는 것이다. 장점으로는 자율경영과 참여경영을 실현하고 효율성과 유연성을 달성할 수 있다. 단점으로는 자율성을 위해 구성원들의 능력향상과 조직공정성과 같은 윤리적 가치가 기초를 이루어야 한다는 것이다.

제 4 절 조직구조의 설계

1. 조직구조의 재설계

경영자는 조직구조가 외부환경의 요구에 적합한지를 평가하여 재조직하여야 한다. 이러한 요구에 적합하지 않으면 구조적 결함으로 다음과 같은 증상들이 나타나기 때문이다. ① 조직 내 의사소통과 의사결정이 지연되거나 의사결정의 질이 낮아진다. ② 고객정보의 전달과 신기술의 도입이 지연되는 등 환경변화에 혁신적으로 대응하지 못한다. ③ 성과가 감소하고 목표달성을 하지 못한다. ④ 사기가 낮아지며 갈등이 발생한다. 이러한 경우에는 조직구조의 결함을 규명하고 외부환경과 내부체계를 고려하여 조직을 재설계해야 한다. 조직의 재설계 절차는 다음 [그림 13-11]과 같다.

그림 13-11 조직 재설계의 흐름도

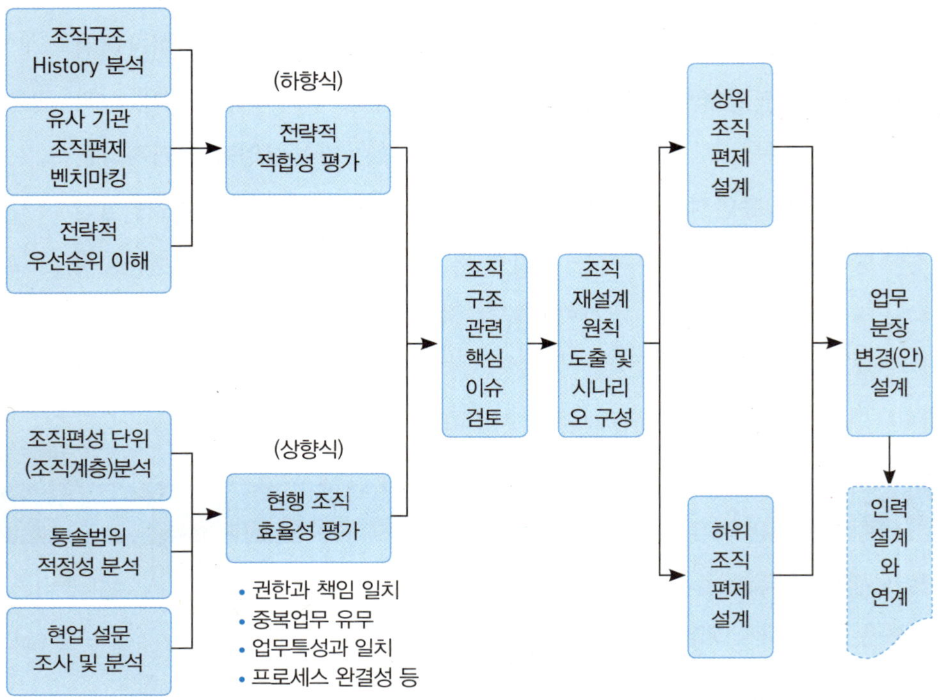

2. 조직구조의 설계방향

급변하는 환경에 대응하기 위해서 조직의 유연성과 스피드가 요구된다. 이를 위해 의사결정단계의 축소, 책임경영을 통한 자율성과 유연성 확보 등의 조직체계를 도입하고 있다. 또한 조직구조는 정보사회화, 가치관의 다양화와 의식수준의 향상, 인간가치 및 창의성의 존중, 글로벌화, 조직간 경쟁 등을 고려하여 다음과 같은 방향으로 설계하여야 한다.

(1) 정보처리형 조직화

정보과중이나 복잡화에 대처하기 위해 정보처리, 전달 및 공유가 원활하게 이루어지도록 시스템을 구축한다. 이를 통해 탈분업화를 촉진하고 원활한 정보

제공과 의사전달을 할 수 있다. 그 결과 분권화를 촉진하고 의사결정의 속도와 질이 향상되고 참여적인 조직구조를 형성하게 된다.

(2) 수평조직화와 슬림화

수평조직화란 몇 개의 핵심업무를 지정하고, 이 업무를 수행하는 과정을 중심으로 조직을 설계하여 피라미드식 계층구조를 탈피하려는 것이다. 또한 슬림(slim)화란 과거 수평적·수직적 분화로 증가한 불필요한 계층과 부문을 줄임으로써 날씬하고 평면적인 조직구조로 설계하는 것이다. 따라서 관리부문의 감소, 중요치 않은 부문의 제거에 초점을 둔다. 또한 환경적응을 위해 의사결정 권한을 현장으로 위양하고, 상위계층에서 현장까지의 커뮤니케이션 단계를 축소한다. 이를 통해 ① 지시와 통제가 아니라 문제와 과제, 프로젝트 중심의 과업설계가 이루어진다. ② 문제해결을 위해 자신의 전문지식이 활용되기 때문에 성취감과 동기유발 효과가 있다. ③ 의사결정 권한이 직무담당자에게 위양되어 분권화가 이루어진다. ④ 톱 다운 또는 상향적 커뮤니케이션을 탈피하고 개방적 커뮤니케이션을 활성화한다. ⑤ 자율적인 참여에 의해 협력을 촉진한다.

(3) 고객지향적 조직화

모든 조직구조와 부문관리 활동을 고객욕구와 가치를 중시하도록 조직을 설계하고 운영하는 것이다. 이를 통해 ① 과업분화 측면에서 고객욕구에 반응할 수 있는 업무나 부서가 신설된다. ② 커뮤니케이션 측면에서 고객과 관련된 유용한 정보를 산출, 전달, 공유할 수 있다. ③ 의사결정 측면에서 고객만족이나 욕구충족이 의사결정의 기준이기 때문에 부문간 조정과 협력이 촉진된다. ④ 권한배분 측면에서 고객접점 근로자에게 권한이 위양된다.

(4) 글로벌 조직화

특정 국가에서 이루어졌던 경영활동을 확장하거나, 현지화 할 수 있도록 조직을 설계하는 것이다. 이때에는 세계의 소비자 지향적 사고를 반영해야 한다. 또한 상이한 요구에 부합하는 차별화된 제품이나 서비스의 공급을 중요한 지향

가치로 하여야 한다. 이를 위해 현지의 문화적 가치를 반영하고 다양성을 수용하며 현지 소비자, 지역사회, 정부 등의 이해관계자를 관리하기 위한 전담조직을 두어야 한다.

(5) 학습조직화

조직학습이 지속 가능하도록 설계하고 운영하는 것이다. 개별적인 학습행위가 조직의 전략적 목표와 연관되어 확산 공유되면서 조직학습에 이르게 된다. 또한 일상적으로 학습이 이루어지는 조직은 역으로 개인과 집단학습을 촉진하게 되고 그 결과 학습이 조직화되는 수준이 높아진다. 조직이 발전하기 위해 지속적인 학습이 요구된다. 학습조직화는 급변하는 환경에서 경쟁력을 확보하기 위한 중요한 요인이기 때문이다. 조직학습을 통해 조직의 유연성을 높이고 지속적인 혁신과 변화를 촉진할 수 있는 것이다.

제 5 절 직무설계

직무설계는 개인의 능력과 효율성을 고려하여 직무내용, 기능, 관계 등을 결정하는 것이다. 자신의 직무를 수행하는 과정에서 의미와 만족을 인식하도록 설계하는 것으로 다음과 같은 접근방식으로 설명할 수 있다.

1. 전통적 접근

전통적 직무설계는 분업에 의한 전문화 원리에 기반을 두고 있다. 산업화 초기의 직무설계는 높은 생산성에 목표를 두고 있었다. 이를 위해 직무를 분업화하여 한 단위의 작업을 반복적으로 수행하도록 하였다. 그 결과 불필요한 동작의 제거와 작업시간 단축, 숙련도 향상을 통한 생산성 극대화가 이루어졌다.

장점으로는 ① 과학적 관리에 의해 직무를 단순화·전문화하여 생산성이 향상된다. ② 근로대체가 가능하다. 직무를 세분화하여 숙련도가 낮아도 선발할 수 있어 인건비를 절약한다. ③ 계량적 평가로 통제가 용이하다. 단점으로는 ① 만족과 사기보다는 생산성 향상에만 관심이 있다. ② 지나친 전문화로 이직과 전직, 결근이 증가한다.

2. 동기부여적 접근

전문화에 의한 직무설계로 생산성이 향상되었지만 인간성 소외와 스트레스 등과 같은 문제가 발생하였다. 이러한 부작용을 극복하고 동기부여를 위해 다음과 같은 방안이 제시되고 있다.

(1) 직무순환(job rotation)

직무를 바꾸어 수행하도록 하여 다양한 경험을 하도록 하는 것이다. 이를 통해 다양한 기능의 습득과 개발을 위한 기회를 제공하고, 단조로움을 극복하며, 전체적 관점에서 작업흐름을 이해하도록 한다. 그러나 능률이 감소되고 비용이 상승하며 작업진행이 지연되고 소속감이 결여될 수 있다. 이것은 문제해결을 위한 단기적 방안이지 근본적인 방안은 아니다. 다만 관리자의 육성과정에서 직무수행에 대한 전반적인 이해와 직무간 관련성이 높은 부문에서의 활용은 효과적이다.

(2) 직무확대(job enlargement)

직무의 수나 범위를 확대시키는 것이다. 직무의 다양성을 위한 것으로 수평적인 직무확대이다. 기술과 작업의 수를 늘림으로써 직무수행 과정에서 지각하는 단조로움과 지루함을 극복하고 직무만족과 성과가 향상된다. 그러나 인건비 절감을 위해 사용될 수 있으며 전문성을 저하시키고 작업속도가 감소될 수 있다.

(3) 직무충실화(job enrichment)

직무수행 동기는 금전적 보상보다 심리적 만족이라는 것을 전제로 한다. 직무수행을 통해 동기를 유발하고, 자아실현의 기회를 부여하도록 직무의 내용과 환경을 재설계하는 것이다. 이를 위해 직무의 기술적 요소와 사회·심리적 요소를 고려하여 보람 있는 직무를 수행하도록 한다. 장점으로는 근로생활의 질 및 품질과 사기 향상, 이직률과 사고율이 감소한다. 단점으로는 직무성격에 따라 제한을 받기 때문에 생산직에 대한 적용이 어렵다.

(4) 직무특성 재설계(job characteristics redesign)

J.R. Hackman(1940 – 2013)
핵심직무 차원이 중요심리상태에 영향을 미쳐서 어떻게 성과로 나타나는지를 설명한 것

핵심직무 차원은 중요심리상태에 영향을 미치고, 중요심리상태는 개인 및 직무성과에 영향을 미치게 되지만, 이 관계에서 작업자의 성장욕구, 지식과 기능, 상황요인이 조절요인으로 영향을 미친다는 것이다. 따라서 직무특성이 작업자의 성장욕구 수준에 부합할 때에 책임감을 느끼고 동기유발하여 높은 성과를 달성한다. 핵심직무 차원은 다음과 같다.

① 기술다양성(skill variety): 직무수행을 위해 요구되는 기술에 대한 다양성의 정도

② 직무정체성(task identity): 직무가 전체 단위의 완성에 기여하는 정도

③ 직무중요성(task significance): 직무가 타인의 작업이나 생활에 영향을 미치는 정도

④ 자율성(autonomy): 일정계획과 작업방법, 작업절차를 결정할 수 있는 자유재량권의 정도

⑤ 피드백(feedback): 직무수행 결과의 유효성에 대한 직접적이고 분명한 정보의 획득 정도

중요심리상태는 열심히 직무를 수행하도록 하는 것이 무엇인지에 대한 것으로 다음과 같다.

① 직무유의성: 자신의 직무에 대한 의미와 가치

② 작업결과에 대한 책임: 직무수행 결과에 대해 지각하는 책임감

그림 13 – 12 직무특성 재설계의 구조

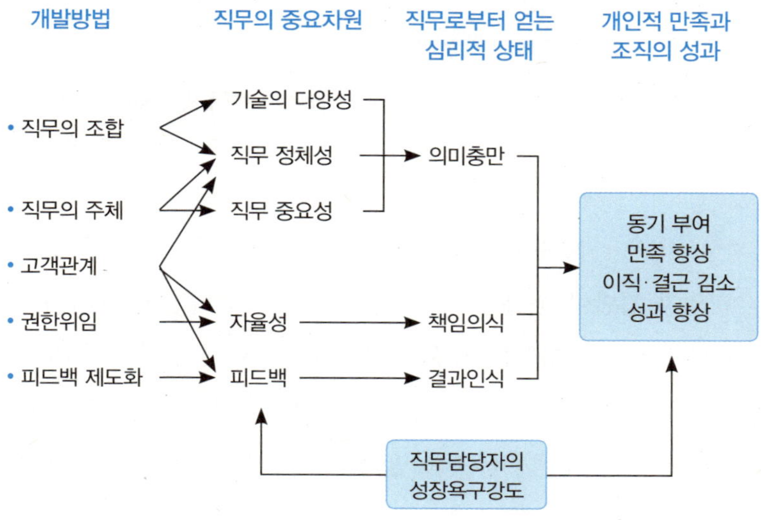

자료 : J.R. Hackman & G.R.Oldham(1976), "Motivation through the design of work: test of a theory", Organizational human performance 16, p. 256.

③ 작업활동 결과에 대한 인식: 자신의 직무수행 성과의 유효성에 대한 지각

[그림 13 – 12]와 같이 기술다양성, 직무정체성과 직무중요성은 직무유의성, 자율성은 책임의 인식을, 피드백은 직무수행 성과를 환기한다. 그리고 이러한 심리상태가 직무에 대한 내적 동기부여, 성장에 대한 욕구충족, 직무만족, 성과 등에 영향을 미치게 된다. 또한 이들 사이에서 관계의 방향과 강도를 조절하는 개인특성으로 성장욕구가 영향을 미치고 있다.

3. 팀형 직무설계

1) 통합적 작업팀(integrated work teams)

팀워크를 요구하는 직무를 대상으로 직무확대가 개인수준이 아니고 집단수준에서 이루어지는 것이다. 팀워크의 향상과 단조로움을 극복할 수 있으며 관리적 기능의 일부까지 위임하여 사기가 향상된다.

2) 자율적 작업팀(autonomous work teams)

직무충실화가 집단수준에서 이루어지는 것이다. 개인이 수행하는 직무의 수직적 통합에 의해 직무완결성을 향상시킬 수 있다. 또한 집단관리를 통해 응집력과 사기를 향상시킬 수 있다. 이를 위해 작업목표, 작업할당, 휴식시간, 검사절차 등에 대한 자율성을 부여한다.

3) 품질관리 분임조(quality circle)

작업자 집단이 품질관리를 위한 방법을 모색하면 이에 대해 조직 차원에서 지원하는 것이다. 이들은 매주 자신들의 직무수행 결과에 대해 토의한다. 문제의 원인을 조사하고 해결해야 할 책임이 있다. 관리자들은 개입하지 않으며 필요하면 지원과 전문적 자문활동만 한다. 또한 개선을 통한 이익은 분임조에 돌아가도록 한다.

연구과제

1. 조직구조의 결정요인에 대하여 설명하시오.

2. 조직구조의 유형을 비교 설명하시오.

3. 최근 조직행동에서 조직설계가 중요하게 부각되는 이유에 대하여 설명하시오.

4. 조직재설계의 절차를 설명하시오.

5. 조직설계 방향에 대하여 설명하시오.

6. 직무순환과 직무확대를 비교 설명하시오.

Chapter 14

조직문화

제 1 절 조직문화의 의의

1. 조직문화의 개념

조직문화(organizational culture)란 조직구성원들이 공유하고 있는 가치관, 신념, 이념과 관습, 규범과 전통, 지식과 기술 등을 포함하는 총체적 개념이다. 또한 조직에 따라 독특한 특징이 있어 조직을 나타내는 상징이며, 이를 통해 구성원의 태도와 행동을 예측할 수 있다.

회사 가기 싫어(2019)
개인과 집단, 조직의 태도와 행동에 영향을 미치는 공유된 가치와 규범

2. 조직문화의 중요성

조직문화는 구성원들의 인지도(cognitive map)를 제시하고 이를 통해 조직행동

을 이해할 수 있기 때문에 중요하다. 또한 조직이 기대하는 행동패턴과 지향하는 바를 제시한다. 따라서 구성원들의 행동을 정당화시키고 조직의 결속을 강화해 준다. 조직의 성과향상을 목적으로 하는 조직문화에 대한 내용은 다음과 같다.

① 구성원들에게 조직의 전통가치와 특성을 인식시켜 동질성을 높여준다.
② 자신과 조직의 관계를 이해할 수 있어 조직몰입을 높여준다.
③ 구성원과 조직의 안정을 강화시킨다.
④ 조직개발과 직무수행의 기초가 된다.

제 2 절 조직문화의 발전과정

1. 조직문화의 형성

조직문화는 경영자와 구성원의 경험과 설립 초기 최고경영자의 가치와 이념들이 반영된 것이다. 따라서 장기간 구성원들에게 내면화되어 수용되고 있으며, 새로운 구성원들에게는 조직의 문제를 해결하는 적절한 방법으로 학습되어진다. 이러한 조직문화는 외부환경에 적응하고 내적 통합을 위한 방법을 개발하거나 극복할 수 있는 지식을 공유할 때 출현된다.

조직이 외부환경에 대한 적응과정에서 조직의 사명과 전략, 목표설정과 달

그림 14-1 조직문화의 출현 과정

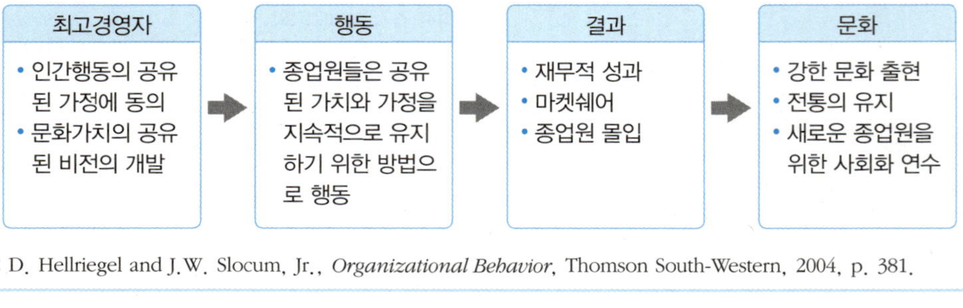

자료: D. Hellriegel and J.W. Slocum, Jr., *Organizational Behavior*, Thomson South-Western, 2004, p. 381.

성수단 등의 문화가 형성된다. 이를 위해 내적 통합이 이루어지는데, 주로 인간관계와 관련하여 의사소통 방법, 집단의 형성과 유지를 위한 보상과 처벌 등의 문화가 형성된다. [그림14-1]은 조직문화의 출현 과정이다.

2. 조직문화의 유지

조직은 조직문화에 적합한 사람을 고용하고자 한다. 새로운 구성원은 사회화과정을 거치면서 조직문화와 일체화되지만, 그렇지 않은 구성원은 퇴출시킴으로써 조직문화를 유지한다. 조직문화를 유지하기 위한 방안은 다음과 같다([그림 14-2]).

① 따라야 할 지침: 경영자, 구성원 및 팀이 주의를 필요로 하는 과정과 행동을 규정하고 따르는 것이다.

② 조직위기에 대한 대응방법: 과거에 위기에 대처했던 방법은 현재의 조직문화를 강화시키고 변화시키기 위한 새로운 가치와 규범을 가져온다.

③ 리더십과 교육시스템: 경영자는 리더십 원칙에 의하여 의사소통하며, 구성원은 훈련 프로그램과 직무지도를 통하여 조직문화를 학습한다.

그림 14-2 조직문화를 유지하는 방법

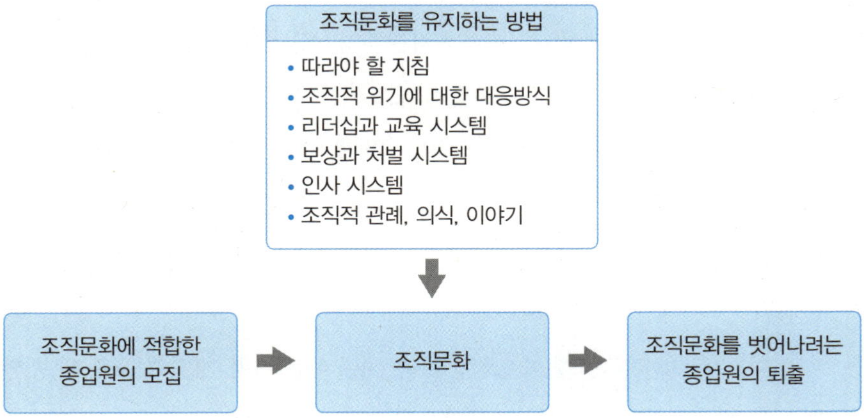

자료: D. Hellrigel and J.W. Slocum, Jr., *Organizational Behavior*, Thomson South-Western, 2004, p.383 수정.

④ 보상과 처벌시스템: 상벌시스템에 의해 조직문화를 학습하며, 보상과 처벌의 범주는 조직문화를 형성한다.

⑤ 인사시스템: 모집, 선발, 승진, 이직 등의 인사방침과 관행은 조직문화를 유지시킨다.

⑥ 관례와 의식: 관례와 의식은 구성원들에게 공식행사의 중요성을 인식하게 한다.

⑦ 조직 이야기: 이야기는 조직에 대한 의미와 동질감을 주며 신규직원에 대한 행동지침이 된다. 경영자의 인간성, 최고경영자까지의 승진과정, 위기상황에서의 대처 등의 이야기는 조직문화를 강화하고 새로운 에너지를 창출한다.

3. 조직문화의 사회화과정

조직의 공통규범을 습득하고 다양한 가치관과 행동양식의 일체화에 의한 조직사회화(organizational socialization) 과정을 통해 구성원들은 상호 협조하여 공동보조를 취할 수 있다. 조직문화의 사회화과정은 새로운 구성원들이 그 조직의 문화에 일체화되는 체계적인 과정을 의미한다. 기존의 구성원이 축적하고 개발한 문화를 전수하는 과정으로 다음과 같다.

① 제1단계(최적선발): 최적의 인적자원으로 개발하고 활용할 수 있는 지원자를 선발한다. 이를 위해 표준화된 절차에 따라 직무명세서를 개발한다.

② 제2단계(훈련을 통한 신념과 가치관 주입): 상이한 특성의 인력을 체계적 훈련을 통해 조직의 이념과 가치관을 주입시키고 이를 수용하도록 한다.

③ 제3단계(교육훈련): 조직핵심기능의 숙지와 생산성 향상을 위한 교육훈련을 실시한다.

④ 제4단계(업무평가와 보상): 공정한 업무성과 평가시스템에 의해 평가하고 보상한다.

⑤ 제5단계(공동가치와의 일체감 조성): 4단계를 거쳐 개인적 노력과 공헌, 희생을 당연시하는 조직공동가치와 일체감을 갖도록 한다.

⑥ 제6단계(가치의 전수): 기능별 전문지식이나 기술과 같은 차별화된 조직문화의

특성을 5단계를 거친 구성원에게 전수시킨다. 상징적이고 우월한 사고와 행동을 의식적으로 고취시킨다.

⑦ 제7단계(역할모형의 제시): 경영자의 철학, 창의적 사고 및 모범적 행동을 역할모형화하여 제시한다.

4. 조직문화의 변화

조직문화는 외부환경이나 내적 상황으로 인해 변화한다. 특히 조직의 성장단계에 따라 조직문화의 기능은 변화하게 되므로 각 단계별 변화 메커니즘을 이해하여야 한다. 조직의 성장단계는 다음과 같이 분류할 수 있다.

1) 초기단계

창립 및 초기 성장단계이다. 창업자나 가족들이 지배하며 조직문화는 구성원들에게 일체감을 심어 주고 통합시켜 주는 역할을 한다. 또한 자신들의 문화가 다른 조직과는 다르다는 것을 강조하여 내적 동질화와 외적 차별화를 추구한다. 창업자나 구성원의 내적 가치가 가시화되어 문화적 명료성이 증가한다.

그 다음 단계는 승계단계로서 보수파와 급진파 간 투쟁이 시작된다. 창업정신을 유지하려는 보수파와 변화를 유도하려는 급진파 간에 갈등이 발생하고 이것을 해결해 가는 시기이다. 2세대 경영자는 자신의 스타일을 도입하려고 갈등에 편승할 수도 있다.

초기단계에서의 조직문화 변화 메커니즘으로는 자연적 변화의 흐름에 따르거나, 의도적으로 자기통제시스템에 의해 발전시킬 수도 있다. 또는 보수파와 급진파 간의 혼합관리를 통해 변화시키거나, 외부자에 의한 혁신적 방법을 사용할 수도 있다.

2) 중년기

제품과 시장규모가 증가하고 수직적 통합과 지역적 확장을 거듭하며 인수·합병도 활발해진다. 조직의 규모가 커지면서 일사불란한 소규모 조직문화는 사라지게 되고, 부문이나 부서별 소단위 하위문화가 나타난다. 또한 조직 차원에서의 목표나 가치관 등은 제도화되면서 일상적 관행으로 인식하게 된다. 조직은 정체성의 위기를 맞게 되고 새로운 가치관과 목표의 정립을 위한 기회가 된다.

이러한 상태에서 조직문화 변화의 메커니즘으로는 첫째, 계획된 조직개발이다. 갈등이 나타나는 하위문화를 분석하여 변화를 계획하고 조직개발 기법들을 활용하여 실천해 간다. 둘째, 기술적 유인이다. 기술혁신을 확산시켜 변화의 기회를 제공한다. 셋째, 스캔들이나 신화를 공개한다. 잘못된 관행이나 모순들을 공개하여 변화를 유도한다. 넷째, 점진적 변화이다. 변화의도를 인식하면 저항하기 때문에 장기적이며 점진적으로 추구한다.

3) 성숙단계

조직이 내적으로 안정적이어서 시장이 축소되기 시작하면 변화에 대한 저항이 크다. 조직은 변혁을 통해 재생하거나 도산하거나 인수·합병 등을 하게 된다. 이 단계에서 요구되는 변화의 메커니즘은 강압적 설득, 방향전환, 재조직·파괴·재탄생으로 볼 수 있다.

강압적 설득이란 새로운 조직문화를 선택하도록 하는 것이다. 방향전환이란 모든 변화 메커니즘들을 활용하여 의도적으로 조직문화의 변화를 추진하는 것이다. 재조직과 재탄생이란 조직 자체를 파괴시키고 새로운 문화를 구축하는 것이다. 〈표 14 - 1〉은 조직성장 단계에 따른 조직문화의 변화 메커니즘이다.

표 14 - 1 조직성장단계와 조직문화의 변화

성장단계	조직문화 변화 메커니즘
Ⅰ. 창립 및 초기 성장단계 (창립자/가족 지배 : 승계단계)	자연적 발전 자기통제시스템 활용 급진과 보수 간의 혼합관리 외부자에 의한 관리된 '혁신'
Ⅱ. 조직의 중년기	계획된 변화와 조직개발 조직내 기술혁신의 확산 스캔들이나 신화의 공개를 통한 변화 점진주의적 변화
Ⅲ. 조직의 성숙단계 (변혁기 : 파괴기)	강압적 설득 방향전환 재조직, 파괴, 재탄생

제 3 절 조직문화의 구성요소와 영향

1. 조직문화의 구성요소

조직문화의 형성에는 조직이념, 경영전략, 조직구조, 보상체계, 최고경영자의 태도 등이 영향을 미치며 구성원의 가치관과 신념, 규범과 관습 등으로 구성되어 있다. 조직문화의 구성요소에 대한 견해는 다음과 같다.

(1) 파스칼과 에토스의 7S모형

파스칼과 에토스(Pascale & Athos)의 모형([그림 14-3])은 조직문화를 이해하고 설계하며 조직의 강·약점과 일체성 여부를 확인하는 데 활용된다.

R.T. Pascale
(1938-)

A.G. Athos
(1934-2002)

그림 14-3 파스칼과 에토스의 7S 모형

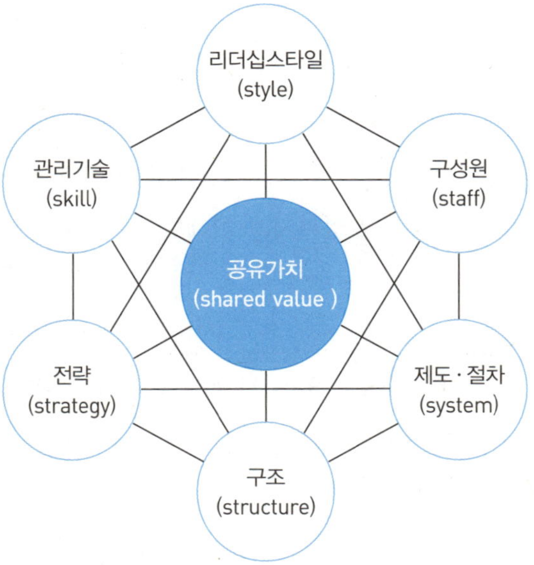

① 중심가치 또는 상위목적: 조직이 전통적으로 중시해 왔고 구성원들에게 주입시켜 온 가치관, 신념, 방침, 기본목적 등이다. 전통적 문화가치, 인간관, 조직관, 세계관 등으로 조직문화 형성에 가장 중요한 요인이다.

② 전략: 목적달성을 위해 자원을 장기간 여러 부문에 배분하기 위한 계획과 행동패턴이다. 조직의 중심가치나 상위목표를 달성하기 위해 조직운영의 장기적인 틀을 제공한다.

③ 구조: 구성단위들과 이것들의 관계를 연결시키는 패턴이다. 전략수행을 위한 조직구조, 직무설계, 권한관계, 규정 등으로 구성원의 행동에 영향을 미치는 공식요소이다.

④ 시스템: 일상적인 조직운영에 관련된 모든 제도이다. 커뮤니케이션, 의사결정, 경영정보시스템, 보상과 인센티브 등 조직의 목적과 전략을 추진하기 위한 모든 제도와 시스템이다.

⑤ 구성원: 인적자원의 구성과 능력, 전문성, 가치관과 신념, 욕구와 동기, 지각과 태도 등이다.

⑥ 리더십 스타일: 구성원들의 행동경향과 행동패턴 특히 리더십 스타일이다. 구성원간 관계, 집단간 관계, 리더와 부하 간 관계를 지배하는 요소이다.

⑦ 기술: 조직운영에 적용되는 구성원들의 능력으로 동기부여, 강화, 통제, 조정, 갈등관리, 변화관리 등이다.

이러한 요소들이 독특한 조직문화를 형성하며, 상호 긴밀하게 연결될수록 더욱 강력하게 형성된다. 따라서 조직문화를 이해하기 위해서는 이들 요소들을 확인하고 어떻게 연결되어 있는지를 이해하여야 한다.

(2) 샤인의 3단계 모형

E.H. Schein
(1928 – 2023)

샤인(Schein)은 조직문화를 내재적 단계, 인지적 단계, 가시적 단계로 설명하였다. 내재적 단계에서는 구성원의 사고와 행동에 영향을 미치는 조직문화를 인식하지 못하지만, 인식적 단계와 가시적 단계에서는 표출되어 외부인들도 공통적인 행동양식이 존재함을 알 수 있다([그림 14 – 4]).

그림 14-4 조직문화의 구성 단계와 상호작용

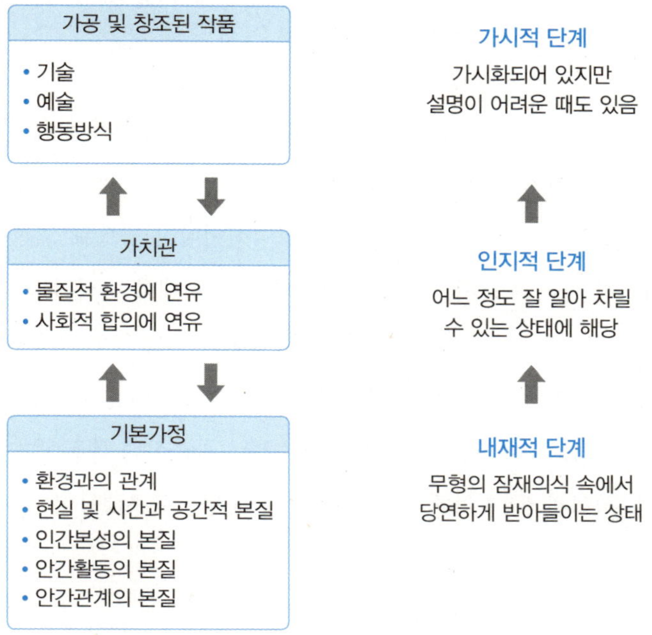

자료: 김영재·김재구·이동명, 『조직행동론』, 무역경영사, 2014, 450면.

① 잠재적 수준의 기본가정: 당연하지만 구성원들이 인식하지 못하고 있는 가치이다. 기업의 이윤추구나 학교에서의 교육은 분명하지만 당연한 것으로 받아들인다. 이것은 구성원의 태도와 행동에 결정적인 역할을 하므로 조직문화 형성에 가장 중요한 요소이다.

② 인식적 수준의 가치: 구성원들이 인식하고 있는 행동지침으로 물리적 환경과 사회적 합의에 의해서만 검증될 수 있는 요소이다. 개인의 창의성에 대한 존중, 책임에 대한 중요성, 문제에 대한 합의, 개방적 의사소통 등이다.

③ 가시적 수준의 가공품과 창조물: 기술, 제품, 기구, 규칙, 문서, 전통과 일화, 의례·의식, 행동패턴 등 표면적으로 나타나는 물리적·상징적·행동적인 인간창조물이다. 이것은 조직에 대한 인상과 조직문화의 특성을 형성하는 데 결정적이다.

(3) 딜과 케네디의 형성요인

딜과 케네디(Deal & Kennedy)는 조직문화의 형성요소를 다음과 같이 제시하였다.

① 조직환경: 제품과 고객, 기술과 시장경쟁, 정부와 금융기관, 법규 등 조직운영에 영향을 미치는 외부환경 요소에 따라 조직문화는 형성된다.

② 기본가치: 조직의 기본적인 사고방식이나 신념으로 조직문화의 핵심 요소이다. 이러한 가치는 사시, 사훈, 경영이념 등의 형태로 나타난다.

③ 영웅: 장기간 조직의 기본가치를 확립하는 데 중심 역할을 해온 인물이다. 주로 창업자나 전문경영자로서 구성원들의 역할모델이다.

④ 의례와 의식: 규칙적으로 지켜나가는 관습이나 행동이다. 회의진행 절차, 보고방식, 상하관계, 과업처리 방식 등의 구체적인 표준행동이다.

2. 조직문화의 유형

조직문화 유형을 규명하는 것은 상호 비교를 통해 문제점을 해결하고 바람직한 조직문화를 지향하기 위해서이다.

(1) 딜과 케네디의 유형

딜과 케네디(Deal & Kennedy)는 조직활동과 관련된 위험성과 의사결정 전략의 성공 여부에 관한 피드백을 기준으로 다음과 같이 분류하였다(〈표 14-2〉).

① 거친 남성문화(tough guy, macho culture): 사업에 대한 모험과 위험성이 있으

표 14-2 딜과 케네디의 조직문화 유형

구분	피드백 빠름	피드백 느림
위험요소 많음	거친 남성문화	조직의 운명을 거는 문화
위험요소 적음	열심히 일하고 잘 노는 문화	과정문화

며 성공 여부가 신속하게 확인된다. 구성원들이 상호 경쟁하는 개인주의적 성향이다. 사업성패가 신속하게 나타나 장기적으로 수행하기 어렵다. 건설업, 영화, 화장품 산업 등이다.

② 열심히 일하고 잘 노는 문화(work hard/play hard culture): 사업에 대한 위험부담이 적으며 일상적인 업무에는 충실하고 열심히 수행한다. 팀워크가 긍정적인 결과를 가져오며 친절하고 우호적인 사람이 중심인물이다. 방문판매업, 백화점 등이다.

③ 조직의 운명을 거는 문화(bet your company culture): 사업에 대한 투자액이 크고 모험성이 높다. 성공 여부에 오랜 시간이 걸리며 조직의 성패를 좌우한다. 석유개발회사, 보험업 등이다.

④ 과정문화(process culture): 성과보다는 과정을 중시한다. 모험이 적고 안정적이지만 성공 여부는 확인하기 어렵다. 업무처리의 정확성과 객관성, 완벽주의를 강조한다. 공식적 위계질서를 중시하고 직무가 세분화되어 있으며 의사결정은 집권적이다. 공무원과 공기업, 은행업 등이다.

(2) 해리슨의 유형

해리슨(Harrison)은 조직구조의 공식화와 집권화를 기준으로 다음과 같이 분류하였다(〈표 14-3〉).

① 관료문화(bureaucracy culture): 구성원들의 역할이 구체화되어 있다. 규정과 절차에 따라 업무를 처리하며 조직몰입도가 낮고 부서 이기적인 행동을 보인다.

② 권력지향 문화(power-oriented culture): 직무절차가 명확하지 않고 실력자나 측근들의 지시에 따라 수행한다. 기준이 없거나 있어도 잘 준수되지 않으며 정치적

표 14-3 해리슨의 조직문화 유형

구분	집권화 높음	집권화 낮음
공식화 높음	관료문화	행렬문화
공식화 낮음	권력지향 문화	자율문화

행위가 조장된다. 구성원이나 계층간 갈등이 심하다.

② 행렬조직 문화(matrix culture): 전문가를 중심으로 팀을 구성하여 과업을 수행한다. 구성원간에 상담·교섭 등이 이루어지고 창의력도 발휘된다.

③ 자율문화(atomized culture): 자발적인 관심과 협조로 공동의 목표를 달성한다.

(3) 퀸의 유형

R.E. Quinn
(1944–2023)

퀸(Quinn)은 조직의 유연성과 질서, 내부통합 지향과 외부지향에 따라 분류하였다(〈표 14–4〉).

① 인간적(human resource development) 문화: 내부통합을 강조하고 유연한 내실형으로 가족적이다. 참여·충성·배려와 팀 구축을 기반으로 운영된다.

② 개방체계(open system) 문화: 내부통제 없이 외부와 유연한 사업추진이 가능하다. 창의적이고 도전적이며, 혁신과 자율이 보장되는 분위기가 조성된다.

③ 위계질서(hierarchical) 문화: 내부질서를 중시하고 예측 가능한 일이 대부분이다. 철저한 비용통제와 인력관리로 조직의 안정성을 지향한다.

④ 생산지향(production oriented) 문화: 질서와 규정 내에서 시장침투와 매출증대가 이루어진다. 생산성 향상에 주력한다.

표 14–4 퀸의 조직문화 유형

구분	내부통합	외부지향
유연성 보장	인간적 문화	개방체계 문화
질서 강조	위계질서 문화	생산지향 문화

3. 조직문화의 영향요인

(1) 내적 환경요인

구성원들의 특성과 조직구조, 운영에 대한 전통적 가치관 등이다. 주요 내적 결정요인은 ① 상동적인 태도(stereotypes), ② 연령과 성의 분포, ③ 교육과 지식수준, ④ 조직구조 등이다.

(2) 외적 환경요인

① 제조·판매하는 제품이나 서비스, 고객의 요구와 기대, ② 시장환경의 변화, ③ 제품의 수명주기, ④ 정부의 규제와 통제, ⑤ 자원의 조달 가능성 등이다. 이 외에도 경제적 요인이나 정치적 요인 등이 있다.

4. 조직문화의 역할

(1) 조직문화의 역할

조직에서 조직문화의 역할은 순기능적 측면과 역기능적 측면이 동시에 존재한다.

1) 순기능적 역할

① 행동지침의 제공: 새로운 구성원의 길잡이가 되며 복잡한 상황을 이해할 수 있게 한다. 조직문화는 조직구성원들이 사고하고 행동하는 관습적이고 규칙적인 방식이다.

② 조화와 단합: 독특한 신화, 예식, 의식 등은 동질감을 높여준다. 또한 초면의 사람들은 재량범위 등으로 인하여 권력투쟁이 발생한다. 조직문화는 가치기준, 행동기준, 판단기준을 제공하기 때문에 이를 예방할 수 있다.

③ 환경적응력 강화: 생존을 위해 외부환경에 적응해야 하고 내부적으로는 협동과 응집력을 유지해야 한다. 구성원들은 조직문화를 통해 조직을 이해하고 공감대를 형성한다. 또한 의사소통을 신속하게 하여 변화에 대한 적응능력을 높여준다.

④ 조직몰입의 강화: 자신의 조직을 신뢰하여 몰입도가 높아진다.

2) 역기능적 역할

① 조직변화에 저항: 조직문화에 익숙하면 새로운 변화에 적응하기 어렵다.

② 획일성: 조직문화에 적응하지 못하면 능력을 발휘하지 못한다. 또한 강한 조직문화에 적응되면 획일적 사고로 인해 창의적 제안이 나올 수 없다.

③ 합병에 대한 장애: 합병대상인 두 조직의 문화적 차이가 높으면 어려움이 발생한다.

(2) 조직문화와 조직성과

어떤 조직문화가 성과를 향상시키는지에 대한 관점은 다음과 같다.

① 강한(strong) 문화: 구성원들의 목표추구행동을 명확하게 제시하기 때문에 조직몰입과 사기가 높아지고 동조와 헌신적 노력을 하게 된다.

② 적합한(fit) 문화: 조직이 추구하는 전략과 일치하면 성과는 높아진다.

③ 적응적(adaptive) 문화: 환경변화에 능동적으로 적응하면 조직은 발전한다.

제 4 절 조직문화의 개발

1. 조직문화의 개발전략

죽어도 좋아(2018)
조직의 가치와 비전을 공유하고 구성원들의 참여와 만족도를 높이며 협력과 소통을 강화하는데 중점을 두는 것

조직문화는 조직운영의 핵심자원이기 때문에 전략적 차원에서 개발하고 관리되어야 한다. 이를 위해서는 경영정책, 기업성장단계, 사회적 정황 등의 환경을 고려하여 방향을 설정하고 일관성 있게 실행하여야 한다. 특히 문화변화는 시스템 변화와 차이가 있다. 따라서 문화의 기본적 특성에 따라 새로운 방법이 강구되어야 한다. 〈표 14-5〉

표 14-5 시스템 변화와 문화변화의 차이

구 분	시스템 변화(system change)	문화변화(culture change)
1. 지향성의 차이	문제 지향	가치 지향
2. 통제의 용이도	비교적 통제 가능	거의 통제 불가능
3. 변화상의 특징	시스템상의 점진적 변화	기본가정의 변화를 수반
4. 주 목적	조직산출/측정 가능 조직성과의 향상에 기여	조직의 질(QWL)에 초점
5. 리더십의 중요성	리더십 변화 불필요	리더십 변화가 필수적

자료: G.W. Dyer and W. Dyer, " Organization Development: System Change or Culture Change?", *Personal Administration*, 1986, pp. 20-22.

는 조직개발과 관련하여 시스템 변화와 문화변화의 개념적 차이와 개발기법의 차이를 제시하고 있다. 여기에서 조직문화의 변화가 시스템 변화보다 광범위하고 어려운 일임을 알 수 있다.

조직문화의 변화를 위해서는 세밀한 전략수립이 필요하다. 이를 위해 현재의 인적자원 특성, 조직구조, 현존문화, 외부환경과 미래에 요구되는 인적자원 특성, 조직구조, 문화형태, 외부환경 등에 대한 분석이 이루어져야 한다(다음 [그림 14-5]). 이를 통해 경영자는 현재의 조직문화 특성을 인식하고 미래의 바람직한 문화형태를 규정하여야 한다. 이를 위해 다음과 같은 요인을 분석하여야 한다.

① 목표지향적인지 임기응변식의 관리방식인지

② 의사결정이 합의적인지 일방적인지

③ 직무수행에 있어 완벽주의인지, 적당주의 또는 안일주의적인지

④ 구성원의 관심도가 전체적인지 편협적이고 일방적인지

⑤ 보상제도가 직무성과에 의한 것인지 단순권한체계나 능력에 의한 것인지

⑥ 구성원들의 조직에 대한 태도로서 조직이 개인의 성장과 발전에 배려와 지원하는지 인격적으로 존중하는지

⑦ 경영자들의 행동이 성실한지 상황모면을 위한 임기응변식인지

그림 14-5 조직문화의 개발전략 모형

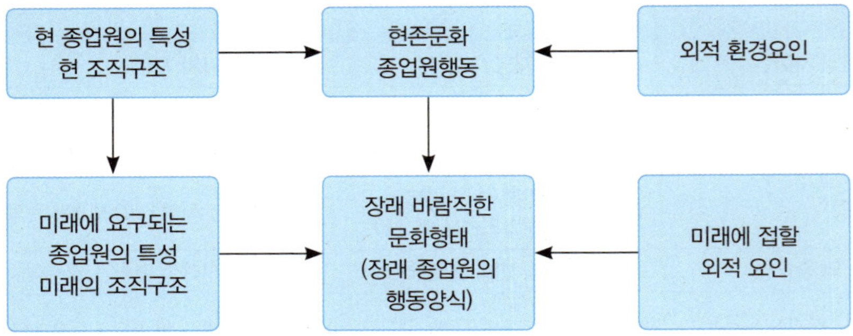

자료: 박내회, 『조직행동론』, 박영사, 1990, 473면 수정.

⑧ 조직행동이 고객지향적인지 제품지향적인지, 경영자의 안목이 장기적 전망인지 단기적 전망인지

이러한 요인들이 현재 조직문화의 특성을 파악할 수 있도록 하며, 미래에 어떠한 조직문화를 추구할 것인가에 대한 평가요인이 된다.

2. 조직문화의 개발방법

조직문화를 변화시킬 수 있는 효과적인 방법은 다음과 같다.

(1) 최고경영자의 리더십

구성원들은 자신의 가치관이나 행동을 유지하려 하고 외부환경의 변화에 저항하려는 경향이 있다. 이들에게 행동변화를 일으킬 수 있도록 하는 것은 최고경영자의 리더십이다. 따라서 최고경영자는 구성원들에게 자신의 비전이나 경영이념을 주지시키고, 감독자에게는 조직목표와 정책수립에 참여할 수 있는 기회를 제공하여야 한다.

(2) 원활한 의사소통

새로운 문화를 창조하고 인간의 행위를 변화시키는 것은 오랜 시간을 필요

로 한다. 이러한 과정은 당사자들의 상호 이해에서 가능하다. 따라서 바람직한 의견이 전달되고 이해되어 공통의 가치관을 형성할 때 새로운 조직문화는 정착될 수 있다.

(3) 계획적인 변화 유도

조직이 원하는 문화적 특성을 결정하면 변화를 위한 실행계획을 수립한다. 첫 단계는 비공식적 측면에서 누가 타 조직의 문화특성을 조사하고, 내부의 문화개혁을 주도할 것인지를 결정한다. 다음 단계에서는 외부전문가를 참여시켜 내부전문가와 적절한 계획모델을 작성한다. 내적 환경을 분석하여 현재의 문화형태를 평가하고 미래의 바람직한 문화형태를 명확히 한다.

(4) 교육훈련

장기간에 걸쳐 구축된 조직문화를 변화시키기 위해서는 지속적인 교육훈련이 필요하다. 교육훈련에서는 다음과 같은 점을 유의하여야 한다.

① 교육훈련 전에 참여자들에게 목표를 정확히 인식시키고, 종료 후에는 어떠한 행동이 바람직한지를 이해시킨다.

② 문화개선을 필요로 하는 목표집단에 대해 전체적으로 실시한다.

③ 교육훈련은 단기적 효과를 기대하기보다 장기적이며 지속적으로 시행한다.

④ 교육훈련의 결과를 실천에 옮길 수 있는 기회를 제공한다.

연구과제

1. 최근에 조직문화가 활발하게 연구되는 이유를 설명하시오.

2. 문화의 개념이 어떻게 발전해 왔는가를 설명하시오.

3. 조직문화 유형에 대하여 설명하시오.

4. 조직문화의 구성요소를 자세히 설명하시오.

5. 전략적 관점에서 조직문화의 개발과 유지 방안을 설명하시오.

6. 조직문화적 관점에서 우리나라 기업문화의 개발방향에 대하여 설명하시오.

Chapter 15

조직변화와 조직개발

제 1 절 조직변화

1. 조직변화의 필요성

급변하는 환경에 적응하기 위하여 조직은 지속적으로 변화하여야 한다. 따라서 경영자는 조직의 발전과 생존을 위하여 변화를 계획하고 성공을 위하여 노력하여야 한다. 환경은 조직발전의 기회를 제공하지만 위협이 될 수도 있기 때문이다.

조직변화(organizational change)란 조직의 현재 상태에서 효율적이고 바람직한 상태로 이동하는 것이다. 조직변화의 목적은 환경변화에 대한 적응력 향상을 위해 의도적으로 변화하는 것이다. 따라서 조직 내 개인이나 집단행동을 경영자가 원하는 방향으로 변화시키려는 모든 계획이다. 또한 효율적이고 능률적이며 구성원들이 만족할 수 있는 조직을 만드는 것을 목적으로 한다. 그러나 급격한 변화는 구성원의 불만을 야기시킬 수 있고 구성원의 만족을 고려하면 성과가 감소할 수 있다. 따라서 조직변화는 전략과 계획에 의해 조직상황을 충분히 고려하여 진행하여야 한다.

조직변화는 조직 내 개인이나 집단, 조직변화로 구분된다. 개인변화란 개인의 행동, 가치관, 몰입, 만족도 등의 변화이며, 집단변화란 집단활동의 장점을 최대한 활용하는 것이고, 조직변화는 조직의 생존력을 높이려는 것으로 개인이나 집단변화까지를 포함한다.

2. 조직변화의 영향요인

조직은 환경과의 상호작용에 의해 생존하기 때문에 조직 내·외부로부터 지속적인 변화를 요구받는다. 조직변화에 영향을 미치는 환경요인은 다음과 같다.

(1) 조직 외부요인

외부환경은 조직이 필요로 하는 자원을 제공하며, 조직활동의 결과로서 재화와 서비스를 받아들인다. 외부환경의 변화요인은 국내외적인 정치·경제·사회·문화·기술 등이다. 국내외 국가의 재정, 금융정책, 인플레이션과 디플레이션, 환율, 경제체제 등은 조직변화를 요구하고 있고, 인구변화와 구성, 가치관이나 관습, 소비자의 기호 등도 조직변화를 요구한다. 특히 직접적으로 변화를 요구하는 것은 기술환경이다. 새로운 기술, 자동화, 정보화, 신소재제품의 개발 등은 제품이나 서비스의 개발을 촉진시키기 때문에 조직변화를 요구한다. 또한 정보통신기술의 발전은 의사결정의 정확성과 업무간소화를 가능하게 한다. 신소재 개발은 제품의 수명주기를, 유통 관련 기술은 유통기간의 단축을, 생명공학의 발전은 생명연장 등에 영향을 미치고 있다.

(2) 조직 내부요인

내부요인으로서 조직목표, 새로운 전략과 기술, 구성원의 가치나 태도의 변화는 중요하다. 새로운 기술개발이나 도입은 직무범위와 행동을 변화시키며, 자신의 일, 조직에 대한 태도나 가치관을 변화시킨다. 지식의 축적과 기술의 발전, 가치관의 변화, 국제화 등의 변화도 조직의 변화를 요구하고 있다. 조직구조란 조직의 과업이 분화되고 통합되는 체계이다. 따라서 조직구조는 다양한 요인에 의해서 변화되고, 구조의 변화는 하부구조의 변화를 수반한다.

3. 조직변화의 과정

(1) 레윈(Lewin)의 변화 모델

계획적이든 비계획적이든 조직변화는 다음과 같은 단계로 이루어진다.

K. Lewin
(1890 – 1947)

1) 해빙(unfreezing)

해빙은 변화를 위한 준비과정이다. 개인이나 집단에게 익숙한 습관, 전통 대신에 새로운 행동양식을 수용하도록 태도나 감정을 누그러지게 하는 과정이다. 장(場)의 이론적 관점에서 추진력을 증대하거나, 변화에 대한 저항을 억제하는 경우에 발생한다. 변화의 필요를 인식시키기 위해 영향력을 재편성하는 것이다. 해빙이 이루어지게 되는 상황은 다음과 같다.

① 지금까지의 업무, 정보원, 사회적 관계 등에서 물리적으로 격리될 경우

② 모든 사회적 지원이 감소되거나 제거되는 경우

③ 지금까지 자신의 태도나 행동이 무가치한 것이라고 인식하고 굴욕적인 경험을 하게 되며 변화에 대한 저항에 처벌이 따르는 경우 등이다.

2) 변화(changing)

변화에 대한 동기화가 되면 새로운 행동을 받아들일 준비를 한다. 이 과정은 동일시와 내면화에 의해 발생할 수 있다. 동일시는 타인의 특징을 닮고자 하는 무의식적 과정이다. 자신을 모델과 동일시하여 그의 행동을 학습하려 할 때 변화가 발생한다. 내면화는 특정 사고나 감정 등이 사회적으로 영향을 받아 내부로 흡수되는 현상이다. 특정 상황에 성공적으로 대처하기 위해 새로운 행동이 요구될 때 일어난다. 이것은 양자택일이 아니라 적절하게 결합시켜야 효과적이다.

3) 재동결(refreezing)

재동결은 변화된 행동이 자신의 퍼스낼리티 및 정서와 일치되어 정형화된 행동으로 확립되는 과정이다. 새로운 행동이 학습에 의해 내재화되면 개인의 퍼스낼리티에 적합되기 때문에 재동결은 자동적으로 촉진된다. 그러나 행동이 동일시를 통해 학습되었다면 새로운 모델이 발견되거나, 행동에 대한 사회적 지지나 강화가 없다면 지속되지 않는다. 따라서 새로운 행동이 장기간 소거되지 않도록 해야 하며, 이를 위해서 효과적인 강화계획이 수립되어야 한다.

J.P. Kotter
(1947–)

(2) 코터(Kotter)의 변화모델

코터(Kotter)는 성공적인 조직변화는 최고경영자의 리더십에 의해 결정된다고 하면서 성공적인 조직변화를 위한 8단계 전략을 제시하였다([그림 15–3]).

① 변화가 필요한 강력한 이유를 제시하여 긴박하다는 공감대를 형성한다.

② 변화를 이끌 수 있는 협동적 연합체를 형성한다.

③ 변화의 방향을 제시할 새로운 비전과 이를 달성할 전략을 제시한다.

④ 변화의 비전을 전 조직에 전달한다.

그림 15–1 코터의 조직변화 8단계

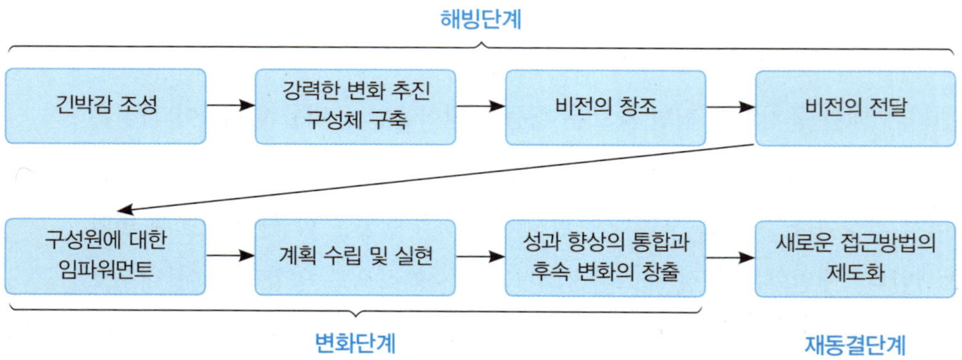

⑤ 변화에 대한 장애물을 제거하고 비전을 달성하기 위한 권한을 위임하여 위험감수와 창조적 문제해결을 장려한다.

⑥ 새로운 비전으로 조직변화의 단기적 성공을 위한 계획을 수립하고, 성공에 대해 보상하고 사례를 전파한다.

⑦ 조직변화의 성과를 확고히 하고 더 많은 변화를 위해 새로운 프로그램을 실시한다.

⑧ 새로운 행동을 조직의 성공과 연결하고 이러한 행동이 지속되도록 한다.

레윈의 모델에 기초하면 1~4단계는 해빙, 5~7단계는 변화, 8단계는 재동결에 해당한다.

4. 조직변화 전략의 수립

조직변화를 위해 전략을 수립하는 방법은 다음과 같다.

1) 구조적 접근방법

페욜(Fayol)이나 베버(Weber)의 전통적 조직이론에 기초한 구조적 접근방법은 최적의 조직구조를 통하여 조직의 효율성을 높이려는 것이다. 그러나 이상적인 조직구조는 조직의 특성에 따라 상이하다. 이 방법은 이해하기 쉽고 대상이 명확하여 일반적으로 사용되고 있다.

2) 기술적 접근방법

기술적 접근방법은 기술이나 과학적 지식을 사용하여 조직변화를 추구하는 것이다. 초기에는 테일러(Taylor)의 과학적 관리법이었으며 최근에는 경영과학을 활용한다. 일상적인 업무는 점진적으로 기계가 대신하며 문제해결을 위한 인간의 합리적 의사결정을 보완해 준다.

3) 인간적 접근방법

인간적 접근방법은 조직변화를 위해 인간의 행동을 변화시키는 것이다. 인간행동의 변화를 통해 새로운 기술을 창의적으로 개발하고 조직구조도 변화시킬 수 있다. 그 결과 조직의 목표달성은 물론 개인의 성장과 자아실현도 가능하다. 조직의 가치기준의 변화는 개인의 가치와 규범의 변화를 통해 가능하다는 것을 기본적 사고로 한다. 그러나 인간의 가치체계는 변화하기 쉽지 않으며 단기간 교육을 적용하는 것도 어렵다. 그럼에도 이 방법은 유용성이 인정되기 때문에 조직개발 프로그램에서 많이 사용되고 있다.

5. 조직변화에 대한 저항과 관리

(1) 조직변화에 대한 저항

생존을 위해 조직은 지속적인 변화를 추구해야 한다. 그러나 조직구조, 과업, 기술, 인간을 재조직화하는 과정에서 작업이탈, 불평불만, 생산성 감소 등의 저항이 발생한다. 생산지연과 같이 명확한 저항도 있지만 작업회피와 같은 음성적인 것도 있다.

1) 개인적 저항

조직변화에 대한 개인적 저항은 ① 조직변화에 따른 불확실성이다. 변화결과에 따른 새로운 직무수행, 구조조정 등에 대한 불안감이다. ② 기득권 상실이다. 조직변화로 인해 개인이나 부서가 행사했던 기득권의 전부 또는 일부를 상실할 것이라 생각이다. ③ 해고의 불안이다. 구성원들은 고용안정을 원하지만 조직변화로 고용불안을 인식한다. ④ 경제적 문제이다. 조직변화 과정에서 인력수급의 양과 질의 변화와 인사이동이 이루어진다. 이것이 임금하락으로 나타날 수 있다. ⑤ 심리적 안정이다. 구성원들은 안정된 환경에서 익숙한 사람들과 일상적인 직무수행을 선호한다. ⑥ 개인적 지각이다. 자신에게 유리하고 친숙한 것을 선택하려 하고 새로운 것에 대해 두려움을 지각한다. ⑦ 새로운 기술에 대한 부담감이다. 새로운 기술의 습득과 이로 인해 자신의 존재가치가 약화되는 것에 대한 부담감이다.

2) 조직적 저항

조직변화에 대한 조직적 저항요인은 ① 조직문화이다. 안정을 추구하는 조직문화에서 변화를 원치 않는다. ② 조직구조이다. 완전하게 구축된 조직구조는 개인과 팀에게 익숙하고 안정적인 행동양식을 제시한다. ③ 자원의 한계이다. 변화의 주체뿐 아니라 지원해야 하는 인적·물적 자원이 부족하면 변화에 어려움이 있다. ④ 부서간 공조이다. 특정 부서에는 긍정적이지만 다른 부서에는 부정적이면 변화에 어려움이 있다.

(2) 저항에 대한 극복

조직변화를 위해서는 불가피하게 나타나는 저항을 최소화하여야 한다. 이를 위해서 구성원들의 협력과 공감대의 형성이 중요하며 다음과 같은 방안들이 활용될 수 있다.

① 최고경영층의 지원: 조직변화에 대한 최고경영층의 적극적인 지원이다.

② 커뮤니케이션: 변화의 필요성과 방법, 결과 등에 대해 충분히 설명하고 설득한다.

③ 변화에 참여: 의사결정과 추진과정에 참여시켜 사기와 협조를 기대한다.

④ 협상과 타협: 변화결과 당사자간 손익이 발생하면 손실에 대한 보상이 협상과 타협을 통해 이루어져야 한다.

⑤ 인사배치: 저항이 예상되는 부서의 리더들을 인사이동하여 선제적으로 조치한다.

6. 조직변화의 실천

(1) 조직변화의 대상과 모델

1) 변화의 대상

조직변화와 혁신의 영역은 조직문화, 전략과 구조, 기술, 제품과 서비스로 구별된다. 또한 조직은 상호의존적 시스템으로 한 부문의 변화는 다른 요소에 영향을 미친다.

① 전략과 구조의 변화: 조직의 통솔과 운영에 대한 변화로서 최고경영층에 의해 추진된다. 경영전략과 정책, 조직구조, 노사관계, 보상과 회계시스템 등이다. 세부적으로는 구조조정, 임금체계의 변경, 전략 재수립 등이 있다.

② 기술의 변화: 지식이나 기술을 포함한 생산과정을 변화시켜 조직차별화에 대한 경쟁우위를 확보한다. 기술변화와 개발을 위해 조직구조 변화, 기업가정신 고취, 태스크포스 팀 운영 등이 활용된다.

③ 제품과 서비스의 변화: 기존제품을 변경하거나 완전히 새로운 제품라인을 도입한다. 시장 점유율을 확대하거나 새로운 시장, 소비자, 고객을 개척한다.

④ 조직문화의 변화: 조직개발 기법을 활용하여 구성원들의 가치관, 업무처리 방식과 규범을 변화시킨다.

2) 변화 모델

성공적인 조직변화 프로그램들은 〈표 15 - 1〉과 같다. 6-시그마, 비즈니스

표 15 - 1 조직변화 프로그램 모델

개념	내 용
학습조직	학습이 조직 성패의 핵심이라는 개념. 경영자는 전체 그림을 이해할 줄 알아야 하며 시스템 각 부분들 간의 관계를 간파해야 한다.
리엔지니어링	관리시스템과 과정을 근본적으로 재설계하는 것. 일이 기능이나 과업 중심이 아니라 최종 결과(또는 고객) 중심으로 재구축되어야 한다.
핵심역량	조직이 자신이 제일 잘 할 수 있는 역량을 찾아내어 그들 중심으로 조직화되어야 한다는 개념. 전략은 이러한 핵심역량 중심으로 구축되어야 하며 제품이나 시장 중심으로 구축되어서는 안된다.
식스 시그마 (six sigma)	생산품의 결함발생률을 백만 개 중 3~4개 수준으로 낮추려는 데서 시작된 경영혁신운동으로 '측정' - '분석' - '개선' - '관리'(MAIC)의 과정을 통하여 문제를 찾아 개선해 가는 과정
ERP	기업 전체의 경영자원을 효과적으로 관리하기 위해서 기업 전반의 업무 프로세스를 통합 관리하여 효율성을 높이는 방법
BSC	성과 측정지표로 4가지 관점(재무, 고객, 내부 프로세스, 학습과 성장)의 성과지표를 도출하여 단기적 성격의 재무적 목표와 장기적 목표들 간의 조화를 추구하는 혁신기법
TQM	전사적 품질경영으로서 제품이나 서비스뿐 아니라 경영과 업무수행, 구성원 자질까지도 품질 개념에 포함하여 관리하는 혁신방법

자료 : 백기복, 『조직행동연구(제5판)』, 창민사, 2011, 555면 수정.

프로세스 리엔지니어링(BPR), 균형성과표(BSC), 다운사이징 등의 혁신기법들은 대개 하향적(top-down) 방식으로 진행된다. 그러나 이것들은 경영진의 강한 의지가 있다 해도 구성원들의 공감과 참여 없이는 성공을 기대할 수 없다.

(2) 변화의 방식

조직변화의 방식은 점진적(진화적) 변화와 급진적(혁신적) 변화가 있다.

1) 점진적 변화(evolutionary change)

기본전략이나 구조 등은 유지하며 점진적으로 개선해 가는 것이다. 사회·기술적 접근과 전사적 품질경영(TQM: Total Quality Management) 등으로 목표달성을 위해 환경에 대응하여 업무프로세스를 변화해 간다. 한 탄광회사가 신기술을 도입하였다고 하자. 이전에는 한 팀이 석탄을 캐서 지상으로 운반하였기 때문에 유대관계와 응집력이 생산성을 좌우하였다. 신기술 도입으로 석탄은 드릴로 캐고 컨베이어에 의해 운반되었으며, 작업은 개인적으로 분류되고 표준화되었다. 그 결과 불만과 결근율이 증가하고 생산성은 크게 오르지 않았다. 신기술의 도입으로 작업자들의 비공식적 상호관계와 응집력이 해체되었기 때문이었다. 따라서 기존의 작업방식은 유지하고 신기술을 점진적으로 도입하여 적응이 되면 늘려가는 방식을 채택하였다. 조직의 기술적(technical), 인간관계적(social) 시스템은 적절하게 조화되어야 하며, 과업이나 역할관계를 변화하기 위해서는 인간관계나 집단규범을 혼란시키지 않고 점진적으로 시도해야 한다.

2) 급진적 변화(revolutionary change)

업무프로세스를 신속하고 근본적으로 바꾸는 것으로 리엔지니어링, 리스트럭처링, 조직목표나 전략의 개편 등이다. 대표적으로 리엔지니어링이란 성과지표(비용·품질·고객서비스·스피드 등)를 획기적으로 향상시키기 위해 업무진행 프로세스를 근본적으로 재설계하는 것이다. 기존의 과업수행 방식을 버리고 프로세스 중심의 새로운 방식을 도입하여 양질의 제품과 서비스를 신속하게 제공하고 생산성을 향상시키는 것이다.

제 2 절 조직개발

1. 조직개발의 개념

조직개발은 조직의 효율성을 개선하고, 미래의 변화를 주도할 능력을 함양하기 위해 구성원의 신념이나 태도, 가치관을 개발하는 계획적인 전략이다. 이를 위해 갈등관리, 부문과의 관계, 커뮤니케이션, 조직문화, 대인관계, 동기유발 등에서 행동과학의 지식을 활용하고 그 전개과정에 계획적으로 개입한다. 조직개발은 실험실훈련, 조사피드백 기법, 집단역학, 사회기술 및 사회임상적 접근방법을 기본으로 하며 기본가정은 다음과 같다.

① 조직의 기본단위는 집단(팀)이다. 따라서 변화의 기본단위는 개인이 아닌 집단이다.

② 변화의 목표는 조직구성 요소들의 경쟁을 축소하고 협력적 조건을 만드는 것이다.

③ 의사결정은 특정 역할이나 위치가 아니라 정보가 생성되는 부분에서 이루어진다.

④ 조직과 하위부분, 개인은 업무진행 상황을 목표와 비교하면서 지속적으로 자체 관리한다.

⑤ 조직에서 추구하는 목표는 개방적인 대화와 신뢰를 구축하는 것이다.

⑥ 인간은 창조를 위한 기여에 호의적인 태도를 갖는다. 변화를 위한 계획수립과 실행에 적극적으로 참여하고 주인의식을 갖는다.

따라서 개인을 대상으로 하는 조직개발은 집단을 위한 것이며, 집단의 조직개발을 통해 조직 전체의 변화를 시도하여야 한다.

2. 조직개발 과정

조직개발에서 개발이란 개인의 지식·태도·행동의 변화, 집단행동의 변화,

조직행동의 변화이다. 이러한 변화 중에서 지식은 서적이나 전문가를 이용할 수 있어 쉽지만, 태도는 호·불호와 같은 감정이 포함되어 있어 변화가 쉽지 않다. 또한 집단이나 조직행동의 변화가 가장 어렵고 많은 시간이 요구된다([그림 15-2]). [그림 15-3]은 조직개발의 실천과정을 단계적으로 나타내고 있다.

그림 15-2 조직변화에 소요되는 시간과 곤란도

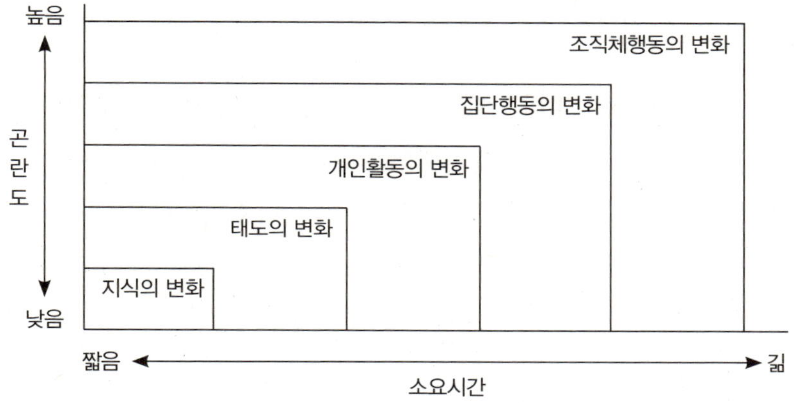

그림 15-3 조직개발 과정 모델

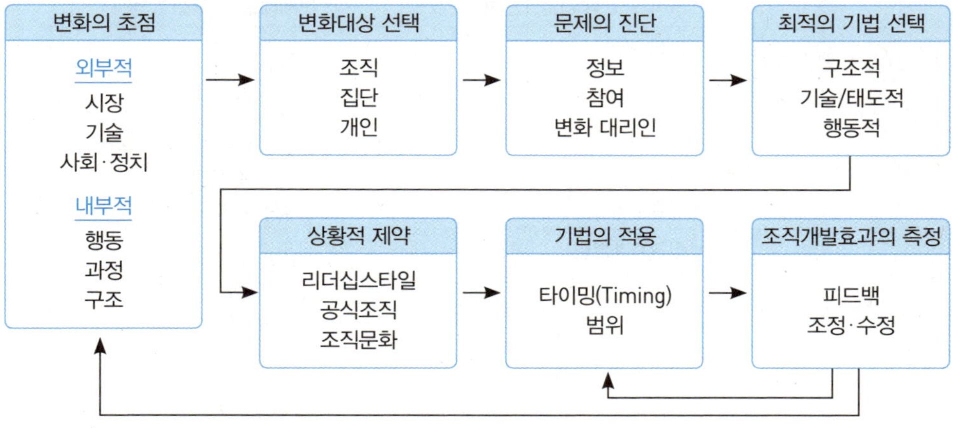

자료: J.M. Ivancevich and M.T. Matteson, *Organizational Behavior and Management*, Business Publication, Inc., 1987에서 수정 인용.

3. 변화대상별 조직개발

(1) 개인행동 개발

변화대상을 1차적으로 어디에 두느냐에 따라 〈표 15-2〉와 같이 분류할 수 있다.

1) 일반적인 방법

개인행동 변화를 위해 활용하는 일반적인 방법은 다음과 같다.

① 강의(lecture): 강의는 단기간에 많은 정보를 제공한다. 장점으로는 강사의 지식과 경험에 의해 학습되고 설득과 이해, 신념의 변화에 효과적이다. 또한 경제적이며 활용하기가 수월하다. 그러나 단점으로는 내용이 이론적이어서 현실의 실제적 활용에 부적합하고, 지식·경험·동기 등의 개인차를 고려하지 않고 있다. 또한 성공

표 15-2 변화대상에 의한 조직개발 방법 분류

	개입방법	
1인의 행동 개발	• 생애·경력계획 • 소집단(감수성) 훈련 • 상담지도 • 그리드 조직 개발 1단계	• 역할 분석 • 교육훈련: 기술·지식 • 인간관계, 의사결정 • 문제해결, 목표설정 등
2인~3인 관계 행동 개발	• 과정 자문 • 그리드 조직 개발 1, 2단계	• 제3자 조정법
팀과 집단행동 개발	• 팀 구축 • 가족 소집단 훈련 • 과정 자문 • 역할분석	• 설문조사 피드백 • 교육·훈련: 의사결정·문제해결 • 기획·목표설정 등 • 시스템 4 조직 개발
집단관계 행동 개발	• 집단관계훈련 • 집단대면 • 과정 자문 • 기술·구조 변화 개입 • 그리드 조직 개발 3단계	• 설문조사 피드백 • 제3자 조정법 • 조직체 '거울'(organizational mirror) • 시스템 4 조직 개발
전체 조직체 행동 개발	• 관리자 대면 • 기술·구조변화 개입 • 그리드 조직 개발 4. 5. 6단계	• 설문조사 피드백 • 전략계획활동 • 시스템 4 조직개발

자료: W. French and H. Bell, *Organizational Development*, Prentice-Hall, 1978, p. 131.

여부는 강사와 수강자의 능력에 의존한다는 것이다.

② 사례연구(case study): 특정 훈련에 필요한 사례를 대상으로 토의를 통해 판단력, 지식, 태도, 분석능력 등을 개발하는 것이다. 사례가 하나이면 단일사례연구, 두개 이상이면 다중사례연구, 사례 자체에 관심이 있으면 본질적 사례연구, 사례를 통해 다른 대상을 이해하고자 한다면 도구적 사례연구, 사례에 대해 서술하는 서술적 사례연구, 서술에 이론을 통한 해석까지 하는 해석적 사례연구, 서술과 해석에 판단까지 하는 평가적 사례연구로 분류한다.

C.C. Landel(1826 – 1906)
특정 사례를 중심으로 분석하는 것

③ 역할연기(role playing): 참가자에게 배역을 정해 역할을 부여하고 무대에서 연기하도록 하는 것이다. 연기를 통해 서로를 관찰하고 건설적인 비판을 하도록 한다. 역할은 현장에서 실제로 발생하는 상황을 설정하며 문제해결과 인간관계적 기술을 향상시키는 것을 목적으로 한다. 장점으로는 연기를 통해 자신의 행동을 분석할 수 있으며, 타인에 대한 이해와 공감대가 형성되고, 문제의 본질과 해결방안을 정확히 파악할 수 있다. 단점으로는 다양한 성격의 참여자로 인해 비판적이거나 방관적인 태도를 보일 수 있다.

J.L. Moreno(1889 – 1974)
개인이나 집단의 사회적 적응을 지원하기 위한 치료나 훈련방법

2) 감수성 훈련

감수성 훈련(sensitivity training)은 레윈(Lewin)이 사회지도자 교육훈련 방법으로 개발하였다. 사회지도자들이 경험을 토의하고 상호 피드백한 것이 자아인식에 도움이 된 것을 계기로 개인행동 개발을 위한 훈련으로 발전하였다. 목적으로는 ① 자신의 행동과 자신의 행동이 타인에게 미치는 영향력을 이해시켜 자아인식을 높이고, ② 타인의 행동

집단토론에 의해 소통을 하여 자신과 타인에 대한 인식을 높이는 것

과 집단행동, 그리고 집단간 상호작용에 대한 이해를 증진시키고, ③ 대인관계나 집단관계에서 발생할 수 있는 문제에 대한 진단기능을 증진시키고, ④ 자신의 학습결과를 실제행동으로 전환시킬 수 있는 능력을 개발하고, ⑤ 대인관계에서 자신의 행동을 분석하여 개선할 수 있는 능력을 길러 주는 것이다.

감수성 훈련은 일반적으로 다음과 같은 내용을 포함하고 있다.

① 참가자들 간의 상호 소개와 친밀한 관계의 유도
② 개인행동과 집단행동에 관한 행동과학이론의 교육
③ 문제 해결 과정을 통하여 참가자들의 상호작용의 유도
④ 상호작용 과정에서 나타난 행동에 대해 토의와 상호 피드백 교환
⑤ 이론교육, 상호작용, 경험, 토의, 피드백 교환의 반복 및 정리

여기에서 중요한 부분은 참가자들의 상호작용, 행동에 관한 개방적인 토의와 피드백이다. 이 과정에서 자신의 행동을 이해하고 자신의 행동이 타인에게 어떠한 영향을 주는지를 이해하게 된다. 또한 자신의 행동을 지배하고 있는 가치관과 의식구조를 분석하는 능력을 갖게 된다.

3) 행동수정 기법

B.F. Skinner(1904 – 1990)
행동의 결과에 따라 이러한 행동이 증가하거나 감소하는 것

행동수정(behavior modification)은 스키너(Skinner)의 조작적 조건화(operational conditioning)의 원리를 조직상황에 적용시킨 것으로 강화이론에 기초를 두고 있다. 이것은 행동은 상황의 결과라는 사고를 전제로 한다. 행동수정 기법이 성공하기 위해서는 다음과 같은 단계를 거치게 된다.

㉠ 제1단계: 기준 미달의 성과를 야기시키는 주요 행동을 파악한다.
㉡ 제2단계: 이러한 행동의 빈도와 성과를 측정한다.
㉢ 제3단계: 환경(자극)과 반응, 그 결과 분석을 통해 어떤 자극이 필요하고, 반응에 적합한 강화물은 무엇인지를 찾는다.
㉣ 제4단계: 바람직한 방향으로 변화시킬 행동수정 전략을 개발하고 적용한다.
㉤ 제5단계: 행동수정계획 시행 전과 후에 대한 행동의 변화와 성과를 확인한다.

표 15-3 교육훈련 방법의 효과 비교

교육훈련방법 \ 효과분석	지식교육	태도변화	문제해결능력	종합순위
사례연구	4	4	1	3
회의토의	3	3	3	1
강의	2	6	5	4
모의교육	8	5	2	5
시청각교육	7	7	8	8
프로그램 교육	1	9	6	6
역할연기	5	1	4	2
감수성 훈련	9	1	7	7
텔레비전 강의	6	8	9	9

자료: N. Neider, "Training Effectiveness: Changing Attitudes," *Training and Development Journal*, December 1981, p. 25.

행동수정전략은 ① 행동의 발생 가능성을 증대시키는 방식과 ② 행동의 발생 가능성을 감소시키는 방식이 있다. 전자는 선호하는 보상이나 승진 등을 활용하여 촉진시키거나, 후자는 회피하는 처벌과 징계 등을 활용하여 감소시킨다. 이를 위해 긍정적 강화, 부정적 강화, 소거, 처벌을 활용한다. 또한 강화일정계획으로 언제, 어느 정도의 기간과 빈도에 의해 이루어질 것인지가 중요하다(제4장 제2절 참조).

개인수준의 행동개발 방법의 효과는 〈표 15-3〉과 같다. 지식교육은 프로그램 교육, 강의방법, 사례연구, 토의식 교육이 효과적이며, 문제해결능력은 사례연구와 토의식 교육이 효과적이다. 또한 행동개선과 대인관계에서는 감수성 훈련과 역할연기가 가장 효과적이고 집단토의, 사례연구도 효과적이다.

(2) 집단행동 개발

1) 팀 구축법

팀 구축법(team building)은 특정 프로젝트와 문제를 처리하기 위해 일시적으로 집단이나 팀을 구축하는 것이다. 자발적인 협조관계를 형성하여 작업팀의 효율성을 개선한다. 이해와 협력, 개방적 의사소통, 신뢰, 갈등관리, 적절한 리더

아마겟돈(1998)
팀들을 개선하고 발전시켜 조직유효성을 증대시키고자 하는 것

십과 인간관계 등을 활용한다. 따라서 집단간 경쟁을 예방하고 상호 협조관계를 형성하여 효율적인 직무수행을 목적으로 한다. 이것은 ① 목표의 명확화와 주요사항 결정, ② 팀의 과업성과 검토, ③ 집단의 상호작용 과정, 즉 집단의 역할분석, ④ 구성원간 커뮤니케이션과 관계개선, ⑤ 팀의 문제해결 능력 증대, ⑥ 경쟁 감소와 팀 구성원간 협력 증진, ⑦ 조직 내 다른 팀과의 효율적인 협력 기대, ⑧ 팀 구성원간 개인특성 존중 등과 같은 목적으로 활용될 수 있다. 또한 개방적이고 참여적인 분위기에서 의사소통과 합리적 문제해결, 심리적 성장과 인간관계 개선, 팀 구성원의 노력, 태도와 지각, 조직성과에 긍정적 영향을 미친다.

2) 과정자문법

과정자문법(process consultation)은 개인이나 집단이 자발적으로 문제를 진단하고 해결할 수 있도록 외부전문가가 자문해 주는 것이다. 조직운영 및 인간관계에 대한 문제를 인식시키고, 이것과 관련하여 바람직한 행동을 할 수 있는 능력을 개발하는 데 목적이 있다. 변화담당자인 컨설턴트는 의사소통과 역할분석, 집단의사결정과 문제해결, 집단규범과 집단행동, 리더십과 권한관계, 집단관계와의 협조 등에 대해 자문한다. 장점으로는 직면한 문제해결을 목표로 외부전문가의 자문을 받지만 자발적인 문제해결을 모색한다. 단점으로는 전문가가 직접 개입하지는 않지만 지속적인 자문에 대한 비용과 노력이 필요하다.

컨설턴트(2023)
직면한 문제를 진단하고 이해하며 스스로 해결할 수 있도록 외부전문가가 자문해 주는 것

3) 제3자조정법

제3자조정법(third party peace-making)은 개인이나 집단간 갈등 해결을 목표

로 한다. 갈등의 원인을 진단하고 제3자인 컨설턴트에 의해 대책을 수립하고 해결한다. 문제를 진단하는 것이 근본적인 과제로서 변화담당자인 제3자는 다음과 같은 부분에 초점을 두어야 한다. ① 갈등의 원천이 무엇인지를 분석하고, ② 갈등의 배경을 분석한다. ③ 갈등을 촉진시키는 요소를 파악하며, ④ 갈등의 역기능적인 결과를 이해한다. 따라서 제3자는 갈등의 원인과 증상, 결과를 분리하여 문제를 진단해야 한다.

이 기법은 당사자가 문제해결에 관심을 갖고 적극적인 태도를 보여야 한다. 또한 갈등은 복잡하기 때문에 변화담당자의 조정기술이 중요하다. 따라서 역기능적 갈등 해결에 효과가 있으나 실패하면 갈등이 더욱 악화될 수도 있다.

(3) 조직행동 개발

1) 대면회합(confrontation meeting)

백카드(Beckhard)에 의해 개발되었다. 조직문제를 진단하고 구성원의 행동에 개입하여 신속하게 문제를 해결하는 것이다. 언제든지 사용할 수 있지만 다음과 같은 경우에 특히 효과적이다.

R. Beckhard(1918 – 1999)
여럿이서 한 장소에 모여 문제해결을 위한 토론이나 상담을 하는 것

① 최고경영층이 상황을 신속하게 개선하고 이를 시행하려 할 때
② 최고경영층이 문제를 확인하고 해결하기 위해 개입할 때
③ 문제해결을 위한 시간이 제한되어 있을 때
④ 최고경영층이 문제해결에 책임감을 갖고 개입할 때
⑤ 조직이 중대한 변화를 겪고 있을 때

따라서 조직간 커뮤니케이션을 개방하고 구성원들의 문제해결에 대한 관심을 높이기 위해서 사용되고 있다. 그러나 최고경영층의 수행능력이 부족하면 부정적 결과가 발생할 수 있다.

2) 조사·연구 및 피드백(survey feedback) 기법

미시건 대학의 사회연구소 조사연구센터(survey research center)에서 개발하였다. 외부의 변화담당자와 내부구성원들이 협력하여 자료를 수집하고 이것을 조직변화를 위해 이용하는 것이다. 설문지를 이용한 자료수집과 수집된 자료의 피드백으로 구성된다. 설문지는 리더십, 의사결정, 상사와의 관계, 직무만족 등에 대한 것이다. 이 기법은 직무관계를 변화시키고 조직 내에서 변화의 효과를 측정하기 위한 수단으로 사용된다. 또한 조직 내에서 변화를 창조하고 보고하기 위한 수단이며 조직구성원이 개입할수록 변화의 수준은 높아진다. 조직개발을 위해 독자적으로 활용될 수 있으나 주로 다른 기법과 병행하여 활용되고 있다.

3) 시스템 4 기법(system 4 management)

R. Likert
(1903 – 1981)

리커트(Likert)에 의한 바람직한 조직시스템을 목표로 개입하는 기법이다. 조직을 일직선상에 나타내어 한쪽 끝은 전통적인 관료제 조직이며 반대의 끝은 효율적인 참가적 조직으로 보고 네 가지 유형의 시스템을 제시하였다.

① 시스템 Ⅰ : 착취적이고 권위주의적(exploitative-authoritative)
② 시스템 Ⅱ : 자선적이고 권위주의적(benevolent-authoritative)
③ 시스템 Ⅲ : 협의적(consultative)
④ 시스템 Ⅳ : 참가적(participative)

시스템 Ⅰ의 조직은 유효성이 최저이지만 시스템 Ⅳ는 최고가 된다. 따라서 조직유효성을 향상시키기 위해서는 시스템 Ⅳ를 목표로 해야 한다. 시스템 Ⅳ에 접근하기 위해서는 시스템의 현재 상태를 측정하고 참가적인 목표설정과 의사결정을 강조하는 훈련기법을 계획해야 한다.

4) 목표관리법(management by objectives)

P. Drucker
(1909 – 2005)

드러커(Drucker)에 의하여 제시되었으며 다음과 같은 과정으로 이루어진다([그림 15 – 4]). 구성원에게 목표설정 및 달성방법, 성과평가에 이르기까지 자율권을 부여한다. 변화담당자는 지시나 통제하지 않고, 구성원의 자주적 결정에 필요한 정보를 제공하고, 상호간의 조정을 하는 역할을 한다. 이를 위해서는 구성원

그림 15-4 목표관리(MBO) 모형

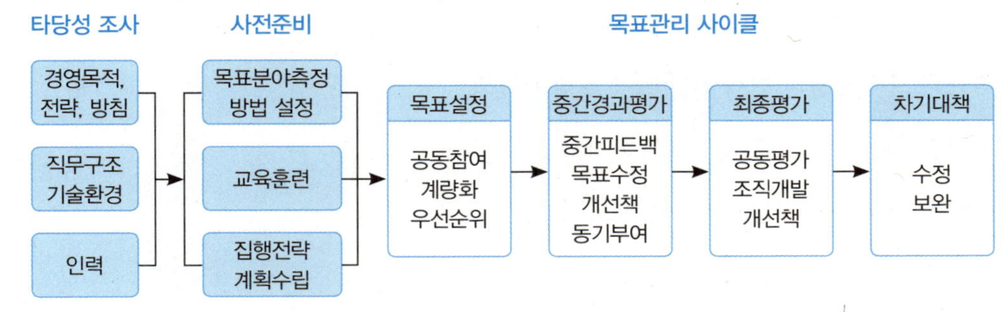

자료: 이학종, 『조직문화와 조직개발』, 법문사, 1986, 263면.

들의 신뢰적인 분위기와 개방적인 태도가 중요하다. 또한 변화담당자는 조직계층을 대상으로 목표설정과 커뮤니케이션 방법, 상담훈련, 신뢰적이고 개방적인 분위기 등의 조직개발 활동을 전개해야 한다.

연구과제

1. 최근의 조직환경의 변화에 대하여 설명하시오.
2. 조직변화의 과정을 자세히 설명하시오.
3. 조직변화에 대한 저항요인을 설명하시오.
4. 조직개발의 필요성에 대하여 설명하시오.
5. 집단수준의 조직개발 기법을 설명하시오.
6. 조직수준의 조직개발 기법을 설명하시오.
7. 미래사회에 적응하기 위한 조직변화의 대상에 대하여 설명하시오.

찾아보기

ㄱ

가치관 39, 42
가치관의 변화 43
간트 9
갈등 141
갈등관리 147
갈등예방기법 150
갈등자극기법 150
감성소구 176
감성지능 101
감수성 훈련 299
감정 99
감정노동 103
감정이입 101
감정전이 102
강화 66
강화계획 76
강화이론 73
개인간 갈등 42
개인의 가치관 40
거래적 리더십 217
경로-목표이론 208
경쟁 139
경제인 모델 5
고객지향적 조직화 263
고전적 경영학 7
고전적 조건화 66
공식적 커뮤니케이션 170
공식집단 123
공정성이론 91
공정성이론 모형 92
공정한 보상시스템 53
과업관리 8
과업 재설계 112
과정자문법 302
과학적 관리 8
과학적 관리론 7
관계욕구 86
관대화 경향 164
관료제 9, 250
관리적 의사결정 182
관찰학습 70
교육훈련 285, 301
교차발상법 195
구강기 31
구조주도 리더십 204
권력 223
권력과정 모델 227
권력에 관한 접근법 226
권력특성 228
권력 행사 239
권위 224
권위주의 35
권한 223
귀인이론 160
규범 126
규범모형 212
근대경영학 7
근대조직이론 11
글로벌 리더십 221
급진적 변화 295
긍정적 강화 74
기능별 분화 244
기능식 조직 8
기대 69, 163
기대/유의성이론 89
기대이론 89
긴장이완훈련 112

ㄴ

남근기 31
내부요인 288
내부적 갈등 41
내재론자 234
내집단 220
내향성 34
내향성-외향성이론 29
네트워크 조직 258
뉴로티시즘 34

ㄷ

델파이법 193
도피학습 74
동작연구 8
동조현상 186
디스트레스 106

뜨거운 난로의 규칙 81

ㄹ

레윈의 변화 모델 289
리더-구성원 교환이론 219
리더십 200
리더십 대체요인 215
리더십 대체이론 215
리더십 상황모형 210
리더십 상황이론 206
리더십 스타일 108
리더십 이론 202
리더십 중화요인 215
리더십 특성이론 202
리더십 행위이론 203
리비도 31
링겔만 효과 134

ㅁ

마키아벨리즘 36
만족모형 188
매니지리얼 그리드 205
매슬로우 85
매트릭스 조직 254
메시지 175
면역효과 176
명목집단법 197
모듈조직 258
목표관리 모형 305
목표관리법 305
목표달성에 대한 기대 4
목표의 왜곡 237
무조건자극 66
미성숙-성숙이론 87

ㅂ

반응 66
배려주도 리더십 204
벌 75, 80
변혁적 리더십 217
보상 97
보상과 교환 5
보상과 처벌시스템 272
보상권력 224, 231
보수 50
부메랑 효과 177
부정적 강화 74
분권적 의사결정 183
불만족 111
브레인라이팅 197
브레인스토밍 196
비공식 네트워크 172
비공식적 커뮤니케이션 171
비공식집단 123
비언어적 커뮤니케이션 168
비정형적 의사결정 181
빅 파이브 모델 203
빅 파이브 성격모델 28

ㅅ

사기 53
사내벤처·분사조직 257
사례연구 299
사업부제 조직 252
사전경고 81
사회인 모델 5
사회적 관계의 기대 4
사회적 비교이론 186
사회적 억제 133
사회적 지원 107
사회적 촉진 133
사회적 태만 134
사회정보처리모형 162
사회학습이론 70
상동적 태도 163
상징 130
상호의존성 143
상호작용 분석 131
상황변수 17
상황요인 209
상황이론 16, 202
생산성 51
생식기 32
생존욕구 85
생활사건척도 110
생활유형 40
선발 63
선택적 지각 164
설득 58, 174
설득커뮤니케이션 174
섬김의 리더십 218
성격발달이론 30
성격에 따른 직무특성 38
성격 유형 간의 유사성 38
성격의 개념 27
성과급제도 8
성인생애단계이론 32
성장욕구 86
성취동기이론 88

성취지향성 35
세력집단 123
소거 75
소시오그램 131
소시오메트리 131
소진 56, 114
수단성이론 89
수직적 분화 245
수직적 쌍 연결 이론 220
수평적 분화 244
수평적 사고방법 195
스키너 67
스트레스 105
스트레스 관리 113
시간연구 8
시넥틱스 198
시스템 변화 283
시스템의 개념 15
시스템이론 15
시장침투전략 250
신근성 효과 175
신체생리학적 유형 30
심리측정 질문지 30
심리학적 유형이론 29
심포니 오케스트라형 조직 260
쓰레기통 모형 191

ㅇ

아메바형 조직 256
악마의 대변자 187
악마의 옹호자 192
업무적 의사결정 181
엠비티아이 30
여론선도자 59
역량 60
역량과 성과의 흐름 61
역량모델 62
역량사전 62
역량평가 63
역발상법 195
역피라미드형 조직 259
역할갈등 107, 126
역할기대 126
역할모호성 107
역할연기 299
역할정체성 126
역할지각 126
외부요인 288
외집단 220
외향성 34
욕구단계이론 85
욕구충족의 기대 4
위생요인 86
위험부담 성향 36
유스트레스 105
유인-퇴출이론 37
유추발상법 195
유형이론 29
의사결정 179
의사결정 시스템 12
의사결정의 왜곡 187
의사결정인 모델 5
이알지이론 85
이요인이론 86
인간관계론 10
인상형성이론 159
인지부조화 59
인지적 단서 69
인지적 지도 70
인지적 평가이론 93
인지학습 70
인지학습이론 69
일반적 사회적응도 109
임파워먼트 94
임파워먼트 실행계획 95

ㅈ

자극 66
자기효능감 37, 71
자아개념 36
자아존중감 37
자원의존이론 18
자율적 작업팀 268
작업환경 50
작업흐름도 9
잠복기 32
장의 이론 132
재동결 290
전략적 의사결정 182
전범위 모형 216
점근선 73
점진적 모형 189
점진적 변화 295
정보 처리 단계 162
정서 100
정치행위 232
정치행위 유형 236
제3자조정법 303
제품별 부문화 244

조건반응 66
조건자극 66
조건화 66
조작적 조건화 66, 67
조작적 학습 68
조직 4
조직개발의 실천과정 297
조직과 개인 간 갈등 42
조직과 인간 4
조직과 인간의 관계 6
조직구조 243
조직군 18
조직군생태이론 18
조직몰입 52, 53
조직문화 유형 278
조직문화의 변화 283
조직문화의 출현 과정 270
조직변화에 대한 저항 292
조직변화 프로그램 294
조직사회화 272
조직성과 282
조직성장단계 274
조직시민행동 52, 55
조직유효성 16, 55
조직의 효율성 5
조직의 효율적 관리 22
조직 재설계의 흐름도 262
조직적 의사결정 181
조직정치 239
조직정치행위 235
조직행동론 19
조직행동론의 발달과정 23
조직행위 수정과정 79
조직행위 수정이론 77
종업원 학습곡선 73
주관의 객관화 163
준거집단 123
준거행동 145
지각 152
지각과정 153
지각방어 164
지각선택 157
지각오류 164
지각의 차이 144
지각해석 158
지각형성 158
지명반론자법 192
지위 130
지위 불일치 108
직계식 조직 8, 251
직계식 참모조직 251
직능식 직장제도 8
직무내용 51
직무만족 48
직무만족과 생산성의 관계 52
직무불만족 49
직무설계 53
직무순환 265
직무역량 60
직무충실화 265
직무특성 재설계 266
직무확대 265
집권적 의사결정 183
집권적 조직 250
집단 121
집단규범 127
집단극화 186
집단압력 109, 156, 237
집단역량 185
집단역학 131
집단응집력 107, 127
집단의사결정 183
집단의 형성과 발전 122
집단적 가치관 43
집단정서 102
집단화 158
집단효능감 136

ㅊ

창의력 193
창의적 의사결정 과정 194
체형 30
초두성 효과 175
최적모형 190
칠에스모형 275

ㅋ

카네기 모형 189
카리스마적 리더십 213
커뮤니케이션 165
커뮤니케이션의 방향 170
큐빅모형 161

ㅌ

타인지각 159
태도 45
태도변화 56
태도형성의 영향요인 47
태만 134

테일러 7
통제의 위치 35, 109
통합적 작업팀 267
특성이론 28, 202
팀 구축법 302
팀 조직 255
팀 학습 18

ㅍ

파블로프의 고전적 조건화 67
페욜 10
평균적 리더십 유형 219
포드 시스템 10
포터와 로울러 90
품질관리 분임조 268
프로세스 조직구조 257
프로이트 31
프로젝트팀 조직 253
피들러의 상황이론 207

ㅎ

학습 65
학습곡선 72
학습조직이론 17
학습조직화 264
합리적 의사결정 179, 188
합법적 권력 224, 231
항문기 31
핵심역량 60
행동과학 13, 14, 19
행동과학적 관점 201
행동도표 79
행동모델 5
행동수정 기법 300
행동수정전략 301
행동의 변화 65
행위이론 202
협동 137
협동시스템 12
협상 148
호손 실험 10, 14
혼합주사모형 190
회사모형 189
회피학습 74
효율적인 강화계획 77
효율적인 매체 선택 172
후광효과 163

저자 약력

고종식

원광대학교 대학원 경영학과(석사 · 박사)
(일)류코쿠 대학교 연구원
한국능력심사평가원 평가위원
공인노무사 · 경영지도사 시험 출제위원
국회입법고시 출제위원
한국경영교육학회 · 대한경영교육학회 부회장
농업기술실용화재단 인사위원
전북특별자치도 경제통상진흥원 이사
원광대학교 대학원 부원장
원광대학교 경영학과 교수

[저 서]

산업 및 조직심리학(공저, 1998)
글로벌시대의 인적자원관리(공저, 2004)
인간자원개발관리(제3판)(공저, 2008)
산업경영심리학(제2판)(공저, 2010)
실무활용을 위한 리더십(공저, 2020)
실무지식을 위한 조직행동의 이해(공저, 2021)
인간의 행동변화를 위한 인적자원개발론(공저, 2023)
실무지식을 위한 인적자원관리(제3판, 2024)

[제3판]
실무지식을 위한 조직행동의 이해

초판 발행 2017년 3월 5일
제2판 발행 2021년 1월 15일
제3판 발행 2024년 8월 30일

지은이 고종식
펴낸이 김중용
편 집 심성보

펴낸곳 도서출판 정독
경기도 고양시 일산서구 하이파크로 113, 102-204
등록 제406-2014-000093호

전 화 031)924-7203 팩 스 031)935-0345
홈페이지 www.jeongdok.co.kr 이메일 admin@jeongdok.co.kr
ISBN 979-11-6858-285-9 93320

정 가 28,000원